中國學術思想 研究輯刊

初 編
林慶彰 主編

第26冊

戴震經學之研究（上）

林文華 著

花木蘭文化出版社

國家圖書館出版品預行編目資料

戴震經學之研究（上）／林文華 著 — 初版 — 台北縣永和市：
花木蘭文化出版社，2008〔民 97〕
目 6+214 面；19×26 公分
（中國學術思想研究輯刊 初編；第 26 冊）
ISBN：978-986-6657-98-6（精裝）
1.（清）戴震　2.學術思想　3.經學　4.研究考訂
127.43　　　　　　　　　　　　　　　　　　　97016351

中國學術思想研究輯刊
初　編　第二六冊　　　　　　　ISBN：978-986-6657-98-6

戴震經學之研究（上）

作　　者　林文華
主　　編　林慶彰
總 編 輯　杜潔祥
出　　版　花木蘭文化出版社
發 行 所　花木蘭文化出版社
發 行 人　高小娟
聯絡地址　台北縣永和市中正路五九五號七樓之三
　　　　　電話：02-2923-1455／傳真：02-2923-1452
網　　址　http://www.huamulan.tw 信箱 sut81518@ms59.hinet.net
印　　刷　普羅文化出版廣告事業
封面設計　劉開工作室
初　　版　2008 年 9 月
定　　價　初編 28 冊（精裝）新台幣 46,000 元

戴震經學之研究（上）

林文華　著

作者簡介

林文華

男，高雄市人，1969 年生，國立政治大學文學博士。

現任美和技術學院通識教育中心專任助理教授，國立高雄師範大學經學研究所兼任助理教授。

學術研究領域主要為清代乾嘉學術、古文字學、簡帛研究以及《詩經》、《逸周書》等古代典籍的文字訓詁考證。

學術代表著作：

1.《戴震經學之研究》，國立政治大學博士論文，2005 年 6 月。

2.《吳國青銅器銘文研究》，國立高雄師範大學碩士論文，1998 年 6 月。

3. 另有二十餘篇論文發表於中山大學《文與哲學報》、高師大《國文學報》、《書目季刊》、《中國古典文學研究》等期刊以及學術會議。

提　　要

　　清代是中國經學集大成的時代，乾嘉時期又是清代經學極盛之時，戴震則是乾嘉時期經學的領袖人物，故了解戴震的經學，對於掌握乾嘉經學乃至整個清代學術之發展，實具有關鍵的地位。戴震的經學成就是多方面的，首先在科學性的考據工作上，建立了嚴密的解經方法；其次，其經學更能由考據進至義理哲學的建立方面，樹立清代義理學的典範；最後，戴震的經學不純粹是「考古」，亦關心現實的社會問題，具有「經世」的觀念，觀其「理欲一元」與「達情遂欲」的主張可證。因此，綜合戴震訓詁考據與義理哲學，才能了解其學術主張之全幅，進而掌握「清學」發展之脈絡。

目

次

第一章 緒 論

第一節 研究動機與目的

　　梁啓超嘗云：「無考證學即無清學也。」〔註1〕又認爲全盛期之考證學以惠棟、戴震二人爲代表，而「戴學之精深，實過於惠。」〔註2〕又云：「苟無戴震，則清儒能否卓然自樹立，蓋未可知也。」〔註3〕又云：「戴東原先生爲前清學者第一人，其考證學集一代之大成，其哲學發二千年所未發。」〔註4〕梁氏對戴震學術之推崇，可謂極高極尊也。馬宗霍亦云：「論者謂清世經學之所由盛，在於考證。考證之所由精，在於深通小學，是固然矣。」〔註5〕而由小學以通經明道，又是戴震所堅持主張的治學方法與門徑，故「承學之士，聞戴氏之論，咸以小學爲治經入手而從事於考證。」〔註6〕戴震可謂影響考據學之發展甚爲深遠。清儒汪中更云：「古學之興也，顧氏開其端；河洛矯誣，至胡氏而絀；中西推步，至梅氏而精；力攻古文者，閻氏也；專言漢儒《易》者，惠氏也；凡此皆千餘年不傳之絕學，及戴氏出，而集其成焉。」〔註7〕汪氏推許戴震爲考據學之集大成者，更可見戴氏在清學中之地位。

〔註1〕　參見梁啓超《清代學術概論》十。
〔註2〕　同上注。
〔註3〕　同上注。
〔註4〕　參見梁啓超〈戴東原圖書館緣起〉，收入《飲冰室合集》第十四冊。
〔註5〕　參見馬宗霍《中國經學史》（臺北：臺灣商務印書館，1992年11月），頁156。
〔註6〕　同上注，頁157。
〔註7〕　參見淩廷堪〈汪容甫墓誌銘〉，收入《校禮堂文集》。

　　至於乾嘉時期的考據之學，多偏向經籍文字的訓詁校勘，而對於文字背後所蘊藏的義理，反而著墨不多，似乎有將考據與義理分開的趨勢，於是所謂漢學偏向考據而宋學偏向義理之說乃成主流思想，而乾嘉時期又是所謂漢學家主宰學術主流的時代，於是當時學者多專務經籍之文字訓詁，而不重其義理思想，以與宋學作區別。然而，戴震以考據學宗師之身分，毅然宣揚其自得之義理思想，以為「聖人之道在六經」，學者通貫六經之後，必能明瞭聖人之道，必能得到聖人與天下人心同然之「理」。故「明道」與「得理」乃是戴震學術之歸宿，而不同於其他漢學家僅停留在訓詁考據上，戴震更要由訓詁考據得到古聖人六經之義理。因此，戴震的經學研究，是包含「考據」與「義理」兩方面，可以說考據是工具、是手段，而義理是目的、是成果。

　　況且，古代之經典，如《詩》、《書》、《易》、《禮》、《春秋》等，的確皆包含古代聖人對於典章制度、政治社會、文化活動等方面的義理思想，孔、孟、荀等後世儒者所以重視六經，也在於六經中蘊藏豐富的聖人理義。只是秦漢以後，由於時代隔閡、文字變異以及注疏紊亂等各種流傳問題，古代經典遂須要透過訓詁考據的工夫來還原其本來面貌，於是後世儒者乃需要花費更多心力從事訓詁考據之工作。只是這種訓詁考據，基本上已窮盡學者一生之心力，漢唐注疏家也多停留在此類工作。及至宋代，程頤、朱熹等理學家，哲理興趣特高，乃以發揮儒學義理為重，義理心性之學乃成為宋明儒學之主流。入清之後，學者多以宋明理學為空談誤國，乃轉向提倡專務訓詁考據之漢學，乾嘉時期尤為考據學之高峰。戴震雖亦從事訓詁考據之工作，但並不以此自滿，且亦不認同宋人之義理，乃欲上接孔孟，由一己鑽研六經的工作中得出聖人之義理思想。因此，戴震的經學研究，是不能遺漏義理思想的，可以說是一種結合訓詁考據與義理哲學的經學。故余英時評戴震之學云：「一身而兼擅考據與義理，在乾嘉學術史上為僅有之例。」〔註8〕戴震的義理學既由考據學導出，則忽略其考據學而專務其義理哲學，則亦嫌片面而不完整，唯有通貫二者，方能得其全也。

　　然而，民國以來，學界之研究，似乎逐漸偏向研究戴震之哲學思想，而對其訓詁考據學之研究反較為缺乏。如胡適作《戴東原的哲學》一書，大力標舉戴震之哲學思想，並云：「戴震在清儒中最特異的地方，就在他認清了

〔註8〕 參見余英時《論戴震與章學誠》（臺北：東大圖書公司，1996 年 11 月），頁99。

考據名物訓詁不是最後的目的，只是一種『明道』的方法。他不甘心僅僅做個考據家，他要做個哲學家」〔註9〕。其後，學界似乎轉向研究戴震之哲學，更以哲學思想乃是戴震學術的最大價值與成就，於是各種專書以及單篇論文紛紛而起，據李紅英〈近十五年戴學研究綜述〉一文指出，單論大陸地區戴學研究會與徽學研究中心及相關研討會之戴學論文大約八十三篇，其中哲學性的論文近四十篇；至於其他散見各期刊雜誌的約一百五十多篇戴學文章中，研究內容主要集中在戴震哲學思想的評價上，佔論文總數的一半〔註10〕。再如臺灣、大陸近年關於戴學之博碩士論文，亦多以戴震之哲學思想為主〔註11〕。如此哲學研究儼然成為戴學研究之主流，遂也無形地掩蓋了戴震訓詁考據學研究之成就與價值。

　　皮錫瑞云：「經學自兩漢後，越千餘年，自國朝而復盛。兩漢經學所以盛者，由其上能尊崇經學、稽古右文故也。國朝稽古右文，超軼前代。」〔註12〕梁啟超云：「清學自當以經學為中心」〔註13〕，可知中國經學以漢、清兩代最盛，清代經學成就尤其超越前代，可謂清代學術之中心。因此，清學的研究內容應以「經學」為中心，考據學只是一種研究方法，須依附經學而得其實證。戴震身為皖派考據學宗師，其經學研究更是其學術之中心，嘗言：「聖人之道在六經」〔註14〕、「夫所謂理義，苟可以舍經而空憑胸臆？」〔註15〕「故訓明則古經明，古經明則賢人聖人之理義明」〔註16〕，故若不從事

〔註9〕 參見胡適《戴東原的哲學》（臺北：臺灣商務印書館），頁27。
〔註10〕 李文見於《安徽史學》2002年第2期，頁27～31。
〔註11〕 臺灣方面如劉昭仁《戴東原思想研究》（臺灣師大碩士論文，1974年）、劉錦賢《戴東原思想析論》（臺灣師大博士論文，1989年）、高在旭《戴東原哲學析評》（輔大博士論文，1990年）、劉玉國《朱子與戴震思想比較研究》（台大碩士論文，1996年）、王梓凌《戴震孟子字義疏證研究》（台大碩士論文，1975年）、胡健財《戴震反程朱思想之研究》（政大碩士論文，1989年）、柯雅卿《戴震孟子學研究》（成大碩士論文，1996年）等；大陸方面如陳徽《性與天道──戴東原哲學研究》（復旦大學博士論文，2003年）、王豔秋《戴震重知哲學研究》（華東師大博士論文，2003年）、陳多旭《戴震道德哲學評析》（安徽大學碩士論文，2004年）、張迎春《孟子字義疏證研究》（安徽大學碩士論文，2004年）等，均以戴震哲學思想為研究主題。
〔註12〕 參見皮錫瑞《經學歷史》（臺北：漢京文化，1983年9月），頁295。
〔註13〕 參見梁啟超《清代學術概論》（上海：上海古籍出版社，2000年9月），頁49。
〔註14〕 參見戴震〈與方希原書〉，收入《戴震文集》卷九。
〔註15〕 參見戴震〈題惠定宇先生授經圖〉，收入《戴震文集》卷十一。
〔註16〕 同上注。

六經之研究，如何獲得聖人之理義？足見戴震對經學研究是要由「通經」而達到「明道」。所以，結合經典考據以及義理思想，才能全盤掌握戴震學術發展之脈絡。

有鑑於歷來對戴震經學研究之不足，且多半集中在《毛鄭詩考正》、《杲溪詩經補注》以及《孟子字義疏證》等單一著作之研究上，缺乏全盤性的觀察與統整，致有見樹不見林之遺憾。故全面性地研究戴震在經學上的成就實有必要，也才能對於這一個身跨考據學與哲學兩個領域的大師有更深入的認識。

再者，過去學者雖多推崇戴震乃清代考據學宗師，但對其研究內容則多略而不詳，一方面是其哲學成就掩蓋了其考據之學，一方面則是戴震經學著作多散見各處，且刊行不廣，影響力自然不若其他諸人為大。幸而近年來，大陸戴學研究興起，各種戴學研究著作日益興盛，學術機構及民間出版單位亦相加結合，廣收各種戴震存在各地的資料而編訂成冊〔註 17〕，其中甚至有第一次刊布於世者。例如《詩補傳》一書，過去學者有誤認是《毛鄭詩考正》或《杲溪詩經補注》，或以為其書乃未完稿之殘篇，致使在研究清代《詩經》學的發展內容上，對於戴震的貢獻不能給予足夠的評價。然而，隨著新資料的問世，北京圖書館藏的二十六卷《詩補傳》本始為人發現〔註 18〕，乃是戴震早年對《詩經》作全面性注釋的著作，即是《毛鄭詩考正》及《杲溪詩經補注》的前身，由此書可窺見戴震早年《詩經》訓釋的成績，也可與稍後的《毛鄭詩考正》及《杲溪詩經補注》二書進行比對，而有助於觀察戴震學術發展之進程與成長，對於清代經學研究之影響頗為重大。

因此，重新整理戴震經學之著作，以及利用新出的資料進行研究，並有效地結合戴震之訓詁考據與哲理思想，已成為研究戴震學術乃至清代經學中極重要的課題與方向，也是本論文研究之動機與目的，希冀能有助於戴學的研究，並由此了解戴震在清代經學中扮演的角色與學術貢獻。

〔註17〕 例如自西元 1991 年開始，戴震研究會、徽州師範專科學校、戴震紀念館等合作編纂的《戴震全集》，由清華大學出版社陸續出版（至今已出版七冊）；又如 1995 年出版的張岱年主編、安徽古籍叢書編審委員會編纂的《戴震全書》七冊，皆是大量的收羅各種戴震的著作，甚有利於戴震學術之研究。

〔註18〕 北京圖書館藏《詩補傳》廿六卷，原抄本題名《戴氏經考一》，有「汪灼校書藏畫之印」及「葉氏德輝鑒藏」等印章，本書成於乾隆十八年癸酉，乃東原三十一歲之作也。

第二節　研究範圍與重要性

一、經、經學之定義與範圍

　　何謂「經」？《說文》：「經，織也。從系，巠聲。」段玉裁注：「織之從絲，謂之經。必先有經，而後有緯，是故三綱、五常、六世謂之天地之常經。」甲骨文無「經」，金文有「巠」、「經」，皆一字。

　　西周時代，「經」有常、永之意，但尚未指經書、經典之意，當時之文獻，概稱書或冊等。至春秋末年，孔子稱《詩》、《書》尚無稱其為「經」者。稱文獻為「經」者，始於戰國。如《荀子・勸學篇》：「學惡乎始？惡乎終？曰其數則始乎誦經，終乎讀禮。」荀子為儒家學者，其主張始乎誦經，所誦之經當為儒家之書。然而，當時除儒家外，其他各家也稱其學為「經」，如墨家有「墨經」之名。至於明言將詩、書、禮、樂、易、春秋六者當作「六經」，應始於《莊子》，如《莊子・天運篇》云：「孔子謂老聃曰：『丘治《詩》、《書》、《禮》、《樂》、《易》、《春秋》六經。』」又云：「夫六經者，先王之陳迹也。」又近年發現的戰國《郭店楚簡》，其中之〈六德〉一篇，亦以《詩》、《書》、《禮》、《樂》、《易》、《春秋》為序，說他們都是表達「夫婦、父子、君臣」之理〔註19〕。《郭店楚簡》為戰國中期左右所抄錄的竹簡資料，《莊子・天運篇》乃莊子後學所為，其年代大略為戰國晚期。因此，儒家將《詩》、《書》、《禮》、《樂》、《易》、《春秋》定為「六經」，最早不能超過戰國中期，故孟子亦不曾有「六經」之言。

　　至西漢時，朝廷崇奉儒學，相繼設置五經博士（《樂》已亡佚），「五經」乃成為專門之學。「五經」之外，其後則有「七經」、「九經」、「十二經」、「十三經」等之增益。首先關於「七經」，清全祖望《經史答問》云：「七經者，蓋六經之外，加《論語》。東漢則加《孝經》而去《樂》。」另外，北宋劉敞《七經小傳》，以《尚書》、《毛詩》、《周禮》、《儀禮》、《禮記》、《公羊傳》、《論語》為七經；清康熙御纂七經，以《易》、《書》、《詩》、《春秋》、《周禮》、《儀禮》、《禮記》為七經；戴震則以《詩》、《書》、《易》、《禮》《春秋》、《論語》、《孟子》為七經。

　　其次，關於「九經」，顧炎武《日知錄》云：「自漢以來，儒者相傳，但言五經；而唐時立之學官，則云九經者，三傳、三禮，分而習之，故云九也。」

〔註19〕參見廖名春〈郭店楚簡引《書》、論《書》考〉，收入《郭店楚簡國際學術研討會論文匯編》第二冊（武漢大學，1999年10月），頁134。

皮錫瑞《經學歷史》云：「唐分三禮、三傳，合易、書、詩爲九。」故唐代以《周禮》、《儀禮》、《禮記》、《公羊傳》、《穀梁傳》、《左傳》、《易》、《書》、《詩》爲九經。清惠棟《九經古義》則以《易》、《書》、《詩》、《春秋》《禮記》、《儀禮》、《周禮》、《公羊傳》、《論語》爲九經。

再如「十二經」，唐文宗開成二年以楷書刻寫的石經，除將唐代之「九經」列入外，又增加《論語》、《孝經》、《爾雅》而爲十二經。至宋代由於尊崇孟子之故，又將《孟子》加入唐代之「十二經」，而成「十三經」。宋以後，學者研究經書，大都以此「十三經」爲中心，至南宋光宗紹熙年間，合刊十三經注疏本，「十三經」乃成爲研究經學之專有名詞。十三經以後，雖亦有人提出「十四經」、「二十一經」之主張，然都影響不大，一般仍以「十三經」爲限。

至於何謂「經學」？日人本田成之云：「所謂經學，乃是在宗教、哲學、政治學、道德學的基礎上，加以文學的藝術的要素，以規定天下國家，或者個人的理想或目的的廣義的人生教育學。」〔註20〕此說過於廣泛，亦未能與其他學問作區隔。故李威熊云：「所謂經學，是指易、書、詩……等群經之學的簡稱；凡成系統，有條貫之學術，即皆謂之學，因此，把諸經看成一門學問，作系統研究，如經傳的名物訓詁，或剖析其義理，或探討群經源流發展歷史，以及經書上種種問題的研究等，都包括在經學的範疇。」〔註21〕李威熊之說較爲明確，且符合中國經學之發展。因此，所謂「經學」，應是以儒家之五經或十三經爲中心，研究其文字訓詁，分析其義理思想，或探究其中之歷史、傳承、作者、時代以及歷代之研究等各種相關之問題的學術。

二、戴震之「七經」與治學內容

段玉裁《戴東原先生年譜》云：「《七經小記》者，先生朝夕常言之，欲爲此以治經也。所謂『七經』者，先生云《詩》、《書》、《易》、《禮》、《春秋》、《論語》、《孟子》是也。」〔註22〕可見東原所謂「七經」，乃是取先王之迹的「五經」，加上代表孔孟之道的《論語》、《孟子》二書而成。故此「七經」可視爲東原治經之範圍與內容，欲研究戴震之經學必須觀察其對此「七經」研

〔註20〕參見本田成之《中國經學史》（臺北：古亭書屋，1975 年 4 月），頁 2。

〔註21〕參見李威熊《中國經學發展史論》上冊（臺北：文史哲出版社，1988 年 12 月初版），頁 3。

〔註22〕參見段玉裁《戴東原先生年譜》，收入《戴東原先生全集》（《安徽叢書》第六集，1936 年），附錄。

究之成果。李開亦云：「《七經小記》是戴震制訂的宏大的著述計畫，這個計畫的實施貫串戴震的一生，《七經小記》的各部組成，又形成了戴震的全部思想體系。……在深入研究戴震之前，從宏觀上把握《七經小記》仍然是非常重要的，因為它是戴震治學的自定規劃，而其逐一分步實施又耗盡了他的畢生精力。」〔註23〕

戴震既定「七經」為其主要研究對象，然以為治經要先由語言文字入手，不能像宋儒般多出自意見，否則必遭「躐等」之害。而小學訓詁、名物制度就是求得古經之語言文字真義的工具，故段玉裁釋東原《七經小記》云：「治經必分數大端以從事，各究洞原委。始於六書九數，故有《詁訓篇》，有《原象篇》；繼以《學禮篇》，繼以《水地篇》，約之於《原善篇》，聖人之學，如是而已矣。」〔註24〕可見《詁訓篇》屬小學訓詁之學，《原象篇》、《學禮篇》、《水地篇》則屬於名物制度之學，此皆東原治經必備之舟楫與階梯，最後以《原善篇》作為通經明道之歸宿。另外，東原又嘗指出治經要具備多種知識，如云：

> 至若經之難明，尚有若干事：誦〈堯典〉數行，至「乃命羲和」，不知恆星七政所以運行，則掩卷不能卒業。誦《周南》、《召南》，自〈關雎〉而往，不知古音，徒強以協韻，則齟齬失讀。誦古禮經，先〈士冠禮〉，不知古者宮室衣服等制，則迷於其方，莫辨其用。不知古今地名沿革，則〈禹貢〉、〈職方〉失其處所。不知少廣旁要，則《考工》之器不能因文而推其制。不知鳥獸、蟲魚、草木之狀類名號，則比興之意乖。而字學、故訓、音聲未始相離，聲與音又經緯衡從宜辨。漢末孫叔然創立反語，厥後考經論韻悉用之。釋氏之徒，從而習其法，因竊為己有，謂來自西域，儒者數典不能記憶也。中土測天用句股，今西人易名三角八線，其三角即句股，八線即綴術，然而三角之法窮，必以句股御之，用知句股者，法之盡備，名之至當也。管呂言五聲十二律，宮位乎中，黃鐘之宮，四寸五分，為起律之本，學者蔽於鐘律失傳之後，不追溯未失傳之先，宜乎說之多鑿也。凡經之難明，右若干事，儒者不宜忽置不講。〔註25〕

〔註23〕參見李開《戴震評傳》（南京大學出版社，1992年），頁94。
〔註24〕參見段玉裁《戴東原先生年譜》，收入《戴東原先生全集》（《安徽叢書》第六集，1936年），附錄。
〔註25〕參見戴震〈與是仲明論學書〉，收入《戴震文集》卷九。

可見文字、聲韻等訓詁小學，與古代器物制度，以及天文、歷算、地理沿革等學問，都是治經必備的工具，也是學者解經必經的途徑。

因此，本書在論述戴震之經學時，將以東原在「七經」之研究成果為主，而以東原在小學訓詁、名物制度之考證為輔穿插其間，以完整呈現東原由訓詁名物以治經，由通經以明道的整個治學過程與成績。另外，本書雖以東原主張之「七經」為考察對象，惟以東原現存之著作中，對於《論語》之研究甚少，因其資料不足故暫不納入本書之研究。本書將以戴震在《詩》、《書》、《易》、《禮》、《春秋》、《孟子》等六經上的成果與表現為主要研究範圍，以歸納出戴震在經學研究上的貢獻，並對其在清代學術發展上的表現給予適當之評價。

三、戴震學術之重心

戴震學術涉獵甚廣，至於其著作亦甚博，《七經小記》為東原治經之宏大計畫，李開論其內部構成云：「有專論語言文字的《訓詁篇》，有講述天文歷算等自然科學的《原象篇》，有應是本之於禮經總論，貫通《周禮》、《儀禮》、《禮記》、《大戴禮記》的禮學著作《學禮篇》，有以水脈走向為主的地理學著作《水地篇》，有探求人類情性的《原善篇》等」〔註26〕，因此，戴震學術至少分作文字音韻等小學、天文歷算學、禮學、地理學以及哲學等五大類別。

東原之學雖分作五大類別，其實除了哲學外，其餘都是戴震用來解經的工具與依據，故「考據學」與「哲學」可說是東原治學的重心。至於二者孰輕孰重？其實無法完全切割，蓋東原嘗云：「經之至者道也」〔註27〕，又云：「僕自十七歲時，有志聞道，謂非求之六經孔孟不得」〔註28〕，可見治經乃可明道，訓詁明則古經明，故研究六經孔孟之書就成為通明聖人之道的途徑。因此，雖然學者多認為東原晚年學術偏重義理之學，且以義理為第一義。然而，就東原本身的觀念而言，考據仍然是成就義理之學必經的途徑，否則此義理將流為「意見」，且易成「鑿空」之見而人人言殊了。所以，研究東原之經典考據，才可把握其哲學思想之路徑與方向，也才能看出與宋儒理學之區

〔註26〕參見李開《戴震評傳》（南京大學出版社，1992年），頁97。
〔註27〕參見戴震〈古經解鉤沉序〉，收入《戴震文集》卷十。
〔註28〕參見段玉裁《戴東原先生年譜》，收入《戴東原先生全集》（《安徽叢書》第六集，1936年），附錄。

別。況且，《孟子》之學雖多歸入子學，亦具有強烈哲理色彩。然而，《孟子》亦被歸入十三經之一，東原且以之為「七經」之一，如此《孟子字義疏證》亦可視為東原經學之著作。

所以，本文認為東原治學之重心，乃是要透過研究六經孔孟之書，以得到古聖人賢人之道，以避免後儒意見之干擾，而得出切合人倫日用之道也。又因經典考據是導向哲學思想的依據與途徑，同時孔、孟、荀等古代儒者亦重視發揮經典中的哲理，儒家哲學未嘗脫離經典研究，故東原的經學，主要包含經典考據與哲學思想二種。

第三節　前人研究成果述評

歷來對戴震的研究，大致可分為四類，一是個別專著之研究，如對《詩補傳》、《毛鄭詩考正》、《孟子字義疏證》等單一著作之分析研究；二是哲學思想的研究，就《原善》、《緒言》、《孟子字義疏證》等著作反映出的特殊義理思想，作深入的探究；三是訓詁考據之研究，針對其小學、名物制度、解經方法等考據學，作分析研究；四是比較性或綜合性的論述，將戴震與其他學術主張相近的學者作比較，或將戴震之學作統整性、全面性的研究。

第一類的研究，如岑溢成《詩補傳與戴震解經方法》，即以《詩補傳》（實為《毛鄭詩考正》）一書為研究中心，分析戴震詩經學之特色與成就，並兼論其解經方法，頗有利於學者明瞭戴震之學與吳派之不同，而能反映出戴震解經之特色。又如大陸學者冒懷辛《孟子字義疏證全譯》，將戴震《孟子字義疏證》一書譯為白話，有利於社會大眾認識戴震之義理學，而譯文之前的〈代序言〉，對於戴震哲學的發展與貢獻，則有不少精要的論述，亦值得參考。又如李紀祥〈繼孟思維下的道統視域——戴東原與《孟子字義疏證》〉〔註29〕一文，自「道統論」角度入手，分析《孟子字義疏證》中之論述，認為戴震意圖在於「上接孟子之傳」的自我定位，故其「反朱」與「返經」，皆是建立「周－孔－孟－戴」新道統的必然之事。碩士論文則有王梓凌《戴震孟子字義疏證研究》、張迎春《孟子字義疏證研究》，亦針對《孟子字義疏證》一書作細

〔註29〕收入林慶彰、張壽安主編《乾嘉學者的義理學》（臺北：中研院文哲所，2003年2月）下冊，頁391453；又收入李紀祥《道學與儒林》（臺北：唐山出版社，2004年10月），頁545～616。

部的探究。此外，日本學界對戴震亦投入相當多的研究，如山井湧《孟子字義疏證の性格》、安田二郎《孟子字義疏證の立場》、溝口雄三《孟子字義疏證の歷史的考察》，均對於《孟子字義疏證》提出不同層面的剖析，亦頗值得留意。

第二類的研究，如胡適《戴東原的哲學》、王茂《戴震哲學思想研究》、周兆茂《戴東原哲學新探》、村瀨裕也《戴震的哲學》等書，皆針對戴震的義理學著作加以分析比較，在發揚戴震的義理思想方面頗有助益。其次，馮友蘭《中國哲學史》、錢穆《中國近三百年學術史》、勞思光《新編中國哲學史》、韋政通《中國思想史》、侯外廬《中國思想史綱》、葛兆光《中國思想史》等書，其中有關戴震之哲學思想之論述剖析，亦頗具參考之價值。又如張壽安〈戴震義理思想的基礎及其推展〉〔註30〕、〈戴震對宋明理學的批評〉〔註31〕等文，詳加分析戴震的義理思想，並探究其批判宋明理學之關鍵問題，亦值得參考。

又如蒙培元《理學的演變──從朱熹到王夫之戴震》一書，以理學為觀察中心，由理學的集大成者──朱熹作出發，論述宋元明清各代理學的發展和演變，迄至清代，則以王夫之、顏元、戴震作為批判理學的代表。蒙氏認為戴震是宋明理學演變中的最後一位影響巨大的哲學家，他的思想是王夫之思想的繼續和發展，他並沒有全面結束理學，但他完成了王夫之所未能完成的任務，特別是在人性論的問題上，給了理學一次徹底清算。從這個意義上說，戴震又結束了理學。此書對於戴震反理學的思想背景與淵源，以及戴震與程朱理學的思想差異，提出了清楚的見解。

再者，張麗珠《清代義理學新貌》，則不僅探究戴震之義理思想，更擴及焦循、凌廷堪、阮元，並以他們作為清代義理學之代表，而能顯示出戴震義理學在清學中的地位以及影響。其後，張麗珠又撰《清代新義理學──傳統與現代的交會》一書，其中第五章〈戴震新義理學的「價值轉型」意義〉，文中認為戴震新義理學的價值主要落在經驗價值，所以人物事為是他所特重的，也就是說戴震完整建構了儒學的經驗領域，而不再只是偏向宋明理學的形上領域；綜合言之，正因為有戴震的新義理學，儒學才兼具形上價值與經驗價值，進而醞釀儒學由傳統邁向早期現代化的發展趨勢，對於晚清中國現

〔註30〕收入《漢學研究》10 卷 1 期，1992 年 6 月。
〔註31〕收入《漢學研究》13 卷 1 期，1995 年 6 月。

代化的進程提供思想的依據，故其價值實爲非凡。張氏所提出的這種觀點，頗能爲戴震的思想價值，提供有力的支持。

再如鄭吉雄〈乾嘉學者經典詮釋的歷史背景與觀念〉〔註32〕一文，提出「儒學淨化運動」的新觀點，認爲清儒反理學、回歸六經之取向與此有關，而「用」與「器」則是清代儒學中兩個重要的概念，宋明理學家重視「體」，清儒則重「用」，戴震認爲器決定道，非道決定器，而著眼於「器」所昭示的人心同然的深層意義，並延伸思考「理」的問題。鄭氏又撰〈戴震「分限」、「一體」觀念的思想史考察〉〔註33〕一文，將戴震「分限」、「一體」的觀念放入思想史中分析，而認爲戴震的思想乃是「多之一」的架構，即透過歸納的方法，從「多」（宇宙萬物萬殊之相）中抽繹出來，而不須接受任何超越於經驗層次的價值觀念，只須實實在在地認識、接受和利用經驗世界的法則與事物的價值。此二文對於戴震之思想根源頗有精闢之論證，亦值得參考。

最後，在碩博士論文上，如劉昭仁《戴東原思想研究》、劉錦賢《戴東原思想析論》、高在旭《戴東原哲學析評》、王豔秋《戴震重知哲學研究》、陳徽《性與天道——戴東原哲學研究》、陳多旭《戴震道德哲學評析》等，對於戴震的義理思想，均有深入的剖析。

第三類的研究，如大陸學者漆永祥的博士論文《乾嘉考據學研究》，以惠棟、戴震、錢大昕三人作爲乾嘉時代考據學的代表，各闢一專章介紹分析，再加以綜合研究，對於戴震在考據學中的地位與成就，以及戴震與其他考據學家主張的異同，有深入的探究；然而，其對於戴震義理學上的成就則認識不清，而有所誤解。又如徐道彬的博士論文《戴震考據學研究》，則認爲考據學是戴震爲學之根本，故結合具體考證實例來研究戴震的學術思想及方法，該文從具體材料入手，對戴震在文字、音韻、訓詁、校勘、版本、目錄、辨僞、輯佚等方面的學術成就加以研究。又如黃順益的博士論文《惠棟、戴震與乾嘉學術研究》，則分別論述惠棟、戴震二人的學術成就，以及二人在乾嘉考據學中的學術關係。另外，日本學者近藤光男的《清朝考證學の研究》一書，以江藩、紀昀、惠棟、錢大昕、戴震、段玉裁、王念孫、阮元爲觀察中心，其中有關戴震篇章，分作「清朝經師における科學意識」、「戴震の《考工記圖》について」、「《屈原賦注》について」、「戴震の經學」四節，對戴震

〔註32〕收入《台大中文學報》第十五期，2001年12月。
〔註33〕收入《中國詮釋學》第一輯2003年。

科學性的考據學，有深入的探討。又如濱口富士雄的《清代考據學の思想史的研究》，從思想史上論述清代考據學，亦值得參考。

其次，關於戴震所代表的乾嘉考據學研究方法方面，如孫以昭〈戴震經學方法論初探〉〔註34〕、周兆茂〈略論戴震的治學態度與方法〉〔註35〕，皆揭示了戴震獨特的解經方法。又如鄭吉雄〈乾嘉學者治經方法與體系舉例試釋〉〔註36〕一文，認爲乾嘉學者治經方法可大別爲「歸納法」與「演繹法」兩種，而戴震《孟子字義疏證》是將此二法有效結合運用的最佳典範。又如莊雅州〈論高郵王氏父子經學著述中的因聲求義〉〔註37〕一文，雖以王念孫、王引之父子爲研究對象，但其「因聲求義」的解經方法，實來自戴震之影響，亦是考據學治經成就可以超越前人的不二法門，因此由王氏父子的解經之法亦可上推戴震，並可顯示出二者之間有密切的學術關聯。博士論文則有李紅英《戴震治經方法考論》，認爲戴震具有科學實用、簡明理性、多元靈活的治學方法，而戴震治經之所以取得這麼大的成就，其原因在於他與同時代人相比，更講究較爲科學的治學方法。

除了以上三類外，近年來亦有對戴震之學作比較性或綜合性的研究，如余英時《論戴震與章學誠》，以戴、章二人學術之異同作爲研究中心，並由此推衍出二人在清學中的地位與影響。其次，日本學者青木晦藏撰〈伊藤仁齋と戴東原〉〔註38〕一文，指出戴震哲學思想酷似日本古學派大師伊藤仁齋（1627～1705），戴震之《孟子字義疏證》，在書名與內容上亦近同伊藤氏之《語孟字義》二卷，可說中日二位經學大師在思想主張上頗有異曲同工之妙，可收相互參證之功〔註39〕。又如溝口雄三撰《中國前近代思想の屈折と展開》（林右崇譯作《中國前近代思想的演變》），將戴震之學放入明清所謂「前近代」時期作爲觀察對象，與李卓吾、呂坤、王廷相、黃宗義、王夫之、陳確、

〔註34〕收入《安徽大學學報》（社會科學版）1979 年 2 期。

〔註35〕收入《江淮論壇》1997 年 1 期。

〔註36〕收入蔣秋華主編《乾嘉學者的治經方法》（臺北：中研院文哲所，2000 年 10 月）上冊，頁 109～139。

〔註37〕同上注，頁 351～405。

〔註38〕參見《斯文》第八編，1926 年。

〔註39〕余英時撰〈戴東原與伊藤仁齋〉一文，認爲伊藤仁齋雖早於戴震一世紀，但不能說戴震之學襲用伊藤仁齋，因早於伊藤仁齋的中國學者王廷相、羅欽順、吳廷翰亦有相近之主張，所以從思想史上判斷，可說中日兩國在明末清初學術發展之動向有同歸之處。（參見余氏《論戴震與章學誠》外篇二）

顏元、李塨等明清思想家之學說作比較，從中可顯示出戴震在新理觀、人性論、自然法（理氣問題）上，對於時代潮流的繼承與創新。

再次，鄭吉雄〈論戴震經學中的文化意識〉〔註40〕一文，認爲戴震對「理」的理解與定義，源自其經學考據中的文化意識，故研究戴震的學者，不宜只據《孟子字義疏證》來談論其哲學思想，或只執守其經學考據來論其經學立場，而應該將他的經學與哲學著作結合起來，視爲完整的一個獨立生命去研究。鄭氏所提出的這個新觀點，頗能針砭當今戴學研究之盲點，並能指引一條新的道路。

再者，大陸學者李開的《戴震評傳》，對於戴震的學術思想發展、轉變，以及在經學、自然科學、哲學、語文學等各方面，都有全面地分析研究，頗值得有志此學者作參考。另外，鮑國順的《戴震研究》一書，更是系統性、全面性的歸納戴震之學，分爲事蹟、著作、治學歷程與方法、經學、哲學、小學、天文算術學、地理方志學、文學等方面深入探討，可謂治戴震之學的一本百科全書，甚便於後學研究之助。最後，丘爲君之《戴震學的形成》一書，則研究章太炎、梁啓超、胡適三大家的戴震「研究」，由此三家之研究形成今日學界之「戴震學」，並從中區別地詮釋考證學的近代意義，故其研究焦點不在戴震本身，而是探究章、梁、胡三家詮釋戴震之學後引發的不同學術觀點與時代意義。

本文乃在前人的基礎之上，以戴震在六經孔孟之書的考證成果爲研究對象，就其訓詁考據與義理思想兩方面，再作深入的分析探討，最後綜合出其「由考據以明道」的經學研究方向。

第四節　研究方法

首先，在資料的版本選取方面，本文以校勘法、對照法取得較爲接近古籍原貌的善本，如戴震之著作，本文以《戴震全書》爲底本，並參照《戴東原先生全集》（《安徽叢書》第六期）、《戴震文集》、《戴震全集》等相關著作，校正補充脫訛疏漏之處，而能更接近戴震原作之眞貌。

其次，在經文考釋方面，則採用乾嘉考據學的研究方法：「以經證經」、「用小學疏解經文」、「通貫群經」。經文文字考釋上，注意文字形、音、義三方面

〔註40〕該文發表於香港大學主辦「明清學術國際研討會」，2002 年 12 月。

的相互關係，尤其注意清儒「因聲求義」的訓詁原則，重視古音學以及文字通假關係，胡奇光云：

> 清代小學與現代語言學直接溝通的學說，要數音義關係學說了。清代音義關係學說萌發於漢代。戴震、段玉裁、王念孫各從自己的角度向漢人攝取自己所需要的理論資料：戴震取揚雄的「轉語」之意，而創立「轉語說」，以闡明古今音義的演變；段玉裁把許慎的「亦聲說」及宋王子韶的「右文說」改造成「以聲爲義說」，去分辨形聲字的音義規律；王念孫從毛公、鄭玄經注的「破字」做法裏，提煉出「以聲求義，不限形體」之說。這三者殊途同歸，一齊通向作爲訓詁學尖端的詞源研究。〔註41〕

因此，清儒「以小學通經學」以及「因聲求義」的訓詁方法，實爲解經重要的方法與手段。

至於清儒的古書通例歸納法，亦須注意，江藩嘗云：

> 讀書求信也，而求信必自求疑始：古書之疑不可不明，即古書之例不可不審。今爲約舉可疑之例如左：古書有倒句例、有倒序例、有錯綜成文例、有參互見義例、有上下文異字同義例、有上下文同字異義例、有兩事連類並稱例、有兩事傳疑並存例、有以一字作兩讀例、有語急例、有語緩例、有倒文就韻例、有變文協韻例、有蒙上文而省例、有探下文而省例，……有分篇錯誤者。以上各條，王伯申嘗爲我略言之，其《經義述聞・通說》中，閒亦說及，余因推廣其說，以示有志於經者。〔註42〕

因此，熟讀江藩《經解入門》以及王引之《經義述聞》中列舉的古書通例，有助於解經治經之助。

再者，亦運用王國維提倡的「二重證據法」，利用新近出土的甲骨、金文以及戰國簡帛文字來考校古書，以地下資料與紙上資料互相驗證，而期能恢復古籍文字原貌。

另外，亦留意同時代的典籍資料，如《詩經》、《尚書》、《易經》等時代接近的經文可聯貫比對研究，又如三《禮》、《春秋》、《孟子》可與戰國諸子之書聯繫研究，以收廣求證據之效。清儒考據最擅長歸納法之運用，故本文

〔註41〕參見胡奇光《中國小學史》（上海：上海人民出版社，1987年），頁290。
〔註42〕參見江藩《經解入門・古書疑例》。

在考究經文時，亦以歸納法爲主要研究方法。其他如對詞例與語法方面的規律，也需要掌握，使考釋經書文字不是一個個字孤立的研究，而能符合古書詞例與語法規律，並且正確地貫通全文旨意。至於研究態度則以「實事求是」爲依歸。

最後，有關義理思想方面，則由歸納而轉向推演，用「演繹法」來探究戴震哲學之發展與內容，以見戴震的義理哲學不只是歸納前人之言，而更能推演出自己的創見，是與孔孟荀之學以及程朱之學有所區別的獨特之學。另外，亦須從思想史的觀點來看待戴震之義理哲學，不論是梁啓超提出的「理學反動說」，或錢穆提出「每轉益進說」，以及余英時「內在理路說」，都試圖從思想史發展的觀點解釋戴震所代表的清代學術興起之原因，而值得我們去作綜合了解，余英時嘗自言其主張云：

> 我對清代思想史提出一種新解釋是因爲我覺得以前從外緣方面來處理清代學術的幾個理論不能完全使我信服。無論是「滿清壓迫」說或「市民階級興起」說，最多都只能解釋清初學術轉變的一部分原因，而且也都太著重外在的事態對思想史的影響了。「反理學」之說雖然好像從思想史發展的本身來著眼的，但事實上也是外緣論的一種延伸。因爲追溯到最後，「反理學」的契機仍然是滿洲人的征服中國激起了學者對空談心性的深惡痛絕。我雖然批評了以上各種解釋，但我自己提出的「內在理路」的新解釋，並不能代替外緣論，而是對他們的一種補充，一種修正罷了。學術思想的發展絕不可能不受種種外在環境的刺激，然而只講外緣，忽略了「內在理路」，則學術思想史終無法講得到家、無法講的細緻入微。〔註43〕

余英時從「內在理路」來分析，認爲「尊德性」的宋明理學，到了清代都改換成「道問學」的外貌，故理學在清代並未消失，而是逐漸融化在經史考證之中。余氏所提出的儒學內部思想轉變的觀念，確實可以作爲清代學術思想的一種合理解釋，而誠如余氏所言，也須注意滿清壓迫、文字獄、理學反動等外緣的因素，唯有綜合內外因素，整體來觀察宋明理學轉入清代學術的始末，才能清楚呈現出清代學術思想的完整面貌。故分析戴震之義理哲學，絕不能孤立的看待其學說，而須將其學說放入整個歷史的脈絡中，比較其同

〔註43〕參鑒余英時〈清代思想史的一種新解釋〉，收入《論戴震與章學誠》（臺北：東大圖書公司，1996 年 11 月），頁 375。

時的學術風潮以及思想淵源，才能更清楚的了解戴震思想的繼承、轉變以及創新之處，而能為其學術思想架構合宜的定位。

第二章　乾嘉學術之概況

第一節　乾嘉學術與經學、考據學之關聯

　　皮錫瑞《經學歷史》云：「經學自兩漢後，越千餘年，至國朝而復盛。兩漢經學所以盛者，由其上能尊崇經學，稽古右文故也。國朝稽古右文，超軼前代。」〔註1〕馬宗霍《中國經學史》亦云：「有清一代，論者號爲經學復興，以爲承元明積衰之後，而能轢宋超唐以上躋兩漢之盛也。」〔註2〕因此，學者皆以爲清儒肆力於經學之研究，故可稱爲「經學復盛時代」。梁啓超亦詳述清儒之經學著作云：

　　　清學自當以經學爲中堅，其最有功於經學者，則諸經殆皆有新疏也。
　　　其在《易》，則有惠棟之《周易疏》，張惠言之《周易虞氏義》，姚配
　　　中之《周易姚氏學》。其在《書》，則有江聲之《尚書集注音疏》，孫
　　　星衍之《尚書今古文注疏》，段玉裁之《古文尚書撰異》，王鳴盛之
　　　《尚書後案》。其在《詩》，則有陳奐之《詩毛氏傳疏》，馬瑞辰之《毛
　　　詩傳箋通釋》，胡承拱之《毛詩後箋》。其在《周官》，有孫詒讓之《周
　　　禮正義》。其在《儀禮》，有胡承拱之《儀禮今古文疏義》，胡培翬之
　　　《儀禮正義》。其在《左傳》，有劉文淇之《春秋左傳正義》。其在《公
　　　羊傳》，有孔廣森之《公羊通義》，陳立之《公羊義疏》。其在《論語》，
　　　有劉寶楠之《論語正義》。其在《孝經》，有皮錫瑞之《孝經鄭氏疏》。

〔註1〕　參見皮錫瑞《經學歷史》（臺北：漢京文化，1983 年 9 月），頁 295。
〔註2〕　參見馬宗霍《中國經學史》（臺北：商務印書館，1992 年 11 月），頁 139。

其在《爾雅》，有邵晉涵之《爾雅正義》，郝懿行之《爾雅義疏》。其在《孟子》，有焦循之《孟子正義》。……十三經除《禮記》、《穀梁》外，餘皆有新疏一種或數種，而《大戴禮記》則有孔廣森《補注》、王聘珍《解詁》焉。此諸新疏者，類皆擷取一代經說之菁華，加以別擇結撰，殆可謂集大成。〔註3〕

因此，清代儒者幾乎將所有儒學經典都重新加以訓詁與解釋，乾隆時更以朝廷之力開四庫館，集天下英才編纂《四庫全書》，其後阮元、王先謙亦匯編清代學者考究經書的訓釋，先後編成《皇清經解》、《續皇清經解》，莫不充分展現清代學者治經的斐然成就，足以超邁前代，可謂中國經學發展之總結。

而清代經學尤以乾隆、嘉慶時期為盛，梁啓超將清代學術分作四期：啓蒙期、全盛期、蛻分期、衰落期。其中全盛期以惠棟、戴震、段玉裁、王念孫、王引之為代表，亦名曰正統派。正統派為考證而考證，為經學而治經學〔註4〕。此全盛期之正統派學者，其活動之時正為乾嘉時期。梁氏又以為治全盛期學史者，考證學以外，殆不必置論，苟無全盛期諸賢，則考證學能否成一宗派，蓋未可知。因此，梁氏直言「夫無考證學則無清學也。故言清學必以此時期為中堅。」〔註5〕

所謂考證學即是考據學，就清學而言，他們的研究範圍，大都以經學為中心，而旁及小學、音韻、訓詁、史地、天文、曆算、金石、典制、校勘、輯佚、辨偽等；在研究方法上，又都強調「無徵不信」，研經證史，都重視考證，且不以孤證自足，必取之甚博〔註6〕。梁啓超認為考據學乃是一種科學的研究法，而其治學方法可歸納為「注意」、「虛己」、「立說」、「搜證」、「斷案」、「推論」六項〔註7〕。

考據學既以乾嘉時期成就最高，故乾嘉學術往往稱之「乾嘉考據學」。又因考據學在引證取材時，多極於兩漢，故亦有「漢學」之稱。乾嘉考據學歷

〔註3〕 參見梁啓超《清代學術概論》，頁44～45。附入氏著《中國近三百年學術史》（臺北：里仁書局，1995年2月）。

〔註4〕 參見梁啓超《清代學術概論》，頁7～9。附入氏著《中國近三百年學術史》（臺北：里仁書局，1995年2月）。

〔註5〕 同上注，頁30。

〔註6〕 參見王俊義〈再論乾嘉漢學的幾個問題〉，《清代學術論叢》第二輯（臺北：文津出版社，2001年11月），頁17。

〔註7〕 同上注，頁41。

來多分作吳皖二派，吳派的宗師惠棟，力闢宋儒之說，以遵循漢人經師古訓
爲要，「凡古必眞，凡漢必好」，至其再傳弟子江藩，乃大張「漢學」之旗幟，
著有《國朝漢學師承記》，將清代經學或考據學定名爲「漢學」，並云：「今人
名經學爲漢學，蓋以秦火而後，漢始昌明其學，魏晉以降，漸亦頹廢，而國
朝則直追兩京，斯爲極盛」〔註8〕，又云：「至本朝三惠之學，盛於吳中；江
永、戴震諸君，繼起於歙，從此漢學昌明，千載沉霾，一朝復日。」〔註9〕江
藩標舉惠棟、戴震、王鳴盛、錢大昕、朱筠、紀昀、邵晉涵諸人，以爲皆尊
崇漢儒，不廢古訓，乃崇尚實學之士，故以「漢學」爲清學之代表。江藩「漢
學」之說得到阮元之支持，除協助《漢學師承記》之刊印之外，又爲江書作
序，其後阮元自編《學海堂經解》（即《皇清經解》），乃以「漢學」爲收錄標
準，「漢學」之名遂有代表清代考據學之勢。

　　然而，「漢學」之名，究屬偏狹，無法涵蓋乾嘉學術之全貌，故龔自珍致
函江藩，反對其書用「漢學」之名，認爲應以「經學」之名，正式取代「漢
學」之稱，故主張江書應正名爲《國朝經學師承記》，這樣才可看出考據學家
就是經學家，考據學就是清代學術之正統。龔自珍批評江藩以「漢學」代替
考據學，有「十不安」，其云：

　　夫讀書實事求是，千古同之，此雖漢人語，非漢人所能專，一不安
　　也。本朝自有學，非漢學，有漢人稍開門徑而近加邃密者，有漢人
　　未開之門徑，謂之漢學，不甚甘心，不安二也。瑣碎餖飣，不可謂
　　非學，不得爲漢學，三也。漢人與漢人不同，家各一經，經各一師，
　　孰爲漢學者乎，四也。若以漢與宋爲對峙，尤非大方之言，漢人何
　　嘗不談性道，五也。宋人何嘗不談名物訓詁，不足概服宋儒之心，
　　六也。近有一類人，以名物訓詁爲盡聖人之道，經師收之，人師擯
　　之，不忍深論，以誣漢人，漢人不受，七也。漢人有一種風氣，與
　　經無異，而附於經，謬以禪竈梓愼之言爲經，因以汩陳五行，矯誣
　　上帝爲說經，大《易》、《洪範》，身無完膚，雖劉向亦不免，以及東
　　京內學，本朝何嘗有此惡習，本朝人不受矣，八也。本朝則別有絕
　　特之士，涵詠白文，創獲於經，非漢非宋，亦惟其是而已矣，方且
　　爲門戶之見所擯，九也。國初之學，與乾隆初年以來之學不同，國

〔註8〕　參見江藩《經解入門・凡例》，頁5。
〔註9〕　參見江藩《漢學師承記》（臺北：學海出版社）卷一，頁5。

初人即不專立漢學門户，大旨欠區別，十也。〔註10〕

龔自珍之言頗爲合理，「漢學」之名不足以概括創新求實的「考據學」，考據學客觀實證之科學方法，乃清代學者「自得」之學，非漢非宋，自成一派。梁啓超、周予同認爲可逕稱之「清學」，其學術成就已超越「漢學」〔註11〕。因此，清代學術不宜稱之「漢學」，可稱之「清學」，又以清學的中心爲乾嘉考據學，故又可稱之「考據學」。然而，「考據學」只是一種研究方法，清學的研究內容應以「經學」爲中心，故焦循反對以考據之名稱乾嘉學術，也反對稱之「漢學」，而主張學術只有一個名稱，即「經學」，其云：

> 經學者，以經文爲主，以百家子史、天文術算、陰陽五行、六書七音等爲之輔，匯而通之，析而辨之，求其訓故，核其制度，明其道義，得聖賢立言之指，以正立身經世之法，以己之性靈合諸古聖人之性靈，並貫通于千百家著書立言者之性靈，以精汲精，非天下之至精，孰克以與此。不能得其精，竊以皮毛，敷爲藻麗，則詞章詩賦之學也。〔註12〕

焦循認爲「經學」可涵蓋各種學問，包含考據與義理之學，故乾嘉學術應稱之「乾嘉經學」。

大體而言，可概稱此一時期爲「乾嘉學術」，又以研究內容偏重於經學，亦可名爲「乾嘉經學」；又因此一時期的學者，多以小學名物入手，從事經典文字的考核工作，普遍反映出一種客觀實證的考據學風，故又可稱之「乾嘉考據學」。

第二節　漢宋之爭的定義與內涵

所謂「漢學」，指採用漢人訓詁名物方式以解經之學；至於「宋學」，多指崇尚宋人談論性理的義理之學。漢、宋之分立，自清儒開始，如近人張舜徽云：

> 「漢學」、「宋學」之名，發自清儒。名之不正，孰甚於此。最初見於《四庫提要》，其後江藩撰《漢學師承記》、《宋學淵源錄》，於是

〔註10〕 參見龔自珍〈與江子屏箋〉，《龔定庵全集類編》卷七，頁211～212。
〔註11〕 參見梁啓超《清代學術概論》。周予同《中國經學史講義》第七章〈清學〉，頁77。
〔註12〕 參見焦循〈辨學〉，《雕菰集》卷八。

門戶之見，牢不可破，彼此攻訐，視同水火。〔註13〕

因此，將漢、宋之學明標對舉者，始自《四庫全書總目》，如其〈經部總敘〉云：

> 國初諸家，其學徵實不誣，及其弊也瑣。要其歸宿，則不過漢學、
> 宋學兩家互爲勝負。夫漢學具根柢，講學者以淺陋輕之，不足以服
> 漢儒也；宋學具有精微，讀書者以空疏薄之，亦不足以服宋儒也。
> 消融門戶之見，而各取所長，則私心祛而公理出，公理出而經義明
> 矣。〔註14〕

《四庫全書總目》可視爲以紀昀爲首的一群漢學家的集體編纂之作〔註15〕，也代表了乾嘉時代崇尚漢學考據的主流思想。《四庫全書總目·經部總敘》雖說要「消融漢宋門戶之見」，又〈詩類·總敘〉亦云：

> 攻漢學者，意不盡在於經義，務勝漢儒而已。伸漢學者意亦不盡在
> 於經義，憤宋儒之詆漢儒而已。各挾一不相下之心，而又濟以不平
> 之氣，激而過當，亦其勢然歟。〔註16〕

觀其所言，漢宋之爭已流於意氣之爭，故要公平視之。不過，這些多只是場面話，紀昀等纂修官實心向漢學，故《總目》整體呈現的是一種「尊漢

〔註13〕參見張舜徽〈四庫提要敘講疏〉，《舊學輯存》（濟南：齊魯書社，1988 年），頁 1653。

〔註14〕參見清乾隆敕纂、紀昀等編修《四庫全書總目·經部總敘》（臺北：臺灣商務印書館，1985 年 5 月），卷一，頁 1～2。

〔註15〕紀昀本人將《四庫全書總目》視爲己作，其云：「余于癸巳受詔校秘書，殫十年之力，始勒爲《總目》二百卷，進呈乙覽。以聖人之志，經籍以存。儒者之學，研經爲本，故經部尤纖毫不敢苟。」（參見〈詩序補義序〉，《紀曉嵐文集》卷八，頁 156。）清人亦多贊同《總目》爲紀昀個人之作，如朱珪〈協辦大學士禮部尚書文達紀公昀墓誌銘〉、江藩《漢學師承記》、阮元《揅經室三集》皆有此見。近人如郭伯恭《四庫全書纂修考》、張舜徽《中國文獻學》、本田成之《中國經學史》、吳哲夫《四庫全書薈要纂修考》等亦皆採紀昀自作觀點。然而，亦有部分學者認爲《總目》非紀昀一人所作，乃館臣集體成果，如李慈銘《越縵堂讀書記》、沈津〈翁方綱與四庫全書總目提要〉（收入馬泰來《中國圖書文史論集》）、楊晉龍〈四庫學研究方法芻議〉（收入蔣秋華《乾嘉學者的治經方法》）。持平而論，《四庫全書總目》應非紀昀一人之力，而是分纂官、總纂官等各部門學者通力而作，再共同刪潤修改而成，紀昀在其中扮演彙整各家說法的重要角色。

〔註16〕參見《四庫全書總目·經部·詩類總敘》（臺北：臺灣商務印書館，1985 年 5 月），卷十五，頁 1～320。

抑宋」的主張〔註17〕，如《總目·凡例》云：「故說經主於明義理，然不得其文字之訓詁，則義理何自而推？……今所錄者，率以考證精核、論辨明確爲主，庶幾可謝彼虛談，敦茲實學。」又云：

> 漢唐儒者，謹守師說而已。自南宋至明，凡說經講學論文，皆各立門戶，大抵數名人爲之主，而依草附木者，囂然助之。朋黨一分，千秋吳越，漸流漸遠，并其本師之宗旨，亦失其傳，而釁隙相尋，操戈不已。名爲爭是非，實則爭勝負也。人心世道之害，莫甚於斯。〔註18〕

可見《總目》認同「考究文字訓詁以通義理」的考證實學，並以「漢唐儒者，謹守師說」爲是，而大力抨擊「有害人心世道」的宋明講學，確具有「尊漢抑宋」之傾向。此外，紀昀在《閱微草堂筆記》一書中亦表現出相近的觀點，其云：

> 夫漢儒以訓詁專門，宋儒以義理相尚，似漢學粗而宋學精。然不明訓詁，義理何自而知？……蓋漢儒重師傳，淵源有自，宋儒尚心悟，研索易深。漢儒或執其舊文，過於言傳，宋儒或憑臆斷，勇於改經。記其得失，亦復相當。惟漢儒之學，非讀書稽古，不能下語；宋儒之學，則人人皆可以空談。〔註19〕

及至江藩，在《經解入門》以及《漢學師承記》、《宋學淵源記》等書中，嚴標漢宋之學門戶，將崇尚漢儒訓詁考據之學定名爲「漢學」，將崇尚宋儒義理之學稱作「宋學」，反映「尊漢排宋」的學術傾向，其云：

> 何謂漢學？許、鄭諸儒之學也。何謂宋學？程朱諸儒之學也。二學何以異？漢儒釋經皆有師法，如鄭之箋《詩》，則宗毛爲主；許氏著《說文解字》，則博採通人，至於小大，信而有證。即其中今人所視爲極迂且曲之義，亦必碻有所受，不同臆造。宋儒不然，凡事皆決於理，有不合則舍古訓而妄出以己意。……此漢宋二家之所以異，而經家之所以不取宋儒也。〔註20〕

〔註17〕 學者多主張《四庫全書總目》反映「尊漢抑宋」的傾向，如本田成之《中國經學史》、周積明《文化視野下的四庫全書總目》、張維屏《紀昀與乾嘉學術》等皆是。

〔註18〕 參見《四庫全書總目·凡例》（臺北：臺灣商務印書館，1985 年 5 月），頁 1～38。

〔註19〕 參見紀昀〈灤陽消夏錄〉，《閱微草堂筆記》卷一。

〔註20〕 參見江藩〈漢宋門戶異同〉，《經解入門》（臺北：廣文書局，1977 年 1 月）卷三，頁 65。

因此，「漢學」乃與「宋學」相對立，漢、宋之學遂成為不同的兩種學術類型。

然而，乾嘉以前，漢宋之學並非不相容，如皮錫瑞云：「國初諸儒，取漢唐注疏及宋、元、明人說，擇善而從，由後人論之，為漢、宋兼採一派。而諸公當日，不過實事求是，非必欲自成一家也。」又云：「國初，漢學方萌芽，皆以宋學為根柢，不分門戶，各取所長，是為漢、宋兼採之學。」〔註21〕即以清初顧炎武、黃宗羲等人，雖以理學空疏之風是導致明亡的重要因素，顧炎武更以理學末流近於禪學，其云：

> 愚獨以為理學之名，自宋人始有之。古之所謂理學，經學也，非數十年不能通也。故曰：「君子之於《春秋》，沒身而已矣。」今之所謂理學，禪學也，不取之五經而但資之語錄，校諸帖括之文而尤易也。又曰：「《論語》，聖人之語錄也。」捨聖人之語錄，而從事於後儒，此之謂不知本矣。〔註22〕

雖然，顧氏對宋明理學亦非全盤否定，如今人黃啓華認為顧炎武雖辨析古今理學的差異，卻並不否定理學，顧氏所不滿的只是已被禪學混雜，或流於空洞、不重實事實行的理學，所以他才要辨證理學應以何種學術為內涵的問題。顧氏沒有全面否定理學的態度，與明代考據學者兼重漢宋二學頗相似〔註23〕。又顧炎武嘗稱讚二程與朱子能宏揚儒學云：

> 兩漢而下，多保殘守缺之人，六經所傳，未有繼往開來之哲，惟絕學首明於伊雒，而微言大闡於考亭，不徒羽翼聖功，亦乃發揮王道，啓百世之先覺，集諸儒之大成。〔註24〕

顧氏向來被推為清代考據學的開山祖師，其「經學即理學」的主張，雖傾向崇漢薄宋，但其實乃反對「空談心性」的陸王學派，對於「道問學」的程朱學派，亦贊同其能考究六經以明聖言的功績。因顧炎武為學宗尚朱熹，而黃宗羲為學秉陽明後學劉宗周，故江藩認為二人非純粹漢學，其云：

> 黎洲乃戟山之學，矯良知之弊，以實踐為主；亭林乃文清之裔，辨

〔註21〕參見皮錫瑞《經學歷史》（臺北：漢京文化，1983年9月），頁305、341。

〔註22〕參見顧炎武〈與施愚山書〉，《亭林文集》卷三。

〔註23〕參見黃啓華〈乾嘉考據學興起的一些線索〉，《故宮學術季刊》第八卷第三期，頁113～114。

〔註24〕參見顧炎武〈華陰縣朱子祠堂上梁文〉，《日知錄》（臺北：明倫出版社，1970年）卷五，頁121。

陸王之非，以朱子爲宗。故兩家之學，皆深入宋儒之室，但以漢學
爲不可廢耳！多騎牆之見，依違之言，豈眞知灼見者哉？〔註25〕

其次，閻若璩、胡渭諸人亦不完全排斥宋學，如錢穆認爲閻若璩於宋人
理學未敢輕譏，其云：

然潛邱較謹飭，於宋人理學未敢輕譏，謂：「天不生宋儒，仲尼如長
夜。」又曰：「周元公三代下之伏羲，程純公三代下文王，朱文公三
代下孔子。」或問：「子於宋儒理學，既若是推崇，而於其經學反多
未合，何也？」曰：「近代奉宋儒經學者太過，而貶剝之者亦太過。
間考朱子平生傳註，所最得意者《四子書》，然多未盡；所拳拳屬意
不置者，《儀禮經傳通解》，止成得一稿子。所以元黃楚望氏欲以近
代理明義精之學，用漢儒博物考古之功，加以精思，沒身而止，蓋
以朱紫陽猶不足以當也。鳴呼！豈易言哉？」（《箚記》卷一）潛邱
之意，僅欲以漢儒之博物考古，與宋儒之理明義精者相闡證，對宋
儒義理，未敢異同，較之崑山「經學即理學」之語，固遠爲謙抑也。
〔註26〕

今人暴鴻昌亦云：「清代前期批宋明理學最屬者是毛奇齡和顏李學派，但
此不屬漢、宋之爭，所以清代前期無漢、宋二學門戶之分。」〔註27〕因此，
大體而言，清代初期並無嚴格地漢、宋對立的門戶之見，除了少數激烈反對
宋學的學者之外，更多學者是主張漢、宋之學兼重的觀念。

至於嚴標漢人家法，並且非議宋學者，應以乾嘉時期爲代表。日人本田
成之《中國經學史》云：「清朝的漢學，完全脫離宋學而獨立的，是在乾隆、
嘉慶，然還未能十分純粹，那粹然脫盡宋學的痕跡，尚在嘉慶以後。但學問
該博，實力鞏固，確算乾嘉時代。」〔註28〕乾嘉學者中，又以惠棟一派宗漢
反宋尤爲旗幟鮮明。如梁啓超云：「清代學術，論者多稱爲『漢學』；其實前
此顧、黃、王、顏諸家所治，並非『漢學』；後此戴、段二王諸家所治，亦並
非『漢學』。其『純粹的漢學』，則惠氏一派，洵足當之矣。」〔註29〕章太炎

〔註25〕 參見江藩《漢學師承記》卷八。
〔註26〕 參見錢穆《中國近三百年學術史》（臺北：臺灣商務印書館，1995年9月），
頁257。
〔註27〕 參見暴鴻昌〈清代漢學與宋學關係辨析〉，《史學集刊》1992年第2期。
〔註28〕 參見本田成之《中國經學史》（臺北：古亭書屋，1975年4月），頁268。
〔註29〕 參見梁啓超《清代學術概論》十。

亦云：「揭漢學旗幟的首推惠棟（定宇）（蘇州學派），他的父親惠士奇著《禮說》、《春秋說》已開其端，定宇更推揚之，漢學以定。他所謂漢學，是擯斥漢以下諸說而言。」〔註30〕因此，專門漢學應以惠棟、江藩等吳派學者爲主，而非全部乾嘉學者皆屬之。

其次，江藩等漢學家雖排斥宋學，乃是針對其治學解經的部分，然對於宋儒之立身修德，並未否定，甚至加以讚許，如江藩云：「學者治經宗漢儒，立身宗宋儒，則兩得矣。」〔註31〕又云：「近今漢學昌明，遍於寰宇，有一知半解者，無不痛詆宋學。然本朝爲漢學者，始於元和惠氏，紅豆山房半農人手書楹帖云：『六經尊服鄭，百行法程朱』，不以爲非，且以爲法，爲漢學者背其師承何哉！藩爲是記，實本師說。」〔註32〕錢穆認爲惠棟評《毛詩註疏》云：「棟則以爲宋儒之禍，甚於秦灰」，足見惠棟反宋甚爲激昂，而江藩卻有讚許宋儒之言，則「吳學後起，轉不以詆宋過甚爲然矣」〔註33〕。其實江藩並非不同師門宗漢反宋之說，而只是在學術領域上有所分別。蓋其宗漢反宋的部分乃繼承惠棟之說，以漢儒解經治學爲是，乃是反對宋儒解經多立新說，且推翻漢儒之解，故認爲宋儒有誤解儒學經典之弊，所以在這個層面上，可有「宋儒之禍，甚於秦灰」的批評。至於程朱等宋學家講究誠正修齊之道，有益於世道人心，此乃道德的層面，並非吳學探求之重心，故仍以宋儒爲是。

漢學家對宋學的批評，也激起了宋學家的反制，如姚鼐云：「今世天下相率爲漢學者，搜求瑣屑，徵引猥雜，無研尋義理之味，多矜高自滿之氣，愚鄙竊不以爲安。」〔註34〕又云：「且其人生平不能爲程朱之行，而其意乃欲與程朱爭名，安得不爲天所惡，故毛大可、李剛主、程綿莊、戴東原，率皆身滅嗣絕，此殆未可以爲偶然也。」〔註35〕至其後學方東樹更作《漢學商兌》一書，大力護衛程朱理學，對顧炎武以下至惠棟、戴震、阮元等漢學家，一一加以抨擊，其云：

〔註30〕 參見章太炎〈國學的派別〉，《國學概論》（香港：三聯書店，2001 年 4 月），頁 53。

〔註31〕 參見江藩〈漢宋門戶異同〉，《經解入門》（臺北：廣文書局，1977 年）。

〔註32〕 參見江藩《國朝宋學淵源記》卷上（臺北：學海出版社），頁 2。

〔註33〕 參見錢穆《中國近三百年學術史》（臺北：臺灣商務印書館，1995 年 9 月），頁 354〜355。

〔註34〕 參見姚鼐《惜抱軒文後集》卷三。

〔註35〕 參見姚鼐《惜抱軒文集》卷六。

至宋代程朱諸子出，始因其文字，以求聖人之心，而有以得於其精微之際，語之無疵，行之無弊，然後周公孔子之真體大用，如撥雲霧而睹日月。……逮於近世，爲漢學者，其蔽益甚，其識益陋，其所挾惟取漢儒破碎穿鑿謬說，揚其波而汨其流。抵掌攘袂，明目張膽，惟以詆宋儒攻朱子爲急務。要之不知學之有統，道之有歸，聊相與逞志快意，以驚名而已。〔註36〕

又云：

漢學家皆以高談性命爲便於空疏，無補經術，爭爲實事求是之學，衍爲篤論，萬口一舌，牢不可破。以愚論之，實事求是，莫如程朱，以其理信，而足可推行，不誤於民之興行，然則雖虛理，而乃實事矣。漢學諸人，言言有據，字字有考，只向紙上與古人爭訓詁形聲，傳注駁雜，援據群籍，證佐數千百條，反之身己心行，推之民人家國，了無益處，徒使人狂惑失守，不得所用。然則雖實事求是，而乃虛之至者也。〔註37〕

方東樹批評漢學家治經破碎穿鑿，認爲宋儒程朱之學乃「實事求是」，有助於世道人心，反而漢學家只在故紙堆裡爭勝，無益於修齊治平之道，故漢學才是「虛之至者」也。其次，對於漢學家主張由文字聲韻等小學以求詁訓，由名物制度考究經義，「義理存乎訓詁」、「訓詁明則理義明」的研究方法，方東樹亦否定之，認爲「義理有時實有在語言文字之外者」，其云：

夫謂義理即存乎訓詁，是也；然訓詁多有不得真者，非義理何以審之？……若謂義理即在古經訓詁，不當歧爲二。本訓詁以求古經，古經明而我心同然之義理以明，此確論也。然訓詁不得義理之真，致誤解古經，實多有之。若不以義理爲之主，則彼所謂訓詁者，安可恃以無差謬也。諸儒釋經解字，紛紜百端。……總而言之，主義理者，斷無有舍經廢訓詁之事；主訓詁者，實不能皆當於義理。何以明之？蓋義理有時實有在語言文字之外者。故孟子曰：「以意逆志，不以文害辭，辭害意也。」漢學家專泥訓詁，如高子說詩，所以多不可通。〔註38〕

〔註36〕參見方東樹《漢學商兌》（臺北：商務印書館，1978年）之〈重序〉。

〔註37〕參見方東樹《漢學商兌》（臺北：商務印書館，1978年）卷中之上，頁39。

〔註38〕參見方東樹《漢學商兌》（臺北：商務印書館，1978年）卷中之下，頁79～

　　最後，方氏更舉出漢學有所謂的「六蔽」，云：「其一力破理字，首以窮理為厲禁，此最誖道害教。其二考之不實，謂程朱空言窮理，啓後學空疏之陋，不知朱子教人，固未嘗廢注疏。其三則由於忌程朱理學之名及《宋史》道學之傳。其四則畏程朱檢身，動繩以理法，不若漢儒不修小節，不矜細行，得以寬便其私，故曰宋儒以理殺人。其五則奈何不下腹中數卷書，及其新慧小辨，不知是為駁雜細碎、迂晦不安，乃大儒所棄餘，而不屑有之者也。其六則見世科舉俗士，空疏者眾，貪於難能可貴之名，欲以加少為多，臨深為高也。」〔註39〕

　　方東樹批評漢學的地方，雖多憤激主觀的成分，然亦有部分切中漢學之弊，故梁啓超云：「方東樹之《漢學商兌》，卻為清代一極有價值之書」〔註40〕，又云：「其書為宋學辯護處，固多迂舊，其針砭漢學家處，卻多切中其病，就中指斥言『漢易』者之矯誣，及言典章制度之莫衷一是，尤為知言。」〔註41〕因此，以江藩《漢學師承記》標舉的「漢學」，以及方東樹《漢學商兌》維護的「宋學」，形成漢學考據與宋學義理之爭。

　　然而，「漢、宋之爭」的定義與內涵則尚有所爭議，如漆永祥云：

　　　　乾嘉學者所講的宋學，一般包括兩層含義：一是指宋代經學，幾乎
　　　　全被他們否定；二是指宋明理學，則是有肯定，有否定。肯定其正
　　　　心誠意、立身致行之學，而否定其性理之學。對于宋代訓詁考據之
　　　　學，他們不僅不反對，還樹為楷模，表彰有加。〔註42〕

　　如此，則乾嘉考據學者對「宋學」，不全然排斥，只是否定其經學與性理之學。

　　張麗珠亦云：

　　　　當我們習慣地以「宋學」代義理學時，我們是從廣義的角度，把「宋
　　　　學」視為全部義理學的總稱；但當我們說「漢宋之爭」時，其實它
　　　　就只能就狹義的理學而言。也就是說「宋學」有廣義與狹義兩種不

　　　　87。
〔註39〕參見方東樹《漢學商兌》（臺北：商務印書館，1978年）卷中之下，頁148～
　　　　149。
〔註40〕參見梁啓超《清代學術概論》十九。
〔註41〕參見梁啓超《清代學術概論》十九。
〔註42〕參見漆永祥《乾嘉考據學研究》（北京：中國社會科學出版社，1998年），頁
　　　　24。

同的指涉內容，不過由於一般人未能正確地認識清代新義理學，所以在以為理學就是義理學唯一內容、全部內涵的情形下，當談及「漢宋之爭」時，便往往以對「宋學」的廣義認識——義理學，來指涉本來應是狹義指向的理學，而把「漢宋之爭」應該有更確切的指向內容——即本文所闡述的，是指清代義理學中持漢儒義理與持宋儒義理者之義理對峙。〔註43〕

漆永祥將宋學分作經學與理學兩種，認為乾嘉學者否定宋代經學與理學中的性理之學，但肯定立身修行以及訓詁考據之學；張麗珠則認為清代「漢宋之爭」真正關鍵性的內容，應在於「義理學內部存在著難以調和的漢宋歧見；而不是考據學與義理學兩種不同型態的學術路線之爭」這樣的觀念〔註44〕。

其實，訓詁考據之學漢、宋兩代俱有，並非漢人之專利，宋代程朱諸儒之經典考證，亦有其自得之處。只是惠棟、江藩等吳派學者，以漢儒說法較為近古，而宋儒解經多出己見，故標舉宗漢反宋之「漢學」，解經一以漢儒為尚。故對吳派學者而言，漢人之學所成者在於訓詁考據之學，宋人之學所成者在於義理修身之學，如此才有「漢宋之爭」乃考據學與義理學相爭的一般世俗觀念。當然，嚴格地分析，這樣的觀念是有問題的，因漢宋兩代皆有考據、義理之學，並不能完全將考據與義理簡化為漢宋之爭。然而若就吳派學者而言，訓詁考證上宗法漢儒、排斥宋儒之經解，亦可算是一種「漢宋之爭」，而這也影響了當時乾嘉學者的認知。

至於義理之學，也並非宋明理學之專利，清代戴震、焦循諸人頗多批判宋儒性理之學，此即所謂「乾嘉新義理學」也。戴震早年雖有「漢儒得其制數，失其義理；宋儒得其義理，失其制數」〔註45〕的偏見，其後乃修正云：

> 言者輒曰：「有漢儒經學，有宋儒經學，一主於故訓，一主於理義。」此誠震之大不解也者。夫所謂理義，苟可以舍經而空憑胸臆，將人人鑿空得之，悉有於經學之云乎哉？……故訓明則古經明，古經明則賢人聖人之理義明，而我心之所同然者，乃因之而明。賢人聖人

〔註43〕 參見張麗珠〈「漢宋之爭」難以調和的根本歧見〉，《乾嘉學者的義理學》（上）（臺北：中研院文哲所，2003年2月），頁278～279。

〔註44〕 參見張麗珠〈「漢宋之爭」難以調和的根本歧見〉，《乾嘉學者的義理學》（上）（臺北：中研院文哲所，2003年2月），頁270。

〔註45〕 參見戴震〈與方希原書〉，收入《戴震文集》卷九，此文為戴震乾隆二十年卅三歲之作。

之理義非它，存乎典章制度者是也。〔註46〕

中年以後戴震修正早年「漢儒得制數，宋儒得義理」的觀念，轉而認爲「理義存於典章制度」，必須通過訓詁解經的手段以求得經書之理義，而宋儒之理義多空憑胸臆，乃鑿空得之，故東原不以宋儒於義理有得。其後戴震循著「由文字以通乎語言，由語言以通乎古聖賢之心志」的途徑，著成《原善》、《孟子字義疏證》等言義理之書，批判宋儒性理之學，從而建立起自己的義理之學。

儘管戴震的義理學有別於宋儒之理學，但不爲當世所重，乾嘉學者多推重戴氏訓詁考據之學，而並不認同其義理之學。雖有一二學者深知東原有自得之義理，與宋儒理學不同，乃是東原學術最精善之處，如章學誠云：「戴著《論性》、《原善》諸篇，於天人理氣，實有發前人所未發者，時人則謂空說義理，可以無作，是固不知戴學者矣。」〔註47〕焦循亦云：「東原生平所著書，惟《孟子字義疏證》三卷、《原善》三卷，最爲精善。知其講求於是者，必深有所得，故臨歿時往來於心，則其所謂義理之學可以養心者，即東原自得之義理，非講學家《西銘》太極之義理也。」〔註48〕

然而，當時乾嘉學者多不能欣賞東原義理之學，如錢大昕、紀昀、朱筠等考據大家都推重東原訓詁名物之作，而嘆息其耗費精神於無用之義理，如章學誠云：

> 而當時中朝薦紳負重望者：大興朱氏、嘉定錢氏，實爲一時巨擘，其推重戴氏，亦但云訓詁名物、六書九數用功深細而已，及見《原善》諸篇，則群惜其用精神耗於無用之地，僕於當時力爭朱先生前，以謂此說似買櫝而還珠，而人微言輕，不足以動諸公之聽。〔註49〕

余英時亦認爲乾嘉學人反對東原講義理者，可以分爲兩派：一派是從傳統的程朱觀點攻擊東原的「異端」，如姚鼐、彭紹升、以至翁方綱諸人皆是；另一派對東原的義理之學的攻擊則從訓詁考證的立場出發，朱筠和錢大昕是其中的最重要的人物〔註50〕。當時漢學家專務考證之實學，基本上輕視「空

〔註46〕參見戴震〈題惠定宇先生授經圖〉，收入《戴震文集》卷十一，此文爲戴震乾隆三十年四十三歲之作。

〔註47〕參見章學誠〈書朱陸篇後〉，《文史通義》內篇二。

〔註48〕參見焦循〈申戴〉，《雕菰集》（臺北：鼎文書局，1977 年 9 月）卷七，頁 95。

〔註49〕參見章學誠〈答邵二雲書〉，《文史通義》補遺續。

〔註50〕參見余英時〈戴東原與清代考證學風〉，《論戴震與章學誠》（臺北：東大圖書公司，1996 年 11 月），頁 113～114。

談性理」之宋學，從而也多不談義理之學，如孫星衍〈笥河先生行狀〉評朱
筠曰：「先生以南宋已來，說經之學多蹈虛，或雜以釋氏宗旨。」〔註51〕章學
誠〈朱先生墓誌銘〉亦云：「先生於學無所不窺，……至於文字訓詁、象數名
物、經傳義旨，並主漢人之學。」〔註52〕錢大昕亦云：「宋明人言心性，亦清
談也。」〔註53〕又如紀昀，更是「尊漢抑宋」學風的主導人物，其主持的《四
庫全書》可說是漢學家的大本營，如《四庫全書總目》云：「先有漢儒之訓詁，
乃能有宋儒之義理。相因而入，故愈密愈深。必欲盡掃經師，獨標道學，未
免門戶之私。」〔註54〕余嘉錫認爲紀昀「自名漢學，深惡性理，遂峻詞醜詆，
攻擊宋儒，而不肯細讀其書。」〔註55〕黃雲眉亦認爲紀昀《四庫提要》之作
用有三：一、推崇注疏。二、非議朱熹。三、攻擊講學。帶有「尊漢抑宋」
之傾向〔註56〕。

可見考據學家「尊漢抑宋」的主張，乃是以漢人考據之學，取代宋人性理
之學，他們將宋人理學視爲「空談心性」，否定義理之學的地位，而以考據學爲
首。所以，在乾嘉考據學者的心目中，義理之學非其所重，更不會肯定戴震之
新義理學。因此，戴震之義理學在當時並沒有被學界接受，遭受到漢、宋兩方
陣營的反對，在當時考據學極盛的學術環境中，談義理很容易被歸爲空虛無用
之學。所以漢學家也絕不可能與宋學家在義理上爭勝，因義理並非漢學家所長，
也非其治學之重點。故戴震去世後，洪榜撰〈戴東原行狀〉，載入〈答彭進士書〉
一文，該文乃發揚東原有別程朱的新義理學，朱筠遂反對將此文載入〈行狀〉，
並謂「可不必載，戴氏可傳者不在此。」洪榜乃上書朱筠云：

> 頃承面諭，以「狀中所載〈答彭進士書〉，可不必載。性與天道，不
> 可得而聞，何圖更於程朱之外，復有論説乎？戴氏所可傳者不在此。」
> 榜聞命唯唯，惕於尊重，不敢有辭。退念閣下今爲學者宗，非漫云
> 爾者。其指大略有三：……其一謂：經生貴有家法，漢學自漢，宋
> 學自宋。今既詳度數，精訓故，乃不可復涉及性命之旨，反述所短，

〔註51〕 參見《笥河文集》（《畿輔叢書》本），卷首，頁21～22。
〔註52〕 參見《章氏遺書》卷十六，文集一，頁29。
〔註53〕 參見錢大昕《十駕齋養新錄》（《國學基本叢書》本）卷十八，頁434。
〔註54〕 參見紀昀《四庫全書總目》上冊，卷三七，頁318。
〔註55〕 參見余嘉錫《四庫提要辨證·序錄》（北京：中華書局，1974年），頁54。
〔註56〕 參見黃雲眉〈從主編者意圖上估計四庫全書之價值〉，《史學雜稿訂存》（濟南：
　　　　齊魯書社，1980年），頁228～241。

以揜所長。……蓋閣下之旨，出是三者，仰見閣下論學之嚴，制辭
之慎。〔註57〕

朱筠認爲〈答彭進士書〉，與《原善》、《論性》諸篇皆爲「空說義理」，
故「可以無作」。因此朱筠認爲戴震義理之作，乃反述所短（義理之學），以
揜所長（考據之學），甚爲不智也。余英時亦指出朱筠所謂「何圖更於程朱之
外復有論說」者，其意正是說程朱論性與天道已屬空談，東原不必更蹈其覆
轍也。朱筠說這番話，其立足點在新起的考證學，而非傳統的理學，是十分
明顯的〔註58〕。

因此，「漢宋之爭」儘管有簡化之嫌，考據與義理之爭無法概括全部乾嘉
學者，然以當時學術中心實在於考據學，而重視漢人經解訓詁又是考據學之
主流，故以考據學爲漢學之內涵應是當時學界所公認的事實。其次，程朱性
理之學可謂宋學之中心，宋儒理學乃乾嘉學者普遍認知的談論義理之學，至
於戴震等人提倡的新義理學當時並未能形成主流思潮。所以，就乾嘉時代的
整個學術生態觀察，所謂「漢宋之爭」仍然應以考據與義理之爭爲主（嚴格
說是漢人考據與宋人義理之爭），而並非是義理學的內部之爭，也不會是漢儒
考據與宋儒考據之爭。

第三節　吳皖之分派與發展

乾嘉考據學之分門別派，當時學者已有略論，如戴震云：「震入都過吳，
復交於先生令子秉高與二三門弟子若江君琴濤、余君仲林，皆篤信所授，不
失師法。先生之學有述者，是先生雖已云逝，而聲欬仍留。震方慨然於徒接
先生畫像，而吳之賢俊後學，彬彬有漢世鄭重其師承之意，可不謂幸歟？」
〔註59〕戴震以惠棟子秉高以及江聲（字琴濤）、余蕭客（字仲林）等人均爲
吳之後學，隱然以惠棟爲吳地宗派之意也。

又如洪榜云：「嘉定光祿王君鳴盛嘗言曰：『方今學者，斷推兩先生，惠
君之治經求其古，戴君求其是，究之捨古亦無以爲是。』王君博雅君子，故

〔註57〕 參見江藩《漢學師承記》（臺北：學海出版社）卷六，頁12。
〔註58〕 參見余英時〈戴東原與清代考證學風〉，《論戴震與章學誠》（臺北：東大圖書
　　　　 公司，1996年11月），頁121。
〔註59〕 參見戴震〈題惠定宇先生授經圖〉，《戴震文集》卷十一。

言云然。其言先生之學，期於求是，亦不易之論。」〔註60〕按：洪榜將王鳴盛之言斷章取義，僅就有利於戴震之「求其是」言，實則乃洪榜轉述有誤也。蓋王鳴盛云：

> 間與東原從容語：「子之學與定宇何如？」東原曰：「不同。定宇求古，吾求是。」嘻！東原雖自命不同，究之求古，即所以求是，舍古無是者也。〔註61〕

可見所謂「惠君求其古，戴君求其是」乃是戴震自言也，並非王鳴盛之意見，後世學者多誤信洪榜所言，而誤認王鳴盛推崇戴震之學乃「求其是」也。其實，王鳴盛仍然站在維護惠棟的立場，認爲「舍古無是者也」，其意乃謂惠棟之學求古，求古即是求是，二者並無不同。因此，王鳴盛並不認爲惠戴二人學術有何不同，即不以戴震之言爲然也。錢穆亦推衍王氏之言云：

> 謂「舍古無以爲是」者，上之即亭林「舍經學無理學」之說，後之即東原求義理不得鑿空於古經外之論也。然則惠、戴論學，求其歸極，均之於六經，要非異趣矣。〔註62〕

雖然，王鳴盛等吳派學者認爲惠、戴二人之學並非異趣，戴震本人卻認爲己學與惠棟不同，即求是與求古之不同，這種觀點也影響了皖派之後學，如王引之云：「惠定宇先生考古雖勤，而識不高，心不細，見異於今者則從之，大都不論是非。來書言之，足使株守漢學而不求是者，爽然自失。」〔註63〕可見吳派學者雖不認爲惠、戴二人之學有別，戴震及其後學則自認不同於株守漢儒經注之吳學，王引之批評吳派治學「識不高，心不細」，主要是說吳派雖也主張通小學以治經學，但其文字、聲韻、訓詁之學卻見粗略，反不如皖派之精細，尤其在「因聲求義」的訓詁方法上，更是皖派的一大特色與成就，也是皖派解經超出吳派的最大關鍵，如此惠、戴二人學術隱然有分流之勢。

及至清末民初，章太炎《訄書·清儒》綜理前人說法，明言乾嘉學術分惠、戴二派云：「其成學著系統者，自乾隆朝始。一自吳，一自皖南。吳始惠

〔註60〕參見洪榜〈戴東原先生行狀〉，收入《戴東原先生全集》。
〔註61〕參見王鳴盛〈古經解鈎沉序〉，《西庄居士始存稿》卷廿四。
〔註62〕參見錢穆《中國近三百年學術史》（臺北：臺灣商務印書館，1995年9月），頁356。
〔註63〕參見王引之〈致焦循手札〉。

棟，其學好博而尊聞；皖南始戴震，綜形名，任裁斷，此其所異也。」〔註64〕
又於西元 1911 年〈與吳承仕書〉云：「銓次諸儒學術所原，不過惠、戴二宗。
惠氏溫故，故其敦守舊貫，多不仕進。戴氏知新，而隱有所痛於時政，則《孟
子字義疏證》所爲作也。」可見章太炎將乾嘉考據學大略分爲惠棟與戴震二
派，認爲二人乃能成學著系統者。章太炎又分析二人學術之優劣云：

> 就惠、戴本身學問論，戴不如惠，但惠氏不再傳而奄息，戴的弟子
> 在清代放極大異彩，這也有兩種原因：甲、惠氏墨守漢人學說，不
> 能讓學者自由探求，留發展餘地。戴氏從音韻上闖出新途徑，發明
> 「以聲音合文字，以文字考訓詁」的法則。手段已有高下。乙、惠
> 氏揭漢學的旗幟，所探求的只是漢學。戴氏並非自命爲漢學，叫人
> 從漢學上去求新的發見，態度上也大有不同。〔註65〕

章太炎以惠、戴二人爲乾嘉學術宗派領袖，其後梁啓超接續其言謂吳、
皖二派爲乾嘉學術之中堅，其云：

> 正統派之中堅，在皖與吳，開吳者惠，開皖者戴。惠棟受學於其父
> 士奇，其弟子有江聲、余蕭客，而王鳴盛、錢大昕、汪中、劉台拱、
> 江藩等皆汲其流。戴震受學於江永，亦事棟以先輩禮。震之在鄉里，
> 衍其學者，有金榜、程瑤田、凌廷堪、三胡——匡衷、培翬、春喬
> ——等。其教於京師，弟子之顯者，有任大椿、盧文弨、孔廣森、
> 段玉裁、王念孫。念孫以授其子引之。玉裁、念孫、引之最能光大
> 震學，世稱戴段二王焉。〔註66〕

因此，自從章、梁二人將乾嘉學術（或謂考據學），分作吳派惠棟與皖派
戴震二大學派，後世研究乾嘉考據學者多遵從之，也成爲學界的普遍共識，
如馬宗霍《中國經學史》云：「乾隆時分佾樹幟，則有東吳、皖南兩派，吳學
惠棟主之，皖學戴震主之。」〔註67〕又云：「故知自乾隆以訖嘉道，言經學者
莫能外漢學，言漢學者莫能外吳、皖兩派焉。」〔註68〕周予同亦云：

〔註64〕 參見章太炎著，徐復注《訄書詳注》（上海古籍出版社，2000 年 12 月），頁
　　　　139。
〔註65〕 參見章太炎〈國學的派別〉，《國學概論》（香港：三聯書店，2001 年 4 月），
　　　　頁 53。
〔註66〕 參見梁啓超《清代學術概論》二，附入《中國近三百年學術史》（臺北：里仁
　　　　書局，1995 年 2 月），頁 9。
〔註67〕 參見馬宗霍《中國經學史》（臺北：商務印書館，1992 年 11 月），頁 145。
〔註68〕 同上注，頁 148。

一般說來，乾嘉漢學可分起源吳中（今江蘇蘇州）惠周惕而成於惠棟的「吳派」，和起源於江永而成於皖南戴震的「皖派」兩大支。「吳派」以遵循漢人學說為主，主張搜集漢儒經說，加以疏通，而旁及史學與文學。……「皖派」主張以文字學為基礎，從訓詁、聲韻、典章制度方面考釋經義。〔註69〕

又云：

關于中期學派問題，有人主張分為三派，我認為只有兩派，即吳（中）派和皖（南）派。……吳派、皖派的異同點問題，相同的在于兩派都是考據學派，尊奉許鄭之學，從文字訓詁著手，進而研究經典。不同之處有二點：第一，成就不同。吳派還未達到哲學高度，而皖派如戴震不局限于文字學、經學、史學，而能達到哲學研究，反對宋代理學的思想很強烈，超過了顧炎武。第二，方法上不同。吳派講「博」，皖派博而精斷。總之，皖派的學術地位高于吳派。〔註70〕

然而，吳、皖二派之分，存有不少缺失，故有部分學者提出質疑〔註71〕，認為這種分法並不適當，也不符合乾嘉學術發展之實況。歸納這些質疑之理由，大略如下四點：一、吳、皖二派並不能概括整個乾嘉學術。二、吳、皖之分僅針對其差異處言，忽略二者有甚多相同之點。三、以地域、師承來劃分吳、皖二派，與事實不符。四、乾嘉學術是同一學派之內部發展，貿然劃分吳皖二派有違學術發展之歷史事實。

關於第一點，論者謂如浙東史學家全祖望、章學誠、邵晉涵諸人，以及常州今文學派莊存與、劉逢祿，甚至桐城古文家方苞、姚鼐等，皆非吳皖二派可以容納。另外，亦有學者主張吳、皖之外可分出揚州學派，以阮元、焦循、王念孫、王引之、汪中諸人為代表，並云：「吳學最專，徽學最精，揚州之學最通。無吳、皖之專精，則清學不能盛；無揚州之通學，則清學不能大。」〔註72〕按：乾嘉學術的中心在於考據學，而考據學又以經學研究為主，故史學、文學本非其所重，浙東、桐城自然非考據學之中心，兼且桐城派古文家以維護宋學為己任，更非以漢學為主流的考據學家所能接受。至於常州今文

〔註69〕參見周予同〈章學誠「六經皆史說」初探〉，《周予同經學史論著選集》，頁721。

〔註70〕參見周予同《中國經學史講義》（上海文藝出版社），頁80～81。

〔註71〕如陳祖武〈乾嘉吳皖分野說商榷〉，《貴州社會科學》1992年7期；暴鴻昌〈乾嘉考據學流派辨析—吳派、皖派說質疑〉，《史學集刊》1992年3期。

〔註72〕參見張舜徽《清代揚州學記》。

學派，其學以闡釋孔子微言大義爲主，與「不空談義理」的漢學家並不相容，故亦不爲考據學家所看重，周予同亦以爲「雖然莊存與是乾隆間人，但眞正發生影響的是龔自珍、魏源、康有爲，那是在後期。」〔註73〕又如所謂揚州學派之代表人物，王念孫、王引之父子乃戴震之門人後學，凌廷堪亦自稱爲東原私淑弟子，阮元、焦循義理之學亦頗多繼承東原之處，故揚州諸人或學出東原，或主張近於東原，實不必另分門派。至於汪中，其學實長於子學，又治學亦盛贊東原云：「古學之興也，顧氏開其端；河洛矯誣，至胡氏而絀；中西推步，至梅氏而精；力攻古文者，閻氏也；專言漢儒《易》者，惠氏也；凡此皆千餘年不傳之絕學，及戴氏出，而集其成焉。」〔註74〕汪中既以戴震爲古學之集大成，其治學殆亦認同戴氏。因此，揚州學派諸人可歸入戴氏一派，並不須要另立宗派。故吳皖二派雖無法涵蓋乾嘉學術之全體，但卻可代表當時學術之主流，也可呈現當時考據學之大要。

其二，吳、皖二派皆從標舉漢學的旗幟出發，利用名物訓詁的方式考究經義，而反對鑿空解經，故皆重視漢人經注，以其去古未遠，多言有所據，此其所同也。故惠棟云：「漢人通經有家法，故有五經師訓詁之學，皆師所口授，其後乃著竹帛。所以漢經師之說立於學官，與經並行。五經出於屋壁，多古字古言，非經師不能辨。經之義存乎訓，識字審音，乃知其義，是故古訓不可改也，經師不可廢也。余家四世傳經，咸通古義。」〔註75〕戴震亦云：「夫所謂理義，苟可以舍經而空憑胸臆，將人人鑿空得之，奚有於經學之云乎哉？惟空憑胸臆之卒無當於賢人聖人之理義，然後求之古經；求之古經而遺文垂絕、今古縣隔也，然後求之故訓。故訓明則古經明，……松厓先生之爲經也，欲學者事於漢經師之故訓，以博稽三古典章制度，由是推求理義，確有據依。」因此，藉由識字審音的文字音韻工夫，探求古字古義，而求得古經之理義，可避免「舍經而空憑胸臆」的弊病，此爲二人之治學共同點，也是漢學乃至考據學的共同主張。

不過，二人雖有共同主張，但其學更有不同之處，如梁啓超評惠棟之學云：「惠氏家學，專以『古今』爲『是非』之標準。」「惠派治學方法，吾得以八字蔽之，曰：『凡古必眞，凡漢皆好。』」「惠派宗旨，蓋謂凡學說出於漢

〔註73〕參見周予同《中國經學史講義》，頁80。
〔註74〕參見凌廷堪〈汪容甫墓誌銘〉，《校禮堂文集》卷三十五。
〔註75〕參見惠棟〈九經古義述首〉，《松厓文鈔》卷一。

儒者，皆當遵守，其有敢指斥者，則目爲信道不篤也。」〔註 76〕可見惠派以宗漢崇古爲治學標準，排斥漢以後之經注。然而，戴震則不墨守漢人經說，主張空所依傍，其云：「治經必先考字義，次通文理，志乎聞道，必空所依傍。漢儒訓詁，有師承，有時亦傅會；晉人傅會鑿空益多；宋人則恃胸臆以爲斷，故其襲取者多謬，而不謬者反在其所棄。」〔註 77〕又云：「其得於學，不以人蔽己，不以己自蔽。……今之博雅能文章善考核者，皆未志乎聞道，徒株守先儒而信之篤，如南北朝人所譏：『寧言周、孔誤，莫道鄭、服非』，亦未志乎聞道者也。」〔註 78〕東原所謂「徒株守先儒而信之篤」無疑也批評到墨守漢儒經注之惠派學說，而謂「漢儒訓詁，有師承，有時亦傅會」，則不盡贊同漢儒訓詁，故梁啓超云：「震之所期，在『空諸依傍』，晉、宋學風，固在所詆斥矣。即漢人亦僅稱其有家法，而未嘗教人以盲從。錢大昕謂其：『實事求是，不主一家。』」〔註 79〕又云：「戴派之言訓詁名物，雖常徵引漢人之說，然並不墨守之。」〔註 80〕梁氏更比較惠、戴二家治經之異云：

> 惠派之治經也，如不通歐語之人讀歐書，視譯人爲神聖，漢儒則其譯人也，故信憑之不敢有所出入。戴派則不然，對於譯人不輕信焉，必求原文之正確然後即安。惠派所得，則斷章零句，援古正後而已。戴派每發明一義例，則通諸群書而皆得其讀。是故惠派可名之曰漢學，戴派則確爲清學而非漢學。〔註 81〕

因此，惠、戴二人之學，有異有同。不可因其異而諱言其同，亦不可因其同而避言其異。故惠、戴二派雖同爲乾嘉考據學之中堅，雖有以小學名物考究經義之共同主張，但仍無妨於二者治學之不同。例如宋明理學之中，亦可分出程朱與陸王兩個系統，並不會因其分別流派而掩蓋其偏向內在義理之學的共同主張。

其三，以地域、師承來劃分吳、皖二派，本就是一種概略的分法，不應

〔註 76〕參見梁啓超〈清代學術概論〉十，收入《中國近三百年學術史》附錄，頁 31。
〔註 77〕參見戴震〈與某書〉，《戴震文集》卷九。
〔註 78〕參見戴震〈答鄭丈用牧書〉，《戴震文集》卷九。
〔註 79〕參見梁啓超〈清代學術概論〉十一，收入《中國近三百年學術史》附錄，頁 34。
〔註 80〕參見梁啓超〈清代學術概論〉十二，收入《中國近三百年學術史》附錄，頁 39。
〔註 81〕參見梁啓超〈清代學術概論〉十二，收入《中國近三百年學術史》附錄，頁 39。

苟求其中學者的個別差異。故如暴鴻昌云：「就所謂皖派學者而論，其學術中堅，除戴震外，多爲皖外之人。淩廷堪說戴震卒後，『其小學，則有高郵王念孫、金壇段玉裁傳之；測算之學，則有曲阜孔廣森傳之；典章制度之學，則有興化任大椿傳之，皆其弟子也。』四大弟子中，三人爲江蘇人，一人爲山東人。無一皖人，『皖派』何在？因此稱『皖派』不確。」〔註82〕其實，當初劃分吳皖二派時，只是因惠棟爲吳地人，而戴震是皖地人，遂以此開派二人籍貫爲派別之名，並未嚴格限定其弟子或心附此派之人必須爲同一籍貫地理，故若以門派中諸弟子或學者籍貫之異就否定分派，則未免過度。王俊義亦認爲「以地域命名和劃分學派，本是中國古代學術史的傳統，以吳派與皖派作爲惠棟和戴震爲代表的學派的名稱，也只是一個代稱與概稱。當時和其後的學者是否屬於吳派與皖派，也並非僅僅以是否吳人、皖人爲根據。更主要的是還要看是否與惠、戴有師承關係、相互間的治學宗旨與特色是否相同。」〔註83〕因此，吳、皖之名稱，只是當初命名之便利性，並不能據此嚴格限制非該二地之學者不能歸入兩派。且若嚴格限制地域，則北方考據學者朱筠、紀昀等人，以及嘉定學者錢大昕，亦將無所著落。故吳、皖之分，不僅在地域、師承，更重要的是在學派之治學特色方面。

其四，論者謂「就學術演進的實際狀況來看，吳、皖分派有一最爲明顯，亦最爲重要之可酌處，即他忽略了對乾嘉學派作動態的、歷史的研究，因而無形中掩蓋了乾嘉學術演進的軌跡。由惠學到戴學乃一發展過程，實爲乾嘉學派從形成到鼎盛的縮影。」〔註84〕王俊義則認爲吳皖之分派，並不否認乾嘉漢學是一個歷史過程，也不會掩蓋其演進的歷史軌跡〔註85〕。按：王氏之言爲確，乾嘉學術劃分吳、皖二派，只是幫助學者研究考據學治學方法與態度之異同，並了解吳、皖二派主張有所繼承推衍，亦有創新之處，並不會因此就掩蓋了乾嘉學術演進的軌跡。即就主張劃分吳皖二派的梁啓超而言，其

〔註82〕參見暴鴻昌〈乾嘉考據學流派辨析——吳派、皖派說質疑〉，《史學集刊》1992年3期，頁68。

〔註83〕參見王俊義〈再論乾嘉漢學的幾個問題〉，《清代學術論叢》第二輯（中山大學清代學術研究中心，2001年11月），頁22。此外又收入王俊義、黃愛平《清代學術文化史論》（臺北：文津出版社，1999年11月），頁42。

〔註84〕參見陳祖武〈乾嘉學術與乾嘉學派〉，《文史知識》1994年9期，頁14。

〔註85〕參見王俊義〈再論乾嘉漢學的幾個問題〉，《清代學術論叢》第二輯（中山大學清代學術研究中心，2001年11月），頁22。此外又收入王俊義、黃愛平《清代學術文化史論》（臺北：文津出版社，1999年11月），頁42。

云：「清儒最惡立門戶，不喜以師弟相標榜；凡諸大師皆交相師友，更無派別可言也。」〔註86〕又云：「在此期（全盛期）中，此學派（正統考據學派）已成爲『群眾化』，派中有力人物甚多，皆互相師友，其學業亦極『單調的』，無甚派別之可特紀。故吾欲專敘一二人，以代表其餘。當時鉅子，共推惠棟、戴震。」〔註87〕可見梁氏亦認爲惠、戴二人皆屬乾嘉時期之正統派，亦不否認當時二派學者不分門派、互相師友之實情，而因當時學界公認惠、戴二人爲考據學之代表，故據以分派。梁氏說法只是說明乾嘉當時學界的共同趨勢，或許惠戴二人當時並不強調彼此論學之不同，但自其後學乃至近世學者來看，二人論學實有明顯相異之處。因此，分析二人論學不同，乃至論述二派學術主張之歧異，可讓學界更清楚了解考據學之全貌，有助於釐清整個乾嘉學術發展之趨勢與影響。反言之，若迴避二者之異，而僅求其同，才是掩蓋歷史事實，也阻礙了對於乾嘉學術之發展的研究。

因此，吳、皖之分派仍有其學術價值，並不須貿然推翻此說，除非有更理想的分派理由，否則仍應保留此說。不過，必須認清的是兩派並非截然對立，而是同一考據主流思潮下的不同發展，二派之學有異有同，亦互相激盪影響，循著對二派學說之研究，將有利於我們掌握乾嘉考據學之主流。其次，吳、皖二派之分也不宜嚴格限制地域或師承，而應更宏觀地從學術主張之特色著手，也才能避免部分學者依違於二派之間的矛盾現象，以及建立明確的分派標準。

〔註86〕參見梁啓超〈清代學術概論〉二，收入《中國近三百年學術史》附錄，頁10。
〔註87〕參見梁啓超〈清代學術概論〉十，收入《中國近三百年學術史》附錄，頁30。

第三章 生平及著作考述

第一節 生平考述

一、家世淵源

　　戴震（1724～1777），字愼修，一字東原，安徽省休寧縣隆阜人。生於清雍正元年十二月〔註1〕，卒於乾隆四十二年五月，年五十五。關於戴震之先世，嘗於〈族支譜序〉自述云：

> 戴之先子姓。至春秋時，宋有戴、武、宣、穆、莊之族。謹按宗法，國君之子，所謂大夫不敢祖諸侯者，故有宗道以合族屬。《大傳》曰：「有小宗而無大宗者，有大宗而無小宗者，有無宗而亦莫之宗者。」謂世子既嗣國爲君，無母弟以爲大宗，則立長庶一人爲小宗，以統群公子，是爲有小宗而無大宗。若有母弟，立爲大宗，則群公子皆屬之，不得又立長庶爲小宗，是爲有大宗而無小宗。若世子爲君之外，公子止一人，無他公子，則此一人爲無宗而亦莫之宗。據此考之，戴公之子武公，武公之子宣公，此世子嗣國爲君者也。宋之有戴族，則戴公之群公子，從宗而合族屬焉。武族、宣族則武公、宣公之群公子，各從宗而合族屬焉。莊、穆已下亦然。此與《春秋傳》之云「孫以王父字爲氏者」義殊。當時以先公之謚別族，後世概稱之曰氏、曰姓。戴氏之稱，緣於戴族。顏師古注史游《急就篇》云：

〔註1〕 洪榜《戴先生行狀》云：「先生以雍正元年十二月己巳生邑里之居第。」

「戴公生公子文，遂稱戴氏」是也。前代治譜牒者，不知有公子文，
而承武公、宣公下及書傳所有公卿名人，悉牽引聯采。且於武公注
云：「官至司徒」，則不解宋以武公廢司徒之語矣。於宣公注云：「始
以王父諡爲姓」，則不解字族之辨，錫姓之義矣。蓋譜牒所記，戴公
已下，護公已上，不審信也。〔註2〕

戴震闡述戴氏之由來，源自殷商子姓，春秋時宋國有戴族，戴氏乃由戴
族而得氏之名。然而，戴震云「當時以先公之諡別族，後世概稱之曰氏、曰
姓」、「戴公生公子文，遂稱戴氏」，又云「此與《春秋傳》之云『孫以王父字
爲氏者』義殊」。顯然戴震認爲戴氏之戴，乃因戴公之諡爲「戴」，故自其子
公子文而後始稱戴族、戴氏，此又與「孫以王父字爲氏」（即孫以祖父之字爲
氏）的傳統說法不同。

按：戴震此處之見解，實已觸及古代姓氏制度以及諡法之問題，蓋古代
姓、氏有別，姓以血緣受錫，氏則以有功受封。氏又與族同，如《左傳・定
公四年》：「昔武王克商，成王定之，選建明德，以藩屏周。故周公相王室，
以尹天下，……分魯公以大路、大旂，……殷民六族：條氏、徐氏、蕭氏、
索氏、長勺氏、尾勺氏。使帥其宗氏，輯其分族，將其醜類，以法則周公。……
分康叔以大路、少帛、綪筏、旃旌、大呂，殷民七族：陶氏、施氏、繁氏、
錡氏、樊氏、饑氏、終葵氏。」此處「殷民六族」、「殷民七族」同於「殷民
六氏」、「殷民七氏」。

又如《左傳・隱公八年》云：「無駭卒，羽父請諡與族。公問族於眾仲，
眾仲對曰：『天子建德，因生以賜姓，胙之土而命之氏，諸侯以字爲諡，因
爲族。官有世功，則有官族。邑亦如之。』公命以字爲展氏。」此處文云「諸
侯以字爲諡，因以爲族」、「公命以字爲展氏」，可見諸侯以生時之字命死後之
諡，又以諡命名其氏族，故魯隱公命無駭之族爲展氏，此又可作爲族、氏同
義之證。其次，杜預《春秋左傳注》云：「公孫之子以王父（祖父）字爲氏，
無駭，公子展之孫也，故爲展氏。」杜注之後，唐孔穎達《正義》、宋鄭樵《氏
族略》皆從之，並多爲治春秋左傳學者接受，此即東原所言「孫以王父字爲
氏」（即孫以祖父之字爲氏）的傳統說法也。然而，後人亦有反對杜注者，如
楊伯峻云：

杜云以王父字爲氏，蓋本《公羊傳》之說。明傅遜則以「展」爲無

〔註2〕 參見《戴震文集》（臺北：華正書局，1974 年 10 月台一版），卷第十一。

駭本人之字。以文義觀之，傅遜之說較可信。自杜注而後，孔《疏》、鄭樵《氏族略》、《唐書・宰相世系表》，均從杜氏誤說矣。〔註3〕

楊希枚亦云：

> 諸侯命謚之制係以死者生前「冠而字之」的「字」或尊稱（幼名以外的正式稱名）命爲死後的謚稱；而這個謚稱此後也就因以爲其族的族稱。換句話說，「名」和「字」是人的生稱，而「謚」則是死號。死號如依生字而稱，是即《左傳》所謂「以字爲謚」。《傳》文既僅言「以字爲謚」，而未言「以先人字爲謚」，則此所謂「字」自指死者生前的字。因此杜氏「氏其先人之字」云云，自顯屬妄說。……古者諸侯以其生時的「字」命其死後的謚，是即《左傳》所謂「諸侯以字爲謚」之制。此項制度不僅應爲「因行而謚」以外的另一條謚法，請爲古者生死同稱、生稱謚，或生稱死謚不辨的現象的促成因素。無駭即公子展。傳統謂無駭爲公子展之孫的說法，似據「孫從王父字爲氏」之說而誤解《傳》文的結果，其說似誤。〔註4〕

以上二氏說法甚確，《左傳》明言「諸侯以字爲謚」，並未言「以先人字爲謚」，顯然是說諸侯以生前之字當作死後之謚號。其次，諸侯又以謚號命名其氏族，故魯隱公命無駭之族爲展氏，無駭當即公子展也，「展」爲其生前之字，以及死後之謚，又爲氏族之名也。因此，杜預云「公孫之子以王父（祖父）字爲氏，無駭，公子展之孫也，故爲展氏。」杜說明顯有誤，犯了「增字解經」的毛病，《左傳》並無「孫以王父字爲氏」之例。

據此推論，戴震云「當時以先公之謚別族，後世概稱之曰氏、曰姓」、「戴公生公子文，遂稱戴氏」，此說正合於《左傳》「諸侯以字爲謚」之制，公子文稱戴氏亦如無駭之族稱展氏也。戴氏之稱，既源於春秋時宋國之戴族，戴族又源於戴公之謚（亦生前之字），故包含公子文以下之後世子孫皆可稱戴氏。因此，戴震批評戴氏族支譜牒部分記載不確，如云「宣公注云：『始以王父謚爲姓』，則不解字族之辨，錫姓之義矣。蓋譜牒所記，戴公已下，護公已上，不審信也。」此認爲戴公至護公之間的族譜記載多有疑問，護公以下較

〔註3〕　參見楊伯峻《春秋左傳注》（高雄：復文圖書出版社，1991年9月再版），頁62。

〔註4〕　參見楊希枚〈《左傳》「因生以賜姓」解與「無駭卒」故事的分析〉，《先秦文化史論集》（北京：中國社會科學出版社，1995年8月），頁74～105。

可信也，故接著又說：

> 護公南唐天祐中爲兵馬使，本居歙之篁墩，因戍守婺，留居婺鳳亭
> 里。護公子曰壽公，爲中書舍人。壽公子曰安公，官銀青光祿大夫，
> 謚忠恭，即今隆阜所追之一世。遷隆阜，自顏公之子睿公。睿公凡
> 十四傳，至外公，是爲三門支系所起。又十四傳至弁，而謹述是譜
> 繫次，斷自護公，始信則傳信也。公子文至護公，中間代系邈隔，
> 不從舊譜序列，不敢濫承也。〔註5〕

按：「護公南唐天祐中爲兵馬使」，「南唐」乃「唐」之誤，「天祐」爲唐
昭宣帝年號〔註6〕。「護公」之孫「安公」，官拜南唐銀青光祿大夫〔註7〕，乃
戴震本支隆阜所奉之一世祖也。戴震雖明言「遷隆阜，自顏公之子睿公」，而
張立文卻云「戴安子名奢，父死後避世隱居不仕，遷隆阜定居，是隆阜戴氏
始遷祖」〔註8〕，戴奢即顏公，則始遷隆阜者又可能是顏公，如此則與戴震所
言有異。然而，戴震既云「吾族譜系，百有餘年未修矣」，則〈戴氏宗譜〉疏
漏之處必多，戴震治學精研慎重，且身爲戴氏宗族一份子，其說應較爲可信，
故本文仍依從戴震說法，戴氏始遷隆阜者，應以睿公爲是。

睿公，三世祖，字光榮，生於宋開寶庚午（970），卒於祥符己酉（1009），
得年四十歲。睿公以下，傳至戴震父弁，封文林郎，爲第二十九代，享壽八
十一歲（1699～1779），娶妻朱氏，贈孺人。戴震父祖三代皆不仕，少家貧，
父弁依靠族人的資助，經營布業於江西之南豐，戴震年輕時亦曾隨父至南豐
經商〔註9〕。徽地山多田少，耕種不易，居民多經商維生，也形成一種樸實、
質重的民風，戴震嘗自云：

> 吾郡少平原曠野，依山爲居，商賈東西行營於外，以就口食。然生民

〔註5〕 參見戴震〈族支譜序〉，《戴震文集》（臺北：華正書局，1974年10月臺一版），
　　　 卷第十一。

〔註6〕 鮑國順《戴震研究》第一章之〈家世〉一文已指出此誤。

〔註7〕 據張立文《戴震》一書附錄〈戴氏宗譜〉云：「壽死後，子安（字寧叔）爲右
　　　 軍衙前總管，領兵守饒，頗有威德，後仕南唐，保大（943～957）中，官至
　　　 銀青光祿大夫檢校國子祭酒兼監察御史、上柱國。」

〔註8〕 參見張立文〈戴氏宗譜〉，《戴震》（臺北：東大圖書公司，1991年4月），頁
　　　 317。另外，胡槐植〈戴震族系簡譜〉亦同張氏說法，參見氏著〈戴震在徽州〉
　　　 一文（收錄於《戴震學術思想論稿》）。二文說法實皆根據《隆阜戴氏宗譜》（明
　　　 嘉靖修，清康熙抄本）。

〔註9〕 參見張立文《戴震》（臺北：東大圖書公司，1991年4月），頁2。

得山之氣，質重矜氣節，雖爲賈者，咸近士風。且至窮巷里曲之婦人
女子，其節操比於丈夫。以余所聞覩：或凍餓以死而不悔；或更數十
年之艱辛，極然後得安；或上受國恩，光旌其閭；或老死屋下，力不
克揚請，終泯沒莫之知。鄉土相連接，古老遇，一言之，足入耳感心，
抑又山國之民仁，相與目爲庸德之行，非所奇特。〔註10〕

　　徽地這種樸實、質重的民風，也蘊育了戴震實事求是、矜尚氣節的治學
態度與人格特質。

二、事蹟考略

（一）早年刻苦自勵

　　戴震生而體貌厚重，性端嚴。十歲始能言〔註11〕，十三歲就傅讀書〔註12〕，
過目成誦，日數千言不肯休。授《大學》章句，至右經一章以下，問塾師曰：「此
何以知爲孔子之言而曾子述之？又何以知爲曾子之意而門人記之？」師應之
曰：「此朱文公（按：指朱熹）所說。」即問：「朱文公何時人？」曰：「宋朝人。」
又問：「孔子、曾子何時人？」曰：「周朝人。」又問：「周朝宋朝相去幾何時矣？」
曰：「幾二千年矣。」又問：「然則朱文公何以知然？」師無以應，曰：「此非常
兒也。」梁啓超認爲戴震「此種研究精神，實近世科學所賴以成立，而震以童
年具此本能，其能爲一代學派完成建設之業固宜。」〔註13〕

　　戴震讀書，每一字必求其義，塾師略舉《傳》《注》訓解之，震意每不釋
然。師不勝其煩，因取漢許叔重《說文解字》十五卷授之。震大好其書，學
之三年，盡得其節目。又取《爾雅》、《方言》及漢儒《箋》《注》之存於今者，
搜求考究。一字之義，必貫群經，本六書以爲定詁。由是盡通前人所合集《十

〔註10〕 參見戴震〈戴節婦家傳〉，《戴震文集》卷十二，頁205。
〔註11〕 段玉裁《戴東原先生年譜》、洪榜〈戴先生行狀〉、王昶〈戴東原先生墓誌銘〉、
　　　　 江藩〈戴震傳〉等文主張戴震十歲始能言。又程瑤田〈五友記〉、凌廷堪〈東
　　　　 原先生事略狀〉、魏建功〈戴東原年譜〉則以爲九歲始能言。二者有所歧異，
　　　　 本文暫依前者之說。
〔註12〕 段玉裁《戴東原先生年譜》誤將「始能言」與「就傅讀書」合爲同年之事，
　　　　 併繫於十歲下，鮑國順認爲依據洪榜〈戴先生行狀〉、凌廷堪〈東原先生事略
　　　　 狀〉，東原就傅讀書事，當在十三歲。（參鮑國順《戴震研究》，頁14。）鮑說
　　　　 可從，凌廷堪〈東原先生事略狀〉既云：「年十餘，入鄉塾，讀《詩》。」且
　　　　 東原十歲始能言，亦無當年即可以讀書之理，故段《譜》明顯不確也。
〔註13〕 參見梁啓超《清代學術概論》十一。

三經注疏》，舉其辭無遺，時震年十六、七矣〔註14〕。戴震曾謂弟子段玉裁曰：
「余於疏不能盡記，經、注則無不能背誦也」、「經之至者道也，所以明道者
其辭也，所以成辭者字也。必由字以通其辭，由辭以通其道，乃可得之。」
又嘗與段玉裁書云：「僕自十七歲時，有志聞道，謂非求之六經孔孟不得，非
從事於字義、制度、名物，無由以通其語言。宋儒譏訓詁之學，輕語言文字，
是猶渡江河而棄舟楫，欲登高而無階梯也。爲之三十餘年，灼然知古今治亂
之源在是。」〔註15〕此正顯示出戴震重視語言文字之學，以小學來通經明道
的治學途徑。

戴震十八歲，隨父至南豐客居經商，並就近「課學童於邵武」，此後二、
三年期間並於課餘自學進修，而「經學益進」。乾隆七年，戴震二十歲，自邵
武歸返休寧隆阜，同縣儒者程中允（程恂）〔註16〕甚愛重之，曰：「載道器也。
吾見人多矣，如子者，巍科碩輔，誠不足言。」

乾隆十三年戊辰，戴震年二十六歲，娶妻朱氏（後封孺人），生子中立，
震卒後中立亦病歿，朱氏乃以震弟漁卿之子中孚爲繼嗣〔註17〕。又生有女一
人，許嫁戶部主事曲阜孔繼涵次子廣根〔註18〕。

乾隆十四年己巳，戴震著有《爾雅文字考》十卷，自序云：

> 古故訓之書，其傳者莫先於《爾雅》。六藝之賴是以明也，所以通古
> 今之異言，然後能諷誦乎章句，以求適於至道。……余竊謂儒者治
> 經，宜自《爾雅》始。取而讀之，殫心於茲十年。……夫援《爾雅》
> 以釋《詩》、《書》，據《詩》《書》以證《爾雅》，由是旁及先秦已上，
> 凡古籍之存者，綜覈條貫，而又本之六書、音聲，確然於故訓之原，
> 庶幾可與於是學。〔註19〕

大體而言，戴震二十七歲前雖曾問學於程恂等人，然其學問仍以自得爲

〔註14〕 參見洪榜〈戴先生行狀〉，收入《戴東原先生全集》（《安徽叢書》第六集）。
〔註15〕 參見段玉裁《戴東原先生年譜》，收入《戴東原先生全集》（《安徽叢書》第六
　　　　集）。
〔註16〕 程恂，字慄人，雍正甲辰進士，任北運河同知，授翰林院編修。
〔註17〕 段玉裁〈誥封孺人戴母朱夫人八十壽序〉云：「既葬先生（按：指戴震），而
　　　　中立又病歿矣。……中立已娶無子，夫人謀於宗族，以先生之弟，漁卿孝廉
　　　　之子中孚爲後，漁卿祇此一子，俟中孚子多分紹之。」（《經韻樓集》卷八，
　　　　頁29。）
〔註18〕 參見洪榜〈戴先生行狀〉，收入《戴東原先生全集》（《安徽叢書》第六集）。
〔註19〕 參見戴震〈爾雅文字考序〉，《戴震文集》卷三，頁44。

多。其治學路徑率由語言文字入手，故運用《爾雅》、《說文》等小學書籍來考證《詩》《書》等六經，也奠定戴震早期學問之基礎。

　　乾隆十七年，戴震三十歲之時，休寧大旱，斗米千錢，戴震家中乏食，乃與麵舖相約，賒貸麵食，遂舉家食麵者累月，並閉戶著成《屈原賦注》初稿。友人金榜曾謂東原之堅強，窮困時能日行二百里。凡此可見東原之刻苦自勵，以及窮困成學之精神與毅力。

（二）問學江永

　　乾隆十五年庚午，戴震二十八歲，與同郡友人鄭牧、汪肇龍、程瑤田、方矩、金榜等六七人，問學於江永、方婺如。江永，字愼修，婺源人，生於康熙二十年，卒於乾隆三十七年，年八十二。江永為諸生治經數十年，精於《三禮》及步算、鐘律、聲韻、地名沿革，博綜淹貫，巍然大師。

　　前人多謂戴震師事江永，然而戴、江二人僅止於相與問學、切磋學術而已，江永甚至嘆服戴震歷算之學。（江、戴二人關係詳見下節）其次，或謂戴震在名物制度、律曆步算以及聲韻方面的成就乃受江永之啓迪，然而觀戴震在得識江永之前，已完成〈自轉車記〉、《策算》、《考工記圖》、《轉語》等著作，其學仍以自得為多，也才能令江永嘆服。因此，江永對戴震而言，應屬學術前輩的身分，二者存在著相與問學的關係，並未有嚴格拜師入門的師生關係。然而，江永雖非戴震拜門授業之師，但因二人相與問學，頗有會通之處，江永之學對戴震必起著一定程度的影響，故二人之關係宜在師友之間。

（三）《詩補傳》初成

　　乾隆十八年癸酉仲夏，戴震年三十一歲，撰成《詩補傳》二十六卷，並序之。其後東原入都，乃別錄修改《詩補傳》辨證部分另成一帙，為《毛鄭詩考正》四卷。又乾隆三十一年丙戌，東原四十四歲時，復刪定癸酉所成之《詩補傳》，定為《杲溪詩經補注》一書，作為其《詩經》學之定論，然僅成二《南》而已。「杲溪」二字，非東原別號，段玉裁認為乃以此自別於諸言詩者，況戴震不隨俗為別號，天下稱東原先生而已。

　　因此，《詩補傳》可說是東原早年遍注《詩經》之作，乃乾隆年間唯一研究《詩經》之專著，其後之《毛鄭詩考正》或《杲溪詩經補注》，皆可視為《詩補傳》之進一步之修正與增補，皆代表戴震詩經學的研究成果。

　　至於《詩補傳》的解經立場，乃不拘守毛、鄭等漢學家，亦不拘守朱子等宋學家，是其所是，非其所非。故戴震〈毛詩補傳序〉云：

先儒爲《詩》者，莫明於漢之毛、鄭，宋之朱子。然一詩而以爲君
臣朋友之詞者，又或以爲夫婦男女之詞，以爲刺譏之詞者，又或以
爲稱美之詞，以爲他人代爲詞者，又或以己自爲詞。其主漢者必
攻宋，主宋者必攻漢，此說之難一也。……今就全詩，考其字義名
物於各章之下，不以作詩之意衍其說。蓋字義名物，前人或失之者，
可以詳覈而知，古籍具在，有名證也。作詩之意，前人既失其傳者，
非論其世，知其人，固難以臆見定也。姑以夫子之斷夫三百者，各
推而論之，用附於篇題後。〔註20〕

（四）與是仲明論學

乾隆十八年，戴震與是仲明相晤，震出示所撰〈詩補傳序〉以及辨鄭衛
之音一條，與是仲明論學，翌日是氏命其弟子程某前來向戴震借閱《詩補傳》
一書，東原辭謝之，遂作〈與是仲明論學〉一信回覆，其云：

僕所爲經考，未嘗敢以聞於人，恐聞之而驚顧狂惑者眾。昨遇名賢
枉駕，望德盛之容，令人整肅，不待加以誨語也。又欲觀末學所事
得失，僕敢以〈詩補傳序〉並辨鄭衛之音一條，檢出呈覽。今程某
奉其師命來取《詩補傳》，僕此書尚俟改正，未可遽進，請進一二言，
惟名賢教之。〔註21〕

按：段玉裁《戴東原先生年譜》將〈與是仲明論學書〉定在乾隆二十二
年丁丑，戴震三十五歲時所作，其云：

二十二年丁丑，三十五歲。是年識惠先生於揚之都轉運使盧君雅雨
署內。……〈與是仲明論學書〉當亦其時所作。仲明名鏡，是姓，
江陰人，客遊於揚者。欲索先生〈詩補傳〉觀之，先生答此書。「平
生所志，所加功，全見於此」，亦以諷仲明之學非所學也。仲明築室
於江陰舜過山講學，其人不爲先生所重，故諷之。〔註22〕

錢穆則反對段《譜》定三十五歲之說，疑大約是己巳、庚午兩年之作也。
錢氏舉出數證，其一是根據〈是仲明年譜〉，乾隆十四年己巳（仲明年五十七）
春遊徽州，翌年庚午五月之徽州，遊黃山，核驗東原〈與是仲明論學書〉之
語氣，疑是己巳、庚午兩年是、戴相晤於徽州時事也。其二，根據〈是仲明

〔註20〕 參見《戴震文集》卷十，頁 146～147。
〔註21〕 參見《戴震文集》卷九，頁 139～140。
〔註22〕 參見《戴東原先生全集》附錄。

年譜〉，丁丑是仲明已年六十五，並無客遊揚州事。段玉裁所謂二人於揚州相晤事，純出推想。其三，段玉裁作〈戴東原先生年譜〉時，年已八十，譜中頗有誤憶誤排者，又《戴震文集》所收之〈與是仲明書〉題注撰作之年爲癸酉，與年譜違異，可證年譜不足盡據。因此，錢氏推測今《戴震文集》之〈詩補傳序〉，文中雖明書作於癸酉仲夏，然或是東原後定之稿，其出示仲明者尙在前，故是書雖不能確定其年月，謂在癸酉東原未入都前，諒無大誤〔註23〕。

　　因此，〈與是仲明書〉的確切寫作年代遂有爭議，段玉裁《年譜》定在戴震三十五歲至揚州之作，確實過晚，錢氏批評段《譜》頗有誤憶誤排者，亦屬事實。考〈與是仲明論學書〉文中既云戴震出示〈詩補傳序〉，又〈詩補傳序〉文中又有「時乾隆癸酉仲夏，戴震撰」之字眼，則〈與是仲明書〉之作必不得早於乾隆十八年癸酉仲夏，錢穆說〈詩補傳序〉爲後定之稿無據，仍應以戴震自言之第一手資料爲確〔註24〕。故《戴震文集》將〈與是仲明論學書〉題注爲癸酉之作，符合戴震癸酉仲夏作〈詩補傳序〉之事實，段玉裁《年譜》誤排爲丁丑之作。至於錢穆疑爲己巳、庚午之作（戴震二十七、八歲），亦屬過早，當時戴震《詩補傳》尙未完成，序文勢必尙未寫定，自然也不可能在此時有「僕敢以〈詩補傳序〉並辨鄭衛之音一條，檢出呈覽」之言。因此，〈與是仲明論學書〉當依《文集》題注，定爲乾隆十八年癸酉（戴震三十一歲）之作。

（五）入京名動公卿

　　乾隆十九年甲戌〔註25〕春，戴震因同族豪紳侵占祖墳，與之訟獄相爭未果，恐遭豪紳構陷入獄，乃脫走京師，衣食幾不繼〔註26〕。在京三、四年，

〔註23〕 參見錢穆《中國近三百年學術史》（臺北：臺灣商務印書館，1995 年 9 月），頁 344～345。

〔註24〕 戴震《詩補傳》的序文及考證部分，大致成於癸酉年。至乾隆三十一年丙戌，續成《杲溪詩經補注》。故戴震〈詩比義述序〉云：「昔壬申、癸酉歲，震爲《詩補傳》未成，別錄書內辨證成一袟。」故《詩補傳》之作不得早於壬申、癸酉之年，序文之作於癸酉仲夏，自屬合宜。

〔註25〕 戴震入京時間，段《譜》、洪《狀》記爲乾隆二十年乙亥，錢穆《中國近三百年學術史》則認爲根據錢大昕自編年譜以及王昶《戴東原先生墓誌銘》皆定爲乾隆十九年甲戌，錢、王二人乃東原知交好友，其所言東原入都結交之說乃親身經歷，應較洪榜、段玉裁等弟子追記之說爲確。錢穆說法較合情理，茲從其說。

〔註26〕 段玉裁《戴東原先生年譜》云：「蓋先生是年訟其族子豪者侵占祖墳，族豪倚財，結交縣令，令欲文致先生罪，乃脫身挾策入都，行李衣服無有也。寄旅

結交錢大昕、秦蕙田、紀昀、王昶、朱筠、盧文弨、王鳴盛等知名學者，眾人多嘆賞其學，並折節與之論交。秦蕙田延聘東原協修《五禮通纂》，紀昀刻印其《考工記圖》，姚鼐更請以師事之，王安國且延聘東原至家，教導其子念孫學業。一時之間，戴震學術名滿天下。錢大昕記東原在京之事云：

> 一日，攜其所著書過予齋，談論竟日，既去，予目送之，嘆曰：「天下奇才也。」時金匱秦文恭公（蕙田）兼理算學，求精於推步者，予輒舉先生名。秦公大喜，即日命駕訪之，延主其邸，與講觀象授時之旨，以爲聞所未聞。秦公撰《五禮通考》，往往採其說焉。高郵王文肅公安國亦延致先生家塾，令其子念孫師之。一時館閣通人：河間紀太史昀、嘉定王編修鳴盛、青浦王舍人昶、大興朱太史筠，先後與先生定交，於是海內皆知有戴先生矣。〔註27〕

（六）結識惠棟

乾隆二十二年丁丑，戴震三十五歲。自京南遊至揚州，識吳派大師惠棟於揚州都轉鹽運史盧見曾官署內，時惠棟年六十一歲。惠棟（1697～1758），字定宇，號松厓，江蘇吳縣人，生於清康熙三十六年，卒於乾隆二十三年，享年六十二。棟是乾嘉考據學中吳派的創始人，惠、戴二人相見，堪稱學術史之大事。戴震回憶二人當年相見之情形云：

> 前九年，震自京師南還，始覯先生於揚之都轉鹽運使司署內。先生執震之手曰：「昔亡友吳江沈冠雲嘗語余，休寧有戴某者，相與識之也久，冠雲蓋實見子所著書。」震心方訝少時未定之見，不知何緣以入沈君目，而憾沈君之已不及覯，益欣幸獲覯先生。〔註28〕

又凌廷堪亦云：「二十二年歸自京師，客揚州盧運使見曾所，與元和惠徵君棟論學有合。」〔註29〕因此，惠、戴二人相談甚歡，論學有合。

（七）會試屢次不第，收段玉裁爲弟子

乾隆二十七年壬午，戴震四十歲。是年東原鄉試中舉，考官爲嘉興少司寇錢東麓（汝誠），大庾戴太史筤圃（第元），同考官爲金匱縣知縣青田韓先

於歙縣會館，饘粥或不繼，而歌聲出金石。」錢大昕〈戴先生震傳〉亦云：「年三十餘，策蹇至京，困於逆旅，饘粥幾不繼，人皆目爲狂生。」
〔註27〕參見錢大昕〈戴先生震傳〉，收入《戴震文集》附錄。
〔註28〕參見戴震〈題惠定宇先生授經圖〉，《戴震文集》卷十一，頁167。
〔註29〕參見凌廷堪〈東原先生事略狀〉，《校禮堂文集》卷三十五。

生介屏（錫胙），錢、韓二人乃段玉裁啓蒙房師，韓介屏嘗語段玉裁曰：「闈中閱東原卷，文筆古奧，定爲讀書之士，榜發，竊自喜藻鑑不謬。」〔註30〕

　　乾隆二十八年癸未，東原四十一歲。春，入都參加會試，不第。其後乃居新安會館，一二好學之士，如汪元亮、胡士震輩，皆從東原講學。段玉裁適在京師，久慕先生名，乃往從問學，並屢請師事之，東原不許。東原此時將〈原善〉（初稿）、〈尚書今古文考〉、〈春秋改元即位考〉等三篇重要文章寫定，段玉裁嘗協助抄錄〔註31〕。

　　乾隆三十一年丙戌，東原四十四歲。是年東原參加會試，不第，乃居新安會館，後又館於裘文達公宅邸，文達公命子孫師之，故直隸總督裘行簡乃其徒也。同年段玉裁入都會試，往見東原，東原面辭玉裁拜師之手札，並書一札文云：「古人所謂友，原有相師之義，我輩但還古之友道可耳。今將來札奉繳。」此時東原仍堅持與段玉裁相友，不欲爲師。然段玉裁仍不放棄，及至乾隆三十四年己丑夏，東原友人朱珪爲山西布政司使，邀東原與若膺同往，東原客朱珪署中，玉裁主講壽陽書院。玉裁乃重提拜師入門之事，東原見其意至誠，乃勉從之，朱珪因云：「汝二人竟如古之師、弟子，得孔門漢代之家法也。」段玉裁可說是戴震最得意的門生，段氏終其一生，對東原可謂尊崇禮敬，並多方維護東原之學說主張，而在文字音韻之學的成就，亦頗能傳東原之緒。

（八）考究《水經》，釐清經注

　　乾隆三十年乙酉，東原四十三歲。是年夏六月，東原因讀胡渭《禹貢錐指》引《水經注》而有所疑，乃檢原書輾轉推求，始發現《水經注》自唐以來，經注互訛。東原乃爲其書立文定例，就酈道元所注，考定《經》文，令

〔註30〕參見段玉裁《戴東原先生年譜》，收入《戴東原先生全集》附錄。

〔註31〕段玉裁《戴東原先生年譜》云：「先生大制作，若《原善》上中下三篇，若〈尚書今文古文考〉，若〈春秋改元即位考〉三篇，皆癸未以前，癸酉、甲戌以後，十年內作也。玉裁於癸未皆嘗抄謄。」錢穆則考云：「此定東原《原善》三篇皆癸未以前作者，由懋堂謂是癸酉、甲戌以後十年內者，此亦約略之辭，並無確據。以今考之，《原善》三篇，大約在丁丑遊揚州識松崖以後，以東原論學至是始變也。」（參氏著《中國近三百年學術史》頁358）按：東原所著《原善》三篇，最遲完成於癸未，應無可疑，但只是初稿本。三年後，即乾隆三十一年丙戌，東原擴大原書內容，並將〈讀易繫辭論性〉、〈讀孟子論性〉二文收入，而成《原善》三卷本。又《年譜》云：「乾隆丙戌，玉裁入都會試，見先生，云『近日做得講理學一書』，謂《孟子字義疏證》也。」此處所謂《孟子字義疏證》當即《原善》之擴大本，段玉裁有所誤也，錢穆已有詳辨。

《經》、《注》不相亂，至秋八月，別為一卷。其後東原奉召入四庫館，纂修《水經注》，其綱領即依照此卷之法也。錢大昕亦深贊東原在校正《水經注》上的貢獻，並詳載其事云：

> 《水經注》訛舛久矣。王伯厚引《經》文四事，其三事皆《注》之混於《經》者，則《經》、《注》之淆，南宋時已然。先生獨尋其義例，區而別之云：「《經》文每一水云『某水出某郡縣』，此下不更舉水名，《注》則兼及所納群川，故須重舉；《經》云『過某縣者』，統一縣而言，《注》則詳言所逕委曲，故有一縣而再三見者；《經》據當時縣治，善長作《注》時，縣邑流移，是以多稱故城，《經》無言故城者也；《經》例云『過』，《注》例云『逕』。以是推之，《經》、《注》之淆可正也。」閻百詩、顧景范、胡朏明雖善讀古書，猶未悟斯失。先生始釐正之，同時頗有狂而不信者，予深贊成其說。今武英殿所刊，用先生校本，海內始復見此書之真面目焉。〔註32〕

（九）《原善》完稿，義理之學初具

乾隆二十八年癸未，東原四十一歲，《原善》上中下三篇成，此為東原《原善》之初稿。段玉裁記東原之言云：「作《原善》篇成，樂不可言，喫飯亦別有甘味。」

乾隆三十一年丙戌，東原四十四歲。戴震、段玉裁皆入都參加會試，東原面告玉裁曰：「近日做得講理學一書」，玉裁誤以為《孟子字義疏證》，實即《原善》之擴大本，錢穆嘗辨明之，其云：

> 今《文集》（段氏《經韻樓本》）所收，即始為之三章，《遺書》本則修改之上、中、下三卷也。上卷十一章，中卷五章，下卷十六章，而每卷首章即《文集》本之三篇，惟語有所改省。又《文集》有〈讀易繫辭論性〉、〈讀孟子論性〉兩篇，又即為《遺書》本《原善》卷上、卷中之二章，蓋以篇幅較長，可以分別成文，故又收之《文集》耳。或東原當時，既成《原善》三篇，又成〈讀易繫辭〉、〈孟子論性〉兩篇，遂增擴而為《原善》三卷也。丙戌，懋堂入都，親見東原本《原善》三篇舊稿，援據經言疏通證明之，則東原所告懋堂「近日做得講理學一書」者，實即《原善》三篇之擴大本，懋堂不察，

〔註32〕參見錢大昕〈戴先生震傳〉，收入《戴震文集》附錄。

未經面質，後遂誤認爲東原所告乃指《字義疏證》也。〔註33〕

東原《原善》自序云：

> 余始爲《原善》之書三章，懼學者蔽以異趨也，後援據經言，疏通
> 證明之，而以三章者分爲建首，次成上、中、下三卷，比類合義，
> 燦然端委畢著矣。天人之道，經之大訓萃焉。

《原善》既成，可視作東原自身的哲學思想初步形成，以有別於宋儒之理學。這也是實踐東原「經之至者道也」、「古經明則賢人聖人之理義明」、「至乎聞道」的學術主張，東原由訓詁名物入手的通經方式，更要由瞭解經書中蘊含的聖賢道理之「明道」爲歸宿。

（十）會晤章學誠

乾隆三十一年丙戌，東原四十四歲。是年春夏之交，章學誠（1738～1801）久慕東原之學，經鄭虎文之介紹，往見戴震於休寧會館，二人乃有第一次的會晤〔註34〕。章、戴二人會面，亦屬學術界一大事也。章學誠當時年二十九歲，學術尚未成熟，對於東原之學敬佩者多，尤其推崇其言義理的〈原善〉篇，並與朱筠等人力爭東原此學價值遠在於訓詁名物之上，故實齋可說是東原學術上的知己，如實齋〈與族孫汝楠論學書〉云：

> 往僕以讀書當得大意，又年少氣銳，專務涉獵，四部九流，泛覽不見
> 涯涘。好立議論，高而不切；攻排訓詁，馳騖空虛。蓋未嘗不憪然自
> 喜，以爲得之。獨怪休寧戴東原，振臂而呼曰：今之學者，無論學問
> 文章，先坐不曾識字。僕駭其說，就而問之。則曰：予弗能究先天後
> 天、河洛精蘊，即不敢讀元亨利貞；弗能知星躔歲差、天象地表，即
> 不敢讀欽若敬授……嘗重媿其言……可爲慚惕，可爲寒心！〔註35〕

又實齋〈答邵二雲書〉亦云：

> 時在朱先生門，得見一時通人。雖大擴平生聞見，而求能深識古人
> 大體，進窺天地之純，惟戴氏可與幾此。而當時中朝薦紳負重望者，
> 大興朱氏、嘉定錢氏，實爲一時巨擘。其推重戴氏，亦但云訓詁名

〔註33〕參見錢穆《中國近三百年學術史》（臺北：臺灣商務印書館，1995年9月），頁361。

〔註34〕章學誠〈答邵二雲書〉：「丙戌春夏之交，僕因鄭誠齋太史之言，往見戴氏休寧館舍，詢其所學，戴爲粗言厓略。」（參氏著《文史通義補遺續》，北京古籍出版社。）

〔註35〕參見《章氏遺書》卷十二，文集七，商務本冊三，頁314。

物、六書九數用功深細而已，及見《原善》諸篇，則群惜其用精神
耗於無用之地，僕於當時力爭朱先生前，以謂此說似買櫝而還珠，
而人微言輕，不足以動諸公之聽。〔註36〕

　　章學誠爲浙東學派的代表人物，其學術取向乃藉由考證史學以求義理，
雖與東原考究經籍以通經明道主張不同，但在學術的最終目的方面，二人皆
以義理爲歸宿。余英時認爲章、戴二人此次初晤，對後來章學誠學術思想的
發展影響甚大，其云：

　　總結地說，實齋丙戌和東原的第一次見面，對實齋而言，具有兩方
　　面的重要意義：一是考證方面的挑戰，一是義理方面的印證。考證
　　的挑戰使實齋深切地瞭解到不能「空談義理」，從而遂折入「先求徵
　　實，再議擴充」的途徑。……義理的印證對實齋的影響更大。……
　　東原之學以明道爲極，故考證只是過程，義理才是歸宿。對實齋而
　　言，這樣的看法在當時眞是空谷足音。實齋抱其孤往之見，與並世
　　通人皆落落不能合，內心轉滋疑惑。及識東原，他始在義理問題上
　　初次得到印證。這一印證對實齋極具鼓勵作用，使他有勇氣重新肯
　　定自己在學問上所一向堅持的義理方向。此後實齋在學術思想方面
　　的主要發展幾乎都可以追溯到他和東原的第一次晤談。〔註37〕

　　可見戴、章二人的第一次相見，給與實齋不能「空談義理」的啓示，也
鼓舞了實齋重新肯定自己在學問上一貫堅持的義理方向。其後，章學誠於史
學日益有進，乾隆三十八年（1773）癸巳夏，章、戴二人又相遇於寧波道署，
二人對於「方志」乃有不同觀點之爭論，章氏自云：

　　乾隆三十八年癸巳夏，與戴東原相遇於寧波道署。……戴君經術淹
　　貫，名久著於公卿間，而不解史學。聞余言史事，輒盛氣凌之。見
　　余《和州志》例，乃曰：「此於體例則甚古雅，然修志不貴古雅。……
　　夫志以考地理，但悉心於地理沿革，則志事已竟。侈言文獻，豈所
　　謂急務哉？」余曰：「余於體例求其是爾，非有心於求古雅也。……
　　方志爲古國史，本非地理專門。如云但重沿革，而文獻非其所急，
　　則但作沿革考一篇足矣。……考沿革者，取資載籍；載籍具在，人

〔註36〕參見《文史通義補遺續》，北京古籍出版社。
〔註37〕參見余英時《論戴震與章學誠》（臺北：東大圖書公司，1996 年 11 月），頁
　　　16～17。

人得而考之。雖我今日有失，後人猶得而更正也。若夫一方文獻，及時不與搜羅，編次不得其法，去取咸失其宜，則他日將有放失難稽，湮沒無聞者矣。……然則如余所見，考古固宜詳慎，不得已而勢不兩全，無寧重文獻而輕沿革耳。」〔註38〕

　　章學誠認為史學不限於考古，乃在於通古今之變，故對於修方志，主張搜羅當世各地之文獻，而不重地理沿革，因古籍已載，不須贅述。故章學誠在修方志的看法上，表現出「詳今略古」的傾向，這有點像今日的田野調查一般，訪求當時地方留存之文獻資料，並加以編次整理使其不失也。戴震則不然，其主張修方志首重「地理沿革」，表現出「考古」、「重視歷史文獻」的傾向。其實，章、戴二人對於「方志」之爭論，也與他們學術觀點不同有關，戴震之學乃是「尊經」、「考古」，要考究三代六經之遺文，以求得古聖人賢人之理義；章學誠之學則是「尊史」、「重今」，認為「史學所以經世」，重視當代的制度。因此，二人各從經學與史學的觀點辯論「方志」之法，其分歧於理可知也。後來，同年稍後二人又於杭州相會，當時戴震與吳穎芳談論，批評鄭樵《通志》，這次章學誠以為戴震不通史學，「不足深辯」，乃未再與戴震相爭。

（十一）奉召入都，修纂《四庫全書》

　　乾隆三十八年癸巳，東原五十一歲。乾隆開四庫館，于敏中、紀昀、裘日修、劉統勳等人推薦東原參與《四庫全書》之纂修，東原遂以舉人特召充纂修官至京，如乾隆三十八年七月十一日內閣奉上諭云：

前據辦理四庫全書總裁奏請將進士邵晉涵、周永年、余集，舉人戴震、楊昌霖調取來京，同司校勘。業經降旨允行，但念伊等尚無職任，自當予以登進之途，以示鼓勵，著該總裁等留心試看年餘，如果行走勤勉，實於辦事有益，其進士出身者准其與壬辰科庶吉士一體散館，舉人則准其與下科新進士一體殿試。〔註39〕

　　自此，戴震與邵晉涵、周永年等同入四庫館編校經籍，乃將考證治學的工夫融入官書的編纂之中。李慈銘云：「《總目》雖紀文達、陸耳山總其成，然經部屬之戴東原，史部屬之邵南江，子部屬之周書倉，皆各集所長。」〔註40〕《四庫全書總目》之經部雖未必皆東原所成，但此言也可證東原在經部纂修上佔極

〔註38〕　參見章學誠〈記與戴東原論修志〉，收入《章氏遺書》卷十四，第二冊。
〔註39〕　參見《辦理四庫全書檔案》，頁17a。收入《四庫大辭典》，頁1853。
〔註40〕　參見李慈銘《越縵堂讀書記》（臺北：世界書局，1961年），頁1119。

重要的地位。

東原在四庫館所校官書，以天文、曆算、地理、水經、小學、方言、古禮爲多，據段玉裁《戴東原先生年譜》列舉，大略有《水經注》、《九章算術》、《五經算術》、《海島算經》、《周髀算經》、《孫子算經》、《張丘建算經》、《夏侯陽算經》、《五曹算經》、《儀禮‧釋宮》、《儀禮集釋》、《項氏家說》、《蒙齋中庸講義》、《大戴禮》、《方言》等書。

乾隆四十年乙未，東原五十三歲，是年再次參加會試不第，皇帝特命東原與當年貢士一體殿試，賜同進士出身，並授翰林院庶吉士，天下因稱東原爲「戴吉士」。從乾隆三十八年迄四十二年，約四、五年時間，東原皆盡心於四庫館編校經籍之工作，「精心推覈」、「悉心耘治」、「焚膏宵分不倦」，以至於「鞠躬盡瘁，死於官事」也。錢大昕記其事云：

> 癸巳歲，天子開四庫館，妙選校讎之職，總裁諸公疏荐先生，以鄉貢士入館充纂修官。特命與會試中式者，同赴廷對。乙未夏，授翰林院庶吉士。先生起自單寒，獨以文學爲天子所知，出入著作之庭。館中有奇文疑義，輒就咨訪，先生爲考究顛末，各得其意以去。先生亦思勤修其職，以稱塞明詔。經進圖籍，論次精審。晨夕披檢，靡間寒暑，竟以積勞致疾。丁酉夏，卒於官，年五十有五。〔註41〕

洪亮吉亦論戴震與邵晉涵入四庫館對學界影響甚大，其云：

> 乾隆之初，海內乂平已百餘年，鴻偉傀特之儒接踵而見，惠徵君棟、戴編修震，其學識始足方駕古人。及四庫館之開，君（按：指邵晉涵）與戴君又首膺其選，由徒步入翰林。于是，海內之士知向學者于惠君則讀其書，于君與戴君則親聞其緒論，向之空談性命及從事帖括者，始駁駁然趨實學矣。……則今之經學昌明，上之自聖天子啓之，下之即謂出于君與戴君講明切究之力，無不可也。〔註42〕

（十二）作《緒言》、《孟子字義疏證》，理義大成

乾隆三十四年己丑，東原四十七歲，在山西布政司使朱珪府中草擬《緒言》之初稿，因而假病十數日，後起而語朱珪曰：「我非眞病，乃發狂打破宋儒家中《太極圖》耳。」〔註43〕及至乾隆三十七年壬辰，東原五十歲時，《緒

〔註41〕參見錢大昕〈戴先生震傳〉，收入《戴震文集》附錄。
〔註42〕參見洪亮吉〈邵學士家傳〉，《卷施閣文甲集》卷九。
〔註43〕參見段玉裁〈答程易田丈書〉，《經韻樓集》卷七。

言》完稿寫定。程瑤田云：「丙申影抄（《緒言》）時，戴本首葉有『壬辰菊月寫本』六字」〔註44〕，因知《緒言》於壬辰寫定。又《緒言》實爲《孟子字義疏證》之初稿，如段玉裁《戴東原先生年譜》云「《孟子字義疏證》，原稿名《緒言》。」段氏又云：「（《緒言》）改定於丙申冬後，丁酉春前，是爲《孟子字義疏證》。」〔註45〕

又東原於乾隆四十二年丁酉正月十四日，與弟子段玉裁書云：

> 古賢人聖人以體民之情、遂民之欲爲得理，今人以己之意見不出於私爲理，是以意見殺人，咸自信爲理矣。〔註46〕

同年四月二十四日，又作書與段玉裁云：

> 僕足疾已踰一載，不能出戶，定於秋初乞假南旋，實不復出也。僕生平著述最大者爲《孟子字義疏證》一書，此正人心之要。今人無論正邪，盡以意見誤名之曰理，而禍斯民，故《疏證》不得不作。
>
> 〔註47〕

又有江蘇彭紹升（字允初），與東原論學，彭氏好佛家之學，認爲孔孟程朱與釋氏無異，以所作《二林居制義》出示東原，東原亦以《原善》、《孟子字義疏證》示彭氏，二人對宋明理學之觀點頗多歧異。其後，彭氏修書批評東原《原善》、《孟子字義疏證》是「役役焉執筌遞以爲至道」〔註48〕，東原乃於丁酉四月作書回覆彭氏云：

> 宋以前，孔孟自孔孟，老釋自老釋，談老釋者高妙其言，不依附孔孟。宋以來，孔孟之書盡失其解，儒者雜襲老釋之言以解之。於是有讀儒書而流入老釋者。有好老釋而溺其中，既而觸於儒者，樂其道之得助，因憑藉儒書以談老釋者。……足下之道成矣，欲見僕所爲《原善》。僕聞足下之爲人，心敬之，願得交者十餘年於今。雖《原善》所指，加以《孟子字義疏證》，反覆辯論，咸與足下之道截然殊致，叩之則不敢不出。今賜書有引爲同，有引爲異，在僕乃謂盡異，無毫髮之同。〔註49〕

〔註44〕此爲段玉裁引程瑤田之語，參見段玉裁〈答程易田丈書〉，《經韻樓集》卷七。
〔註45〕參見段玉裁〈答程易田丈書〉，《經韻樓集》卷七。
〔註46〕參見段玉裁《戴東原先生年譜》。
〔註47〕參見段玉裁《戴東原先生年譜》。
〔註48〕參見彭紹升〈與戴東原書〉，《戴震全集》，頁225。
〔註49〕參見戴震〈答彭進士允初書〉，《戴震文集》卷八。

此亦段玉裁《年譜》所云：「以六經孔孟之旨，還之六經孔孟；以程朱之旨，還之程朱；以陸王佛氏之旨，還之陸王佛氏，俾陸王不得假冒程朱，釋氏不得冒孔孟。」〔註50〕錢穆認爲東原特提「理欲之辨」以駁宋儒，其說惟見於《孟子字義疏證》，《原善》、《緒言》皆無之。至於丁酉東原與玉裁之兩書，鄭重提及，正是初成書後語也。因此，《孟子字義疏證》之作，必定在丙申程瑤田抄錄《緒言》之後，而即成於是年。及至翌年丁酉正月，東原與玉裁書，正爲「理」字義解，乃《孟子字義疏證》最後新得，故屬草既竟，即以函告。又東原丁酉四月與玉裁書云「僕生平著述最大者爲《孟子字義疏證》一書」，則可見其新著初成躊躇滿志之情也〔註51〕。

因此，《緒言》爲《孟子字義疏證》之初稿，乾隆四十一年丙申，東原五十四歲時，《孟子字義疏證》著成，此爲東原學術最後的歸宿，並自序云：

> 孟子辯楊墨，後人習聞楊墨老莊佛之言，且以其言汩亂孟子之言，是又後乎孟子者之不可已也。苟吾不能知之亦已矣，吾知之而不言，是不忠也，是對古聖人賢人而自負其學，對天下後世之仁人而自遠於仁也。吾用是懼，述《孟子字義疏證》三卷。〔註52〕

梁啓超雖認爲「清代學派之運動，乃研究法的運動，非主義之運動」，似乎否定清代學術有哲學主義的成分。然而，梁氏論戴震《孟子字義疏證》一書時，則承認實具戴氏哲學之性質，乃「三百年間最有價值之奇書也」，其云：

> 《孟子字義疏證》，蓋軼出考證學範圍以外，欲建設一「戴氏哲學」矣。……綜其內容，不外欲以「情感哲學」代「理性哲學」。就此點論之，乃與歐洲文藝復興時代之思潮之本質絕相類。……其哲學之立腳點，眞可稱二千年一大翻案；其論尊卑順逆一段，實以平等精神，作倫理學上一大革命。其斥宋儒之糅合儒佛，雖辭帶含蓄，而意極嚴正，隨處發揮科學家求眞求是之精神，實三百年間最有價值之奇書也。〔註53〕

〔註50〕參見段玉裁《戴東原先生年譜》。
〔註51〕參見錢穆《中國近三百年學術史》（臺北：臺灣商務印書館，1995 年 9 月），頁 364。
〔註52〕參見戴震〈孟子字義疏證序〉，《戴震全書》（張岱年主編，黃山書社 1995 年）第六冊。
〔註53〕參見梁啓超《清代學術概論》十一。

三、師友淵源

（一）江　永

江永（1681～1762），字愼修，安徽婺源（清屬安徽徽州，今屬江西）人。嘗見明人邱濬《大學衍義補》微引《周禮》，甚愛之，求得其書，朝夕諷誦。又鑽研《十三經注疏》，凡古今制度以及鐘律聲韻輿地，無不探源索隱，尤長於天文地理之學。

戴震〈江愼修先生事略狀〉云：

> 先生姓江氏，名永，字愼修，婺源之江灣人。少就外傅時，爲里中童子治世俗學。一日，見明丘氏《大學衍義補》之書，內徵引《周禮》，奇之。求諸積書家，得寫《周禮》正文，朝夕諷誦。自是遂精心於前人所合集《十三經注疏》者，而於《三禮》尤功深。……先生讀書，好深思，長於比勘，步算、鐘律、聲韻尤明。……《經》《傳》中制度名物，先生必得其通證舉視此。蓋先生之學，自漢經師康成後，罕其儔匹。……所著書：《周禮疑義舉要》六卷、《禮記訓義擇言》六卷、《深衣考誤》一卷、《禮經綱目》八十八卷、《律呂闡微》十一卷、《春秋地理考實》四卷、《鄉黨圖考》十一卷、《讀書隨筆》十二卷、《古韻標準》六卷、《四聲切韻表》四卷、《音學辨微》一卷、《推步法解》五卷，《七政行》、《金水二星發微》、《冬至權度恆氣法》、《歷辨》、《歲實消長辨》、《歷學補論》、《中西合法擬草》各一卷，《近思錄集注》十四卷。〔註54〕

支偉成認爲「皖派經學，實自江、戴開宗」〔註55〕，將江永與戴震並列爲皖派之宗師，又以爲「戴震受學于江永」，似乎江、戴二人乃師生關係。今人李開〔註56〕、漆永祥〔註57〕亦以爲戴震在二十歲時從師于江永，盡得其學。因此，似乎學界普遍認爲戴震師事江永，東原乃江永之受業門生。然而，據洪榜〈戴先生行狀〉謂戴、江二人關係云：

> 婺源江先生永治經數十年，……先生（按：指戴震）一見傾心，因取平日所學就質正焉。江先生見其盛年博學，相得甚歡。一日，舉

〔註54〕　參見《戴震文集》卷十二，頁178～182。
〔註55〕　參見支偉成《清代樸學大師列傳》（長沙：岳麓書社，1998年8月），頁69。
〔註56〕　參見李開《戴震評傳》（南京：南京大學出版社，1992年8月），頁15。
〔註57〕　參見漆永祥《乾嘉考據學研究》（北京：中國社會科學出版社，1998年12月），頁160。

歷算中數事問先生曰：「吾有所疑，十餘年未能決。」先生請其書，諦觀之，因為頗析比較，言其所以然。江先生驚喜，歎曰：「累歲之疑，一日而釋，其敏不可及也。」先生亦嘆江先生之學，周詳精整。……蓋先生律曆聲韻之學，亦江先生有以發之也。〔註58〕

　　許承堯詳考江永、戴震二人交往的經過以後，認為二人「誼在師友之間，原未嘗著籍稱弟子。」〔註59〕余英時亦從二方面來證明許說可從，第一：根據現存的第一手資料，也就是戴震生前相知所為傳記，固無一人曾謂江、戴有正式的師生關係。第二：戴震對師弟之道，素極重視，在他心目中，所謂師弟關係，專指受業而言，並非普通問學之謂。他與江永的來往，既然僅是問學，而非受業，所以也就稱不上有正式的師生關係。〔註60〕鮑國順亦贊同余說，其云：

余氏第一點說明舉例，仍有討論空間。如王昶在〈江慎修先生墓誌〉中便云：「先生（江永）弟子著籍甚眾，而戴君及金君榜，尤得其傳。」盧文弨〈河洛精蘊序〉亦云：「向者吾友戴東原在京師，嘗為余道其師江慎修之學，而歎其深博無涯涘也。」王昶與盧文弨皆為東原的知交好友，所記當是親有所感。至於余氏的第二點理由，則極有見地，這是我們在判定江、戴是否有師弟關係之前，所必須要深切認識的。東原由於堅持嚴格的師弟意義，故在他的著作中，迄未承認江永是他的正式老師，甚至還有「僕自少時家貧，不獲親師」的自白。因此卒後友好所作傳記，都不及此點。至於王昶、盧文弨所述，則當是從一般世俗的角度，觀察而得。蓋東原平日口談，並不曾隱諱自己從江永問學的事實，王昶等人才有東原是江永學生的印象。事實上，就東原的立場而言，他與江永，誼在師友，並沒有正式的師弟關係。〔註61〕

　　按：許、余、鮑三家說法可從，戴、江二人為相與問學之關係，戴震乃江永之忘年交友，而非有嚴格受業之師生關係。故錢大昕《江先生永傳》云：「休

〔註58〕參見洪榜〈戴先生行狀〉，收入《戴東原先生全集》（《安徽叢書》第六集）。
〔註59〕參見許承堯〈戴東原先生全集序〉，收入《戴東原先生全集》（《安徽叢書》第六集）。
〔註60〕參見余英時《論戴震與章學誠》（臺北：東大圖書公司，1996 年 11 月），頁210～229。
〔註61〕參見鮑國順《戴震研究》（臺北：國立編譯館，1997 年），頁 24～25。

寧戴震少不譽於鄉曲，先生獨重之，引為忘年交。」〔註62〕余廷燦《戴東原先生事略》亦云：「初，君與其同郡鄉先生江慎修永相講貫，友善。」〔註63〕至於王昶《江慎修先生墓誌銘》及盧文弨《河洛精蘊序》二文謂江、戴二人乃師生關係，此當如上文鮑國順所言乃是一般世俗的觀點，並非戴震自己認定的師生關係。另外，據紀昀《考工記圖序》云：「戴君語予曰：『昔丁卯戊辰間，先師程中允出是書以示齊學士次風先生，學士一見而嘆曰：誠奇書也，今再遇子奇之，是書可不憾矣。』」〔註64〕若以戴震曾對紀昀稱程恂為「先師」，則似乎戴震亦曾師事程恂也，然多數學者多不曾言程恂為戴震之師〔註65〕，且紀昀之言乃引述戴震談話，屬間接證據，究非戴震親言之直接證據，有可能經過紀昀主觀之加工。又加上洪榜、王昶、段玉裁等記錄戴震之相關事略行狀中，亦無明顯提到程戴二人乃師生關係之言，故當如同江永與戴震二人間的問學關係，並非受業之師。

其次，戴震一生於師弟之道極為慎重，從不肯輕易收弟子，姚鼐曾欲以戴震為師，戴震回信云：

> 至欲以僕為師，則別有說：非徒自顧不足為師；亦非謂所學如足下，斷然以不敏謝也。古之所謂友，固分師之半。僕與足下，無妨交相師，而參互以求十分之見，苟有過則相親，使道在人不在言，斯不失友之謂，固大善。昨辱簡，自謙太過，稱夫子，非所敢當之，謹奉繳。〔註66〕

甚至弟子段玉裁多次欲請戴震為師，戴震亦多次婉謝，謹以朋友相稱，如段玉裁《東原先生札冊跋》云：

> 余辛巳不第，旅食都門。癸未，東原先生至，心慕其學，屢請正師弟之稱，不許。先生不第歸，遂致書稱弟子。丙戌相見，遽言尊束久欲奉還，朋友自可取益，悉必此也。今冊中猶存三札，繳還稱謂。

〔註62〕參見錢大昕《潛研堂文集》卷三十九（萬有文庫本），第五冊，頁619。
〔註63〕參見《戴震文集》（臺北：華正書局，1974年10月）附錄，頁274。
〔註64〕參見段玉裁《戴東原先生年譜》所引，收入《戴東原先生全集》（《安徽叢書》第六集）。
〔註65〕少數學者如張立文認為戴震常稱程恂為「先師」，戴震問學先後，當先程恂，次江永，次方矩如。似乎以為程恂與戴震乃師生關係。（參見氏著《戴震》（臺北：東大圖書公司，1991年4月），頁6。）
〔註66〕參見戴震〈與姚孝廉姬傳書〉，《戴震文集》（臺北：華正書局，1974年10月），頁142。

于以知先生德盛禮慕，遠出昌黎氏抗顏之上。〔註67〕

又段玉裁《戴東原先生年譜》亦記其事云：

> 三十一年丙戌，四十四歲。入都會試不第，居新安會館。始玉裁癸
> 未請業於先生，既先生南歸，玉裁以札問安，遂自稱弟子。先生是
> 年至京，面辭之，復于札內辭之。又有一札云：「上年承賜札，弟收
> 藏俟繳，致離舍時，匆匆檢尋不出。在吾兄實出於好學之盛心，弟
> 亦非謙退不敢也。古人所謂友，原有相師之義，我輩但還古之友道
> 可耳。今將來札奉繳。」觀於姬傳及玉裁之事，可以見先生之用心
> 矣。直至己丑相謁，先生乃勉從之。朱文正公（按：指朱珪）嘗曰：
> 「汝二人竟如古之師、弟子，得孔門漢代之家法也。」〔註68〕

戴震對姚鼐及段玉裁皆婉拒爲師，只願以朋友相稱，並闡述朋友之義云
「古之所謂友，固分師之半」、「古人所謂友，原有相師之義」，可見在戴震觀
念中，互相切磋學業的朋友已具有相師之功能，而不須執守師生之名份，故
不輕易收取門徒。因此，戴震對於程恂、江永、方婺如等前輩學者，也只是
問學相師的關係，後者在戴震的觀念中只是彼此切磋學業的忘年之友而已，
並非是受業之師。

再次，戴震早年雖非受業於江永，二人乃彼此問學之友，然戴震對於江
永之學術仍極佩服，對其稱呼亦頗恭敬，多稱「江先生」、「江愼齋先生」，甚
至因自己本字愼修與江永同，遂廢去不用，改以東原爲字，亦可見其早年對
江永之禮敬。然而，據余英時所言，晚年戴震學術日益不同於江永，江永在
戴震心目中的地位遂不若早年之高，故在晚年著作《聲韻考》卷三、〈六書音
韻表序〉之文中皆稱江永爲「吾郡老儒江愼修永」，直呼其名諱且稱「吾郡老
儒」〔註69〕。若江永爲戴震之業師，豈有弟子直呼老師名諱且乏恭敬稱呼之
理也？故二人必非師生關係，世人多有誤解，如魏源、王國維等人竟以此言
批評戴震背師〔註70〕，今人陳勝長亦認爲戴震晚年諱稱江永爲師乃因其無高

〔註67〕 參見段玉裁《經韻樓集》卷七，頁48～49。

〔註68〕 參見段玉裁《戴東原先生年譜》，收入《戴東原先生全集》（《安徽叢書》第六
集）。

〔註69〕 參見余英時《論戴震與章學誠》（臺北：東大圖書公司，1996年11月），頁
229。

〔註70〕 如魏源《書趙注水經注後》云：「戴爲婺源江永門人，凡六書、三禮、九數之
學，無一不受諸江氏。……及戴名既盛，凡己書中稱引師說，但稱"同里老
儒江愼修"而不稱師說，亦不稱先生。其背師盜名，合逢蒙、齊豹爲一人。」

尙之人格〔註71〕，凡此皆因不了解江、戴二人並非受業師生之關係而然。

乾隆二十七年三月十三日，江永卒於家，東原作〈江愼修先生事略狀〉，狀次江永之治經要略，著書卷數，並盛贊云：

先生讀書，好深思，長於比勘，步算、鍾律、聲韻尤明。……經傳中制度名物，先生必得其通證舉視此。蓋先生之學，自漢經師康成後，罕其儔匹。〔註72〕

江永雖非東原之授業親師，但其主張由訓詁名物考經的治學路徑與戴震相合，二人雖爲相與問學之關係，江永之學術對東原應有相當影響。江永之學亦因東原之引薦而知名，如東原云：

戴震嘗入都，秦尙書蕙田客之，見書笥中有先生（按：指江永）歷學數篇，奇其書。戴震因爲言先生。尙書撰《五禮通考》，撅先生說入觀象授時一類，而《推步法解》則取全書載入。〔註73〕

洪榜亦云：

乾隆二十七年，江先生以疾卒於家，先生（按：指戴震）爲之狀其行實及著書卷數，上之續文獻通考館、史館，以備采擇。其後學士朱公督學安徽，檄盡取江先生之書，上之於朝，亦由先生力爲表揚之也。〔註74〕

戴震更因爲過度推服江永之學，而引致部分學者不滿，如關於天文曆算之學，自明末利馬竇傳入西法，其與中法有異，一時頗爲流行；至清初宣城梅文鼎亦精於曆算推步之學，以中國傳統推步之法，兼取西法，而趨向中西並用。及至江永，深於推步曆算之法，著有《翼梅》一書，雖名爲發揮宣城之說，然於西法尤其推崇，甚至引西法以難梅氏。戴震天文曆算之學，受江永啓發不少，雖本身有自得之處，與江永專重西法不同〔註75〕，但仍大力推服江氏之學，此乃引致錢大昕不滿，遂致書東原云：

王國維《觀堂集林‧史林四》亦謂戴震：「平生學術出于江愼修。……其于江氏亦未嘗篤在三之誼，但呼之曰"婺源老儒江愼修"而已。」

〔註71〕參見陳勝長〈論戴震之師承問題〉，收入《考證與反思》（臺北：東大圖書公司，1995年8月），頁47～70。

〔註72〕參見《戴震文集》卷十二，頁178～181。

〔註73〕參見戴震〈江愼修先生事略狀〉，《戴震文集》卷十二，頁181。

〔註74〕參見洪榜〈戴先生行狀〉，收入《戴東原先生全集》附錄。

〔註75〕如焦循云：「徽士談天，師弟異轍。」（注：江永重西法，戴震重中法。）參見氏著〈國史儒林文苑傳議〉，《雕菰集》卷十二，頁183。

前遇足下於曉嵐所，足下盛稱婺源江氏推步之學，不在宣城下，僕惟足下言是信，恨不即得其書讀之。項下榻味經先生邸，始得盡觀所謂《翼梅》者，其論歲實、論定氣，大率祖歐羅巴之說而引申之。其言頗不滿於宣城，而吾益以知宣城之識之高，何也？宣城能用西學，江氏則爲西人所用而已。……當今學通天人者，莫如足下，而獨推江無異辭，豈少習於江，而特爲之延譽耶？抑更有説以解僕之惑耶？〔註76〕

　　由此可證戴震對於江永甚爲禮敬，更爲之延譽，雖江、戴無師徒之名，但實有師徒之情。另外，本文中錢氏稱東原「豈少習於江，而特爲之延譽」，只是說東原年輕時候曾向江永問學，但未嘗以師徒相稱。若江永確係東原授業之師，則錢氏豈能直言批評江永之學，而勸東原不要遵守師門之法呢？故江、戴之間應是無師徒名份的問學關係。

（二）惠　棟

　　惠棟（1697～1758），字定宇，號松厓，江蘇元和（今蘇州市吳縣）人，生於清康熙三十六年，卒於乾隆二十三年，享年六十二。惠氏三世傳經，棟之祖周惕，原名恕，字元龍，號研溪，康熙朝進士，授翰林院庶吉士，著有《易傳》二卷、《詩說》三卷、《春秋問》五卷、《三禮問》六卷。支偉成《清代樸學大師列傳》評周惕云：「綜清一代談漢儒之學者，推東吳惠氏三世，先生實其創始者，良不忝云。」〔註77〕周惕子士奇，字天牧，一字仲孺，晚年自號半農居士，學者稱紅豆先生。士奇爲康熙朝進士，選庶吉士，授編修，其盛年兼治經史，晚年尤深於經學，撰有《易說》六卷、《禮說》十四卷、《春秋說》十五卷。士奇解經頗重漢儒之說，如論《易》云：

《易》始于伏羲，盛于文王，大備于孔子，而其說猶存于漢。不明孔子之《易》，不足與言文王；不明文王之《易》，不足與言伏羲。舍文王、孔子之《易》而遠問庖牺，吾不知之矣。漢儒言《易》，孟喜以卦氣，京房以適變，荀爽以升降，鄭康成以爻辰，虞翻以納甲，其說不同，而指歸則一，皆不可廢。〔註78〕

又如論《周禮》云：

〔註76〕參見錢大昕〈與戴東原書〉，《潛研堂文集》卷33。
〔註77〕參見支偉成《清代樸學大師列傳》（長沙市：岳麓書社，1998年8月），頁27。
〔註78〕參見惠士奇《易說》。

《禮經》出于屋壁，多古字古音；經之義存乎訓，識字審音，乃知其義，故古訓不可改也。康成注經，皆從古讀。蓋字有音義相近而訛者，故讀從之。後世不學，遂謂康成好改字，豈其然乎？康成《三禮》、何休《公羊》，多引漢法，以其去古未遠，故借以爲說。〔註79〕

惠棟繼承父祖家學，專攻經書，宗尙漢學，著有《周易述》、《易漢學》、《周易本義辨證》、《周易爻辰圖》、《易例》、《九經古義》、《古文尙書考》、《左傳補注》、《後漢書補注》、《續漢志補注》、《松崖筆記》、《九曜齋筆記》、《松崖文鈔》等。

惠棟治學亦重視漢儒經注，強調由識字審音以求經義，其云：

漢人通經有家法，故有五經師訓詁之學，皆師所口授，其後乃著竹帛。所以漢經師之說立於學官，與經師並行。《五經》出於屋壁，多古字古言，非經師不能辨。經之義存乎訓，識字審音，乃知其義。是古訓不可改也，經師不可廢也。〔註80〕

這種重視漢儒經注，以及由小學入手以求經義的觀點，也正是戴震一貫之主張，其《毛鄭詩考正》等早期論著即是秉持這種治學立場，故戴震肯定惠棟這種觀點云：「松崖先生之爲經也，欲學者事於漢經師之故訓，以博稽三古典章制度，由是推求理義，確有據依。」〔註81〕又云：「惠君與余相善，蓋嘗深嫉乎鑿空以爲經也。」〔註82〕這也是惠、戴二人「論學有合」之處，也是吳、皖二派共同的治學趨向。

戴震與惠棟相見，確實對其學術發展造成影響，使其更重視漢儒的經注成果，也更堅持藉由訓詁名物來通經的成學路徑。然而，若直言戴震接受惠棟「唯漢是從」的主張，則又不然。部分學者即認爲戴震與惠棟相會後，論學有所轉變，如錢穆認爲「東原論學宗旨，其時以後蓋始變」，認爲東原之前主張「漢儒得其制數，宋儒得其義理」，後則認爲「所得盡在漢，所失盡在宋，義理統於故訓典制，不啻曰即故訓即典制而義理矣。是東原論學一轉而近於吳學惠派之證。」又云：「然則惠、戴論學，求其歸極，均之於六經，要非異趨矣。」〔註83〕錢穆似乎以爲東原此時已接受惠棟的學說，以至於吳、皖二

〔註79〕參見惠士奇《禮說》。
〔註80〕參見惠棟〈九經古義述首〉，《松崖文鈔》卷一，頁4。
〔註81〕參見戴震〈題惠定宇先生授經圖〉，《戴震文集》卷十一，頁168。
〔註82〕參見戴震〈古經解鉤沉序〉，《戴震文集》卷十，頁146。
〔註83〕參見錢穆《中國近三百年學術史》（臺北：臺灣商務印書館，1995年9月），

派近同也〔註84〕。今人漆永祥贊同錢穆之說，以爲戴震與惠棟相見之後，學風發生轉折性變化，主要表現在兩個方面：一是「治經由漢宋兼採到獨重漢儒」，一是「義理由尊重宋儒到大反理學」〔註85〕。

然而，戴震終究與惠棟不同，惠棟主張嚴守漢儒家法、唯漢是從的觀點，則不爲戴震接受，戴震爲學不專主一家，「不以人蔽己，不以己自蔽」，反對墨守漢儒經注，其〈答鄭丈用牧書〉云：

> 今之博雅能文章、善考覈者，皆未志乎聞道。徒株守先儒而信之篤，
> 如南北朝人所議：「寧言周孔誤，莫道鄭服非」，亦未志乎聞道者也。
> 〔註86〕

東原在文中批評「株守先儒而信之篤」者，將產生「寧言周孔誤，莫道鄭服非」的荒謬結果，此文作於戴震二十八歲之時，代表東原早期不墨守漢儒的治學觀念。因此，東原雖重視漢人經注，但不表示就完全執守漢儒說法，而只是當作考經究道的一種資料而已。其後，戴震在三十七歲之作〈春秋究遺序〉云：

> 震嘗獲聞先生（按：指葉書山）論讀書法曰：「學者莫病於株守舊聞，
> 而不復能造新意；莫病於好立異說，不深求之語言之間以至其精微
> 之所存。夫精微之所存，非強著書邀名者所能至也。日用飲食之地，
> 一動一言，好學者皆有以合於當然之則。循是而尚論古人，如身居
> 其世，觀其事，然後聖人之情見乎詞者，可以吾之精心遇之。非好
> 道之久，涵養之深，未易與於此。」先生之言若是，然則《春秋》
> 書法以二千載不得者，先生獨能得之，在是也夫！〔註87〕

同年又有〈鄭學齋記〉云：

> 然曲士拘儒，一聞曰鄭學，必驚顧而狂駭。或說之曰：「是專守一師
> 以精其業也。」或曰：「是好古以自名其學也。」皆偏曲之論，不足
> 語學。學者大患，在自失其心。心全天德，制百行。不見天地之心者，

頁 355～357。

〔註84〕如黃順益亦認爲「綜觀戴震入都後，其治學之轉趨於考據，並以漢儒爲宗而力存古義，其受惠棟的影響，脈絡是可循的。」（參氏著《惠棟、戴震與乾嘉學術研究》，中山大學博士論文 1999 年 6 月，頁 132。）

〔註85〕參見漆永祥《乾嘉考據學研究》（北京：中國社會科學出版社，1998 年 12 月），頁 115～117。

〔註86〕參見《戴震文集》卷九，頁 143。

〔註87〕參見《戴震文集》卷十，頁 150。

不得已之心；不見聖人之心者，不得天地之心。不求諸前古聖賢之言與事，則無從探其心於千載下。是故由六書、九數、制度、名物，能通乎其詞，然後以心相遇。是故求之茫茫空馳以逃難，歧爲異端者，振其槁而更之，然後知古人治經有法，此之謂鄭學。〔註88〕

　　在以上二文之中，戴震指出「學者莫病於舊聞，而不復能造新意」，以及謂「專守一師以精其業」、「好古以自名其學」皆偏曲之論，此種言論明顯與吳派主張不同，可見東原一貫主張「不專主一家，是其所是，非其所非」的治學態度。另外，東原更舉出學者識斷之重要，如云：「聖人之情見乎詞者，可以吾之精心遇之」、「學者大患，在自失其心」、「是故由六書、九數、制度、名物，能通乎其詞，然後以心相遇。」凡此皆言學者運用名物訓詁考求經義的工夫後，必須再以己之精心識斷，始可求得聖人之心以及天地之心，也才能通經而明道。東原這種強調能造新意的精心識斷，遠非講究好古信古，唯漢儒爲宗的吳派所及。洪榜引王鳴盛言云：「方今學者，斷推兩先生，惠君之治經求其古，戴君求其是。」〔註89〕斯言足爲二家學術之區別。

　　另外，惠棟專務訓詁名物，戴震則更要由訓詁名物求得義理，故在爲惠棟弟子余蕭客《古經解鉤沉》一書所寫的序文中雖說「所以明道者其詞也，所以成詞者未有能外小學文字者也」，卻又接著說「二三好古之儒，知此學不僅在故訓，則以志乎聞道也」〔註90〕，顯然戴震認爲名物訓詁雖重要，但不是求學之目的，而應「志乎聞道」，故「明道」才是最終目的，這也是戴震與惠棟及其吳派弟子的異趨所在，戴震認爲考證乃是成學明道的手段，而非吳派所以爲的目的。大陸學者許蘇民亦云：「惠學對戴震的影響主要在於使他能夠給予漢儒的故訓一定程度的重視，並沒有改變其一貫主張的"由詞以通道"的治學宗旨。」〔註91〕

　　乾隆三十年東原入都途中過吳，與惠棟子秉高以及惠氏弟子江聲（字琴濤）、余蕭客（字仲林）相交，並作〈題惠定宇先生授經圖〉一篇〔註92〕，文

〔註88〕參見《戴震文集》卷十一，頁177。
〔註89〕參見洪榜〈戴先生行狀〉引王鳴盛言，實則非王氏本意，乃東原自言也。相關考證參見本文第二章第三節〈吳皖之分派與發展〉。
〔註90〕參見《戴震文集》卷十，頁146。
〔註91〕參見許蘇民《戴震與中國文化》（貴陽：貴州人民出版社，2001年10月），頁53。
〔註92〕參見《戴震文集》卷十一，頁167～168。

中否定「漢儒經學主故訓，宋儒經學主理義」之分，提出「夫所謂理義，苟可以舍經而空憑胸臆，將人人鑿空得之」的反對捨棄故訓而空談理學之觀點，這種考究故訓名物以求通經明道的治學方法，也是吳、皖二派所共同之主張。另東原於文中對惠氏門人的評論是「皆篤信所授，不失師法」，也顯示出吳派篤信漢人經學、嚴守師法的學術趨向。

（三）錢大昕

錢大昕（1728～1804），字曉徵，一字及之，號辛楣，又號竹汀居士，江蘇嘉定人。乾隆十九年進士，歷任內閣中書、翰林院編修、侍講學士、詹事府少詹事、廣東學政等。乾隆四十年，錢氏丁父憂歸里，遂不復出，專事講學及著述，主講鍾山、婁東、紫陽書院，門下士積二千餘人，其為台閣侍從者不可勝數，影響學風甚鉅，當屬一代大儒。

錢氏於學無所不窺，治學亦涉獵多方，舉凡經史文義、音韻訓詁、歷代典章制度、官職、氏族、地理、金石、遼金國語、中西曆算之法，莫不洞悉其是非，曾參與修纂《五禮通考》、《音韻闡微》、《續文獻通考》、《續通志》、《熱河志》、《一統志》、《天球書》等，著有《唐石經考異》、《經典文字考異》、《聲類》、《三史拾遺》、《通鑑注辨正》、《元史氏族表》、《元史藝文志》、《廿二史考異》、《潛研堂金石文字目錄》、《潛研堂金石文跋尾》、《十駕齋養新錄》、《潛研堂文集》、《詩集》等。其中《十駕齋養新錄》二十卷，前三卷論經學，四、五卷論小學，六至九卷論史學，十卷論官制，十一卷論地理，十二卷論姓氏，十三、十四卷論典籍，十五卷論金石，十六卷論詞章，十七卷論術數，十八卷論儒術，十九、二十卷為雜考證。今人孫欽善認為《十駕齋養新錄》堪稱錢大昕學術的一個縮影，其在形式上雖與《日知錄》相仿，而內容卻以經、史、小學等考證為主，絕少經世之論，反映了清中期考據學發展的新特點〔註93〕。

乾嘉考據學者之中，惠、戴二派多以經學為主，錢大昕則兼重史學，嘗言：「自惠戴之學，盛行於世，天下學者，但治古經，略涉三史，三史以下，茫然不知，得謂之通儒乎？」故所著《二十二史考異》，蓋有為而作也〔註94〕。江藩盛推錢氏之學云：

〔註93〕 參見孫欽善《中國古文獻學史簡編》（北京：高等教育出版社，2003 年 8 月重印本），頁 513～514。
〔註94〕 參見江藩《漢學師承記》卷三，頁 17。

先生不專治一經，而無經不通；不專攻一藝，而無藝不精。經史之外，如唐宋元明詩文集、小說、筆記，自秦漢及宋元金石文字，皇朝典章制度，滿洲蒙古氏族，皆研精究理，不習盡工。古人云：「經目而諷於口，過耳而闇於心」，先生有焉。戴編修震嘗謂人曰：「當代學者，吾以曉徵爲第二人。」蓋東原毅然以第一人自居。然東原之學，以肆經爲宗，不讀漢以後書；若先生學究天人，博綜群籍，自開國以來，蔚然一代儒宗也。以漢儒擬之，在高密之下，即賈逵、服虔亦瞠乎後矣，況不及賈服者哉？〔註95〕

可見自負如東原者，亦推許曉徵爲第二人，足可證明錢氏之學甚爲淹博，爲當世所共同推崇。江藩更認爲曉徵之學廣博的程度超越東原，言下之意蓋不以東原之言爲然，而以錢優於戴。

江藩嘗謂曉徵「先是在吳門時，與元和惠定宇、吳江沈冠雲兩徵君游，乃精研古經義聲音訓詁之學。」〔註96〕又云：「（惠棟）受業弟子最知名者：余古農，同宗艮庭兩先生；如王光祿鳴盛，錢少詹大昕，戴編修震，王侍郎蘭泉先生，皆執經問難，以師禮事之。」〔註97〕前人多將錢氏歸入惠棟一派〔註98〕，實則曉徵與惠棟並無明顯師承關係，二人雖曾於紫陽書院相見，但結爲忘年之交，惠稱錢爲「可與道古者」〔註99〕，錢氏與惠棟之學術關係頗類惠、戴兩人之關聯，皆可說是相與問學的師友關係，錢、戴二人之學皆受到惠棟一定程度的影響，但又能自出新說。如章太炎雖將錢大昕歸入吳派，但認同惠、錢之學有所異趣，其云：「吳派之起，蓋以宋學既不足尚，而力攻宋學，……至錢大昕出，實與三惠異趣。錢大昕應入大師傳，蓋其所得實深于惠也。」〔註100〕孫欽善認爲錢氏雖與惠棟同樣具有「宗漢排宋」的學術主張，但「從錢大昕的具體言論和實踐看來，他的宗漢排宋思想更側重在方法上，已不像惠棟那樣拘守漢人成果，從而佞漢的偏頗已有所糾正。」〔註101〕王俊義亦云：

錢大昕雖然以漢學爲宗旨，在師承淵源上與以惠棟爲代表的吳派較

〔註95〕參見江藩《漢學師承記》卷三，頁18。
〔註96〕參見江藩《漢學師承記》卷三，頁4。
〔註97〕參見江藩《漢學師承記》卷二，頁16～17。
〔註98〕如章太炎《訄書·清儒》及梁啓超《清代學術概論》均將錢大昕列入惠派。
〔註99〕參見錢大昕〈古文尚書考異序〉，《潛研堂文集》卷24。
〔註100〕參見支偉成《清代樸學大師列傳》（長沙市：岳麓書社，1998年8月），頁26。
〔註101〕參見孫欽善《中國古文獻學史簡編》（北京：高等教育出版社，2003年8月重印本），頁514。

爲接近，但他又廣泛結交其時不同學派，相互書信往還、質疑問難、考訂著述，使之有可能兼取各家之長，視野較爲寬廣，在治學態度上不像其他吳派學者那樣絕對和墨守。……大昕在治學態度上另一突出的特點是擇善而從，不囿於門戶之見。……他對於乾嘉漢學中的吳派與皖派，抱定「擇善而從，非敢固執己見」的態度。〔註102〕

因此，錢大昕之學與惠棟有所相近，亦有相異之處，故又有學者針對錢氏特出之點，認爲乾嘉考據學應於惠、戴二派之外，另立錢氏一派，如今人漆永祥認爲可從三方面比較惠、戴、錢三派：第一，三派信古與尊漢程度比較，惠派信古從漢，其學專門而守舊；戴派出入漢儒門戶但不守藩籬，講求綜貫會通，不偏主一家；錢派則折衷惠、戴之間，一方面講訓詁必依漢儒，另一方面又強調「以古爲師，師其是而已。」第二，三派對博涉與專精之側重比較，綜三派而論，惠派側重博涉，戴錢二派則主精審會通。第三，三派治學門類範圍比較，惠派長于經、史，戴派多治經、子、小學，錢派則重在經、史、小學。〔註103〕按：細察漆氏之言，除了史學方面錢氏可謂超越惠、戴二人之外，其餘有關學術主張以及治學方法，多未超出惠、戴二人之學，且乾嘉考據學的中心在於經學，並不能以錢氏史學成就與惠、戴相提並論，故不須於惠、戴二派之外，另析出錢大昕一派。

錢大昕本人亦無開宗立派念頭，並且甚爲推服惠、戴二人，如稱惠棟「今士大夫多尊崇漢學，實出先生緒論」〔註104〕，又爲惠棟作傳云：

> 宋元以來，說經之書盈屋充棟，高者蔑棄古訓，日誇心得，下者勦襲人言，以爲己有，儒林之名，徒爲空疎藏拙之地。獨惠氏世守古學，而先生所得尤深，擬諸漢儒，當在何邵公、服子慎之間，馬融、趙歧輩不能及也。〔註105〕

至於錢大昕與戴震之間，更是互爲師友、相與問學的關係，戴震因錢大昕之推崇而名揚天下，如錢氏嘗爲東原立傳云：

〔註102〕參見王俊義〈錢大昕學術思想述略〉，收入王俊義、黃愛平《清代學術文化史論》（臺北：文津出版社，1999 年 11 月），頁 203～204；又收入王俊義《清代學術探研錄》（北京：中國社會科學出版社，2002 年 8 月），頁 283～285。

〔註103〕參見漆永祥《乾嘉考據學研究》（北京：中國社會科學出版社，1998 年 12 月），頁 129～131。

〔註104〕參見錢大昕〈古文尚書考異序〉，《潛研堂文集》卷 24。

〔註105〕參見錢大昕〈惠先生棟傳〉，《潛研堂文集》卷 39。

性介特，多與物忤，落落不自得。年三十餘，策蹇至京師，困於逆
旅，饘粥幾不繼，人皆目爲狂生。一日，攜其所著書過予齋，談論
竟日，既去，予目送之，嘆曰：「天下奇才也。」時金匱秦文恭公（蕙
田）兼理算學，求精於推步者，予輒舉先生名。秦公大喜，即日命
駕訪之，延主其邸，與講觀象授時之旨，以爲聞所未聞。秦公撰《五
禮通考》，往往採其說焉。高郵王文肅公安國亦延致先生家塾，令其
子念孫師之。一時館閣通人：河間紀太史昀、嘉定王編修鳴盛、青
浦王舍人昶、大興朱太史筠，先後與先生定交，於是海內皆知有戴
先生矣。〔註106〕

可見當初戴震初赴京時，仍是一個功名未就、窮愁潦倒的狂生，卻因爲
錢大昕之讚賞與引薦，結識不少朝中權貴，從此聲名大噪、名動公卿，不可
謂不是仰賴錢氏之功。因此，錢大昕可說是伯樂，發掘了戴震這匹千里馬。
戴震雖稱曉徵爲第二人，錢氏非但不以爲忤，且二人維持良好的學友關係。
蓋兩人切磋學業，所論多合，可說是學術上的知己，如錢大昕嘗謂東原云：「當
今學通天人者，莫如足下。」〔註107〕又讚許東原算數之學頗有超越西人之處，
如云：

今人所用三角八線之法，本出於勾股，而尊信西術者輒云：「勾股不
能御三角。」先生折之曰：「《周髀》云：『圓出於方，方出於矩，矩
出於九九八十一。』三角中無直角，則不應乎矩，無例可比矣。必
以法御之，使成勾股而止。八線比例之術，皆勾股法也。」〔註108〕

又如《尚書・堯典》「光被四表」，僞孔《傳》：「光，充也。」東原認爲
「光」乃「桄」之訛也。《爾雅》：「桄、潁，充也。」《說文》：「桄，充也。」
又《禮記・樂記》鄭注：「橫，充也，謂氣作充滿也。」故〈堯典〉古本必有
作「橫被四表」者，橫被，廣被也，如《禮記・孔子閒居》「橫於天下」。錢
氏贊同東原此說，更爲其舉一證曰：「《後漢書・馮異傳》有『橫被四表，昭
假上下』之語」〔註109〕，更能補證東原之功，足見二人砥礪爲學之篤。

自惠、戴歿後，錢氏主講紫陽學院，前後達十六年，東南學子受其教者

〔註106〕參見錢大昕〈戴先生震傳〉，收入《戴震文集》附錄。
〔註107〕參見錢大昕〈與戴東原書〉，《潛研堂文集》卷33。
〔註108〕參見錢大昕〈戴先生震傳〉，收入《戴震文集》附錄。
〔註109〕參見戴震〈與王內翰鳳喈書〉，《戴震文集》卷三，頁47。

不計其數，儼然乾嘉考據學集大成之宗師，故王引之《詹事府少詹事錢先生神道碑銘》云：

> 古之治經與史者，每博求之方言、地志、律象、度數，證之諸子、傳記，以發其旨。自講章時藝盛行，茲學不傳久矣。國初諸儒起而振之，若昆山顧氏、宣城梅氏、太原閻氏、婺源江氏、元和惠氏，其學皆實事求是，先生生于其後而集其成。

（四）紀　昀

紀昀（1724～1805），字曉嵐，一字春帆，晚年自號石雲，直隸獻縣人。年二十四，乾隆丁卯科解元，十九年甲戌成進士，與錢大昕、王鳴盛、朱筠同榜。三十八年擢侍讀，受命主持《四庫全書》之編纂，與陸錫熊、孫士毅同列總纂官，執行乾隆皇帝整理天下圖籍之意志。嘉慶時，官至禮部尚書，協辦大學士，加太子太保，管國子監事。卒年八十二，諡文達。

《四庫全書總目提要》雖多說出自紀昀之手，如紀昀自云：「余于癸巳受詔校秘書，殫十年之力，始勒爲《總目》二百卷，進呈乙覽。以聖人之志，經籍以存。儒者之學，研經爲本，故經部尤纖毫不敢苟。」〔註110〕支偉成亦云：「《四庫全書提要》簡明目錄，皆出公手。大而經史子集，以及醫卜詞曲之類，其評論抉奧闡幽，詞明理正，識力在王仲寶、阮孝緒之上，可謂通儒矣。⋯⋯公一生精力萃于《提要》一書。」〔註111〕然而，持平而論，《四庫總目提要》應非紀昀一人之力，而是由總纂官、分纂官等各部門學者通力合作，最後再由紀昀彙整潤飾而成〔註112〕。雖然如此，《四庫總目提要》反映的學術方向應爲紀昀本人所贊同，故以《四庫總目提要》當作紀昀個人的學術取向也大致符合實情。

紀昀（或說《四庫總目提要》）反映出一種「尊漢抑宋」的考據重於義理的學術傾向，如《總目‧凡例》云：「說經主于明義理，然不得其文字之訓詁，則義理何自而推？論史主于示褒貶，然不得其事跡之本末，則褒貶何據而定？⋯⋯今所錄者，率以考證精核、辨論明確爲主，庶幾可謝彼虛談，敦茲實學。」〔註113〕又斥宋明儒講學云：

〔註110〕參見紀昀〈詩序補義序〉，收入《紀曉嵐文集》卷八，頁156。
〔註111〕參見支偉成《清代樸學大師列傳》（長沙：岳麓書社，1998年8月），頁290。
〔註112〕相關意見，可參考本書第二章第二節附注15。
〔註113〕參見《四庫全書總目》卷首三〈凡例〉，頁8。

漢唐儒者，謹守師說而已。自南宋至明，凡說經講學論文，皆各立門
戶，大抵數名人爲之主，而依草附木者蠶然助之。朋黨一分，千秋吳
越，漸流漸遠，并其本師之宗旨亦失其傳，而釁隙相尋，操戈不已。
名爲爭是非，實則爭勝負也。人心世道之害，莫甚於斯。〔註114〕

因此，《四庫全書總目》反映出崇尚考據徵實之學，而排斥空談說經之學，
故對於乾嘉之際的「漢宋之爭」，無疑具有傾向漢學、扶翼漢學的現象。且當
時進入四庫館閣參與校書之學者，如朱筠、戴震、任大椿、周永年、邵晉涵
多爲考據學家，則四庫館儼然成爲漢學家的大本營，如近人陸有凡云：

四庫全書，開始編纂，即嚴定體例，審校古書。那時館臣中，多積
學之士，紀昀、戴震既以經學著稱，另外總閱官陽湖莊存與長於經
學，嘉善謝墉長於小學，興化任大椿長於經學。校辦各省送到遺書
纂修官桐城姚鼐長於經學，大興翁方綱長於經學，朱筠長於經學小
學。繕書處分校官歙縣金榜長於經學，洪梧長於經學小學。篆隸分
校官高郵王念孫長於經學小學。都是一代學者，弁冕藝林。〔註115〕

《四庫全書》是以朝廷之力，廣招天下經學之士編集之，這種崇尚古學之
風，乃隨即遍行各地，如姚瑩記載云：「自四庫館啓之後，當朝大老，皆以考博
爲事，無復有潛心理學者，至有稱誦宋元明以來儒者，則相與誹笑。」〔註116〕
因此，乾隆、嘉慶年間考據學特別興盛，漢學乃有壓倒宋學之勢，其中《四庫
全書》之編纂發揮極大之影響力。紀昀既爲《四庫全書》之總纂官，在推崇漢
學及提倡考據學風上，扮演著推動風潮的積極性角色，可說是漢學的擁護者。

至於紀昀與戴震二人相識，乃由錢大昕之引薦。蓋東原於乾隆十九年甲
戌入京，客歙縣會館，後訪錢大昕，相談甚歡，錢氏乃薦東原於秦蕙田協修
《五禮通考》，又引見於紀昀、王鳴盛、王昶、朱筠等人，紀昀始與戴震折節
交往。東原又曾館於紀昀家，如段玉裁《戴東原先生年譜》於「二十年乙亥，
三十三歲」下云：「程易田云：『是年假館紀尙書家』」，可見二人私交不錯。
此外，另在兩件事上有較密切的往來。其一，是紀昀爲戴震《考工記圖注》
刻行出版；其二，是紀昀推薦戴震入四庫館參與經籍編纂。關於前者，段玉
裁《戴東原先生年譜》云：「十一年丙寅，二十四歲。是年《考工記圖注》成」，

〔註114〕參見《四庫全書總目》卷首三〈凡例〉，頁9～10。
〔註115〕參見陸有凡《中國七大典籍纂修考》（西南書局），頁80。
〔註116〕參見姚瑩〈復黃又圃書〉，《中復堂全集・東溟文外集》卷一。

又云：「二十年乙亥，三十三歲。蓋是年入都。冬，紀文達公刻《考工記圖注》成。」似乎以爲戴震於乾隆十一年著成《考工記圖注》，而於乾隆二十年由紀昀刻行。然而，紀昀序《考工記圖注》云：「戴君東原始爲《考工記》作圖也，圖後附以己說而無注。乾隆乙亥夏，余初識戴君，奇其書，欲付之梓，遲之半載，戴君乃爲余刪取先後鄭注而自定其說以爲補注。又越半載，書成，仍名曰《考工記圖》，從其始也。」鮑國順乃云：「可知此書本有圖有說而無注，今本乃徇紀氏之請續增者也。……觀紀序云於乙亥夏初識東原，遲之半載，東原乃爲補注，又越半載，書成，已至丙子夏矣。是知補注始於乙亥秋冬之際，而成於丙子夏季。然則紀氏之刻，當亦在丙子。」〔註 117〕鮑說是也，紀昀爲當事人，其說自然較後記之段玉裁說法爲確。故戴震於乾隆十一年所成者乃無注之《考工記圖》，其後因紀昀之請而加注，於乾隆二十一年印行。

關於後者，紀昀既爲四庫館總纂官，其下設置眾多分纂官協修，紀昀自然想到老友戴震可勝任此職，然因戴震只官至舉人，不符朝廷規定，紀昀乃與于敏中、裘日修等人建議乾隆皇帝破格任用，戴震始能參與《四庫全書》之修纂，而作出重要的貢獻。段玉裁《戴東原先生年譜》於「三十八年癸巳，五十一歲」下云：「上開四庫館，于文襄公以紀文達公、裘文達公之言，薦先生於上，上素知有戴震者，故以舉人特召，曠典也。奉召充纂修官。仲秋至京師。」〔註 118〕

（五）王鳴盛

王鳴盛（1722～1798），字鳳喈，一字禮堂，別字西莊，江蘇嘉定人。嘗客游蘇州，與王昶、錢大昕等同游沈德潛門下。又與惠棟講經義，知訓詁必以漢儒爲宗。乾隆十九年登進士第，授編修，參與秦蕙田主持之《五禮通考》的修纂工作。官至光祿寺卿，後隱居蘇州不仕，閉門讀書著述。主要著述有《尚書後案》、《十七史商榷》、《蛾術編》等。

王鳴盛在經學方面標榜漢學，反對宋學，重視文字、聲韻、訓詁、考據之學，鄙棄義理之學，嘗云：「漢人說經，必守家法；……亦云師法，……自唐貞觀撰《諸經義疏》，而家法亡；宋元豐以新經義取士，而漢學殆絕。今好古之儒皆知宗注疏矣，然注疏惟《詩》、《三禮》及《公羊傳》猶是漢人家法，他經注則出於魏晉人，未爲醇備。」故所撰《尚書後案》二十卷，專主鄭玄，

〔註 117〕參見鮑國順《戴震研究》（臺北：國立編譯館，1997 年），頁 73。
〔註 118〕收入《戴東原先生全集》（《安徽叢書》第六集，1936 年），附錄。

鄭注亡逸者則採馬、王補之；至於孔《傳》雖僞，但以其訓詁亦有傳授，非向壁虛構，間亦採之。由於王鳴盛墨守漢人家法，治學頗近惠棟，故學界多將其歸入吳派學者。

　　王鳴盛與戴震論交，亦由錢大昕之引見，始於東原乾隆十九、二十年入京以後，東原以布衣身分與錢大昕、紀昀、王鳴盛、朱筠等新科進士論交。不過，王鳴盛雖與戴震論交，其實在學術觀點上並不甚認同戴震。段玉裁《戴譜》雖說王鳴盛等人對於東原之學「莫不擊節嘆賞」，洪榜《行狀》甚至誤引王鳴盛認同戴震之學乃求其是，其實皆因二人有心抬高戴震之地位所致。本書第二章第三節已辨正洪榜之誤，當時王鳴盛並不認同戴震之言，認爲「舍古無是者」，仍然推尊惠棟之學。

　　戴、王二人論學，還有一件大事，就是有關〈堯典〉「光被四表」之考釋。段玉裁所編《戴震文集》卷三有〈與王內翰鳳喈書〉一文，乃是戴震寫給王鳴盛之書信，其文首段云：「承示《書・堯典》注，逐條之下，辨正字體、字音，悉準乎古，及論列故訓，先徵《爾雅》，乃後廣搜漢儒之說，功勤而益鉅，誠學古之津涉也。昨僕偶舉篇首『光』字，引《爾雅》：『光，充也。』僕以爲此解不可無辨。欲就一字見考古之難，則請終其說以明例。」段玉裁《戴東原先生年譜》將此信置於「乾隆二十年乙亥，三十三歲」之下，則本信完成于乾隆二十年。又信末又補錢大昕、姚鼐、族弟受堂之補證，其時最遲爲乾隆二十七年壬午孟冬追記。其後東原又將此信大略意見收入《尙書義考》中，但略去相關人名〔註119〕。

　　然而，東原歿後，間隔十餘年，王鳴盛作《蛾術編》，卷四有「光被四表」一條，其文對東原大肆抨擊，醜詆甚烈，如云：

> 新安戴吉士震，號爲精于經。乙亥歲，予官京師，作《尚書後案》。
> 吉士偶過予，爲予論〈堯典〉「光被四表」，「光」當作「橫」，予未
> 敢信。吉士沒，其《文集》出，內有與予札，……。吉士之說誠辨，
> 後予檢《王莽傳》，云：「昔唐堯橫被四表」，益駭服其說。吉士卻不
> 知引。及檢《毛詩・周頌・噫嘻》疏引鄭注，知鄭本已作「光」，解
> 爲「光耀」，則吉士之說可不用矣。故《後案》內不載。然予之說，
> 假令吉士尚在，聞之仍必不服，何則？吉士爲人信心自足，眼空千
> 古，殆如韓昌黎所謂世無仲尼不當在弟子列，必謂鄭康成注不如己

說精也。吉士果知有鄭注而不取，則聽客之所爲，各尊所聞可矣。所嫌者，吉士反覆千言，援引浩博，獨鄭「光耀」之義載在《毛詩疏》者，隻字未舉及；縱無說以駁鄭，乃即硬抹搬一語亦無。然則吉士于世所稱十三經注疏者，檢閱尚未周，而輕于立解，此則未免鹵莽。三十餘年前，予雖與吉士往還，曾未出鄙著相質，吉士從未以札見投，突見于其集。昔樂安李象先自刻集內有詭稱顧亭林與之書論地理，象先答以書辨顧說爲非，亭林呼爲譎觚。今吉士札譎與否不足辨，獨鄙見謂《鄭注》載《毛詩疏》者，竟未檢照，而遽欲改經字、刱新說爲鹵莽，此則吉士在地下亦當首肯。〔註120〕

又云：

至段玉裁重刻戴集，仍存此文。段已檢得《詩疏》鄭注，而此篇中並未代爲增入，不作僞，尚可取。段爲戴弟子，或信戴，或不信戴，則亦聽客之所爲。戴于漢儒所謂家法，竟不識爲何物。豈惟戴震，今天下無人不說經，無一人知家法也。即如「光被四表」，見於《魏公卿上尊號奏》，載洪适《隸釋》。康成卒于建安五年，魏受禪初，距其沒僅二十年，天下《尚書》皆守其家法作「光被」。若僞孔之出，在晉元帝渡江初，相去幾及百年，並非至孔始改「光」，奈何遽欲改爲「橫」？戴于洪适輩視如蟻蒙，古之狂也；肆若戴氏，其狂而幾于妄者乎！〔註121〕

按：戴震生前曾與王氏論交，不料戴震死後十餘年，王鳴盛竟有此激烈批戴之言。對於一位已亡之「故人」，王氏評其「狂而幾于妄者」，豈不太過歟？又迮鶴壽校勘王鳴盛《蛾術編》，在《凡例》中云：「近時談考據者，前以顧亭林，後以戴東原兩先生爲最，學有根柢，言皆確實。是編務必力斥之。斯乃文人相輕之積習，今從節。」〔註122〕迮鶴壽指出王鳴盛此書乃有意批駁戴震者，乃出于文人相輕之積習，實則王氏更欲以此壓倒東原，以彰顯己學也。蓋東原既爲乾嘉之際學界公認的「通人」，必有甚多學者以其爲攻擊目標，以爲若駁倒東原必能揚名立萬，故如章學誠即如此。蓋章學誠早年稱「時在朱先生門，得見一時通人。雖大擴平生聞見，而求能深識古人大體，進窺天地之純，惟戴氏

〔註120〕參見王鳴盛《蛾術編》卷四，頁182～188。
〔註121〕參見王鳴盛《蛾術編》卷四，頁188～189。
〔註122〕參見《蛾術編‧凡例》頁1，總頁26。

可與幾比。」〔註123〕其讚賞東原為一時通人，然又著〈朱陸〉一文，暗批戴震為學出于朱子而反批朱子，乃飲水而忘源，不得為通人也〔註124〕。至東原歿後，章氏更作〈書朱陸篇後〉，直言東原「心術未醇，頗為近日學者之患。」〔註125〕章學誠於東原在世時，不敢直言批評，反於其歿後大肆抨擊詆毀，此點與王鳴盛如出一轍，皆欲與東原爭名也，而非平心靜氣之學術討論。

其次，王鳴盛否認自己當年曾收到東原〈與王內翰鳳喈書〉一信，且否認曾將己作《尚書後案》拿給東原觀覽，故疑東原乃自己偽造此信，其惡行與李象先偽造顧亭林書信一般。這裡就產生很嚴重的學術道德指控，若果依王氏之言，戴氏就成了偽造事端的小人了。然而，此事因當事人之一戴震已謝世，無從查證，孰是孰非大概只有兩位當事人熟知。不過，據王氏《蛾術編》引用戴震《文集》之信，其中有「古字蓋橫、桄通，《漢書》『黃道』為『光道』，則又古篆法『黃』、『光』近似故也。六經中用橫不用光。」這一段文字不見于段玉裁經韻樓本《戴震文集》中，卻見於王鳴盛引文中，而王氏卻說自己看到段玉裁編的《文集》才知道這封信的內容，如此豈能無中生有這段文字呢？或有可能王氏其實曾經收到東原此信，而在引用時不自覺將此信內容寫入，而產生了破綻。再者，段玉裁所編《戴震文集》之〈與王內翰鳳喈書〉一信，於結尾「震再拜」後，又增入東原後記之文字，其中有「壬午孟冬，余族弟受堂舉《漢書‧王莽傳》『昔唐堯橫被四表』，尤顯確」一文，而王鳴盛卻說戴震不知引此，則王氏所據非《文集》之文可證也。況且，王鳴盛自己也承認當年東原確曾告以「光被四表」，「光」當作「橫」之義，則此說確為東原之主張，則東原何必再偽託與王鳴盛書信來闡述己說呢？況且東原後來又將此說收入《尚書義考》中，更顯示出無偽造之理由。

再者，王鳴盛以東原疏忽或故意不引《詩經‧周頌‧噫嘻》疏引鄭玄釋「光被四表」為「堯德光耀及四海之外」，以證明鄭玄所看到的《尚書》本來就是寫作「光被」，不須改作「橫被」。王氏並據此譏東原不識漢儒家法，而自認為說經勝於鄭康成，實乃狂且妄也。然而，王鳴盛治經本宗漢儒，治《尚書》尤以鄭玄注為依歸，本心有成見，故極力擁護鄭玄釋「光」為「光耀」

〔註123〕參見章學誠〈答邵二雲書〉，收入《文史通義補遺續》，北京古籍出版社。

〔註124〕參見章學誠《文史通義‧內篇》（臺北：頂淵文化，2002 年 9 月）卷三，頁262～266。

〔註125〕參見《章氏遺書》卷二。

之說，而容不下東原以古本有作「橫被」之說，卻不知僞孔《傳》雖然後出，其注解亦襲取漢人經注，而有勝於鄭玄者，且東原《尚書義考》已引鄭玄「光耀」之注〔註126〕，並無故意隱瞞或不知。王引之《經義述聞》贊同戴說，並補證「光」、「桄」、「橫」古同聲而通用，三字皆充廣之義〔註127〕。因此，僞孔《傳》「光，充也」之訓，顯然較鄭注「光耀」之解合理，王鳴盛拘守鄭玄之說，反見其株守漢人家法之蔽。

故東原給王鳴盛書信中，建議王氏治學「但宜推求，勿爲株守」，的確說中了吳派治學之弊，治經不應問「古不古」、「漢不漢」，而應求是求實，即使是後出的說法，若其解合宜有證，仍無妨改從其說也。王、戴二人之學術地位，由「光被四表」之爭論來看，即可分高下也。

第二節　經學著作考述

一、《詩補傳》二十六卷

東原解《詩》的第一部專著，書成於乾隆十八年癸酉（1753），戴震三十一歲之時。據段玉裁《戴東原先生年譜》云：「十八年癸酉，三十一歲。是年《詩補傳》成，有序，在癸酉仲夏。」可見《詩補傳》有序，即《文集》卷十之〈毛詩補傳序〉一文，其文末云：「時乾隆癸酉仲夏，戴震撰。」

《詩補傳》解詩立場非漢非宋，其中雖多以毛傳、鄭箋爲主，然亦採用不少朱子詩集傳之意見，戴震皆加以去取刪汰，更益以己說，排除說《詩》之門戶之見。本書解《詩》方法，如〈毛詩補傳序〉云：「今就全詩，考其字義名物於各章之下，不以作詩之意衍其說。蓋字義名物，前人或失之者，可以詳覈而知，古籍具在，有明證也。作詩之意，前人既失其傳者，非論其世，知其人，固難以臆見定也。姑以夫子斷夫三百者，各推而論之，用附於篇題後。」〔註128〕梁啓超認爲「洵治《詩》之良法也」〔註129〕，可謂中肯之說。

〔註126〕參見戴震《尚書義考》卷一，收入《戴震全書》第一冊（合肥：黃山書社，1995年），頁23。

〔註127〕參見王引之《經義述聞》（南京：江蘇古籍出版社，2000年9月）卷三，頁66。

〔註128〕參見《戴震文集》卷十。

〔註129〕參見梁啓超〈戴東原著述纂校書目考〉。

本書遍注《詩經》三〇五篇，代表東原早年具體解《詩》之成果，唯東原認爲本書部份地方尚俟改正，不肯輕易示與人，且未正式刊行，故時人多未知之，後人且誤認本書爲《毛鄭詩考正》或《杲溪詩經補注》〔註130〕。所幸北京圖書館存有葉德輝所藏之清抄本，後由《戴震全集》及《戴震全書》之刊行，世人始知東原早有遍注《詩經》之作也。

二、《毛鄭詩考正》四卷

本書約作於乾隆十九年甲戌至二十二年丁丑之間，乃戴震入京後，以《詩補傳》爲基礎，挑選其中部分內容，亦新增一部分新的考釋，進一步考定刪改而成。此書偏重字詞考釋，對於篇義則未加探究，尤其專以毛傳、鄭箋爲主要探究對象，而略過朱子詩集傳之意見，此其與《詩補傳》明顯不同之處。因此，本書可能是戴震入京後，受到錢大昕、朱筠、王鳴盛等漢學家影響，有意以毛傳、鄭箋等漢人考據爲主，而刪去宋儒之意見。

段玉裁《戴譜》雖云：「《毛鄭詩考正》，初名《詩補傳》。」其實，《毛鄭詩考正》相對於《詩補傳》，其內容已有相當大的修改，故不能率爾認定《毛鄭詩考正》乃是《詩補傳》的一部份。至於本書的解經立場，雖多以毛傳、鄭箋爲主，不過也不株守毛鄭之說，有信從者，亦有辨駁者，時出己見，大抵本著求是徵實的態度，並非唯漢是從。

三、《杲溪詩經補注》二卷

本書又名《詩經補注》，「杲溪」二字乃自別於諸言《詩》者，非戴震之別號。書成於乾隆三十一年丙戌，東原四十四之時。相對於《詩補傳》及《毛鄭詩考正》，本書可說是東原晚年解《詩》之定稿，解經方法及考釋更加精進。

本書體例仿照《詩補傳》，即「就全詩考其字義名物於各章之下」，依次羅列毛傳、鄭箋以及朱熹詩集傳等各家考釋，再以按語加以評判補證，最後總論各章的作詩之意「附於篇題後」。本書初意要遍注三〇五篇，惜僅成〈周南〉、〈召南〉二卷也。

本書解經立場與《詩補傳》同，漢、宋兼採，擇善是從，亦有否定毛傳、

〔註130〕相關考證，參見本書第五章第一節。

鄭箋、朱集傳而自出己見者，故陳澧評爲「不拘守毛、鄭，亦不拘守朱傳，戴氏之學，可謂無偏黨也。」〔註131〕另外，關於篇題旨意上，戴震主張以孔子「思無邪」之意解《詩》，認爲三百篇皆忠臣、孝子、賢婦、良友之言，故反對宋儒所謂「淫詩」之說。

四、《尙書義考》二卷

本書約作於乾隆二十七年壬午或二十八年癸未，乃東原四十、四十一歲之時。本書初意欲遍考二十八篇《尙書》經文，然僅成〈堯典〉二卷。書前首列十四條〈義例〉，從《尙書》今古文的傳授存佚、篇章分合，至各類舊注的去取原則、轉錄格式，無不一一說明，甚便於學者，故梁啓超云：「先生所著書，未見有申明〈義例〉，鄭重如是者，殆其精心結構之作。」〔註132〕

本書僅成〈堯典〉二卷，其規模雖遠不如江聲、王鳴盛、孫星衍等遍注全書之作，在《尙書》學的地位不若前列諸人。然而，其考核之精詳及優異的識斷，實有超出各家之處，蓋吳派學者治《尙書》，引證多以漢人經注爲主，不取宋以後之注，識見偏狹，東原此書則無此弊，雖詳列漢人注解，亦參酌宋儒林之奇、程頤、蘇軾、朱熹、蔡沈等人意見，可謂實事求是，排除成見也。另外，本書以天文學的知識解讀〈堯典〉「四仲星」、「璿璣玉衡」等自然星象，亦取得顯著之成績。

五、《考工記圖》二卷

乾隆十一年丙寅，戴震二十四歲，完成《考工記圖》，然有圖而無注。乾隆十九年，東原入京，與紀昀論交，始出所著《考工記圖》以觀，紀昀奇其書，乃請東原刪取先後鄭注以及己說，作爲補注附於圖後，乾隆二十一年完稿，而由紀昀代爲刻行出版。

本書是戴震補證《周禮・冬官・考工記》的禮學名著，其書對古代各種器物的形狀、結構、作用、製造原理與工藝等均予以闡述，並繪製五十九幅古代器物的簡圖，注文採自鄭玄，或自己補注，對《考工記》本文及鄭注多所補正，乃是研究《考工記》的重要參考書籍。戴震云：「鄭氏注善矣，茲爲圖，翼贊鄭

〔註131〕參見陳澧《東塾讀書記》（臺北：臺灣商務印書館，1997年6月），頁96。
〔註132〕參見梁啓超〈戴東原著述纂校篇目考〉，收入《戴東原》（臺北：臺灣商務印書館），頁67。

學，擇其正論，補其未逮。」〔註133〕又戴震認為經書所言之器物，須與實物相驗，以求其合也，如云：「車輿宮室，今古殊異。鐘、縣、劍、削之屬，古器猶有存者。執吾圖以考之群經暨古人遺器，其必有合焉爾。」〔註134〕可見東原對此書甚有自信。

本書有關古代器物的圖與注，甚便於學者，可使原本模糊的紙上描述具體呈現，可作為學者閱讀典籍之輔助，其中有不少圖已為後世出土文物所印證。

六、《中庸補注》一卷

本書乃乾隆二十八年癸未，戴震四十一歲以前之作也，其書未成，注三十六條，佔《中庸》全書三分之二。本書與《原善》、《孟子字義疏證》所闡發的觀點一致。主張氣化流行的宇宙論，以及「道不出人倫日用之常」、「以情絜情」的人性論，乃東原借助儒家古經來闡釋自己的哲學觀點。

七、《原善》三卷

本書於乾隆二十八年癸未，戴震四十一歲之時完成上中下三篇初稿，乃是代表戴震自己的哲學觀初定的書，極具意義，故東原云：「作〈原善篇〉成，樂不可言，喫飯亦別有甘味。」乾隆三十一年丙戌，東原又將原先之《原善》三篇，修改擴大為《原善》三卷，東原視之為「講理學之書」。

此書為戴震第一部系統地闡述自己哲學思想之作，引《易》：「一陰一陽之謂道」，反映出氣化的宇宙觀。又提出「善，以言乎天下之大共也；性，言成於人人之舉凡自為」，如此君子之教乃「以天下之大共正人之所自為」，則「理」當切於人倫日用，實人心所同然也，而非出於意見。故《原善》一書雖無明顯批評宋儒之言，然其論道、性、善等，已逐漸走向與宋儒不同之路。

此書乃東原由訓詁以通經的方式，以求得古經中的聖賢之道，全書旁徵博引，舉凡《易》、《書》、《詩》、《左傳》、《論語》、《孟子》、《中庸》、《禮記》等，均在徵引之列。蓋東原欲上接六經孔孟之道，而排除後儒解經之各出意見，以求得古聖賢與人心所同然之理。

〔註133〕參見戴震〈考工記圖序〉，收入《戴震文集》卷十。
〔註134〕參見戴震〈考工記圖後序〉，收入《戴震文集》卷十。

八、《孟子字義疏證》三卷

乾隆三十七年壬辰，戴震五十歲之時，完成《緒言》一書，乃《孟子字義疏證》之初稿，至乾隆四十一年丙申，東原五十四歲時，《孟子字義疏證》著成。戴震自云：「僕生平著述最大者，為《孟子字義疏證》一書，此正人心之要。」可見東原對此書之重視，超過其他著作也，亦可說是東原「明道」之作。

此書批判宋儒不遺餘力，乃東原決心區分程朱之道非孔孟之道之作，其主張理氣一元、理欲一元以駁宋儒理氣二元、「存天理，滅人欲」之說，以為「理存乎欲」，應以同天下之欲來去私求公，而非以少數理學家之意見為理。故東原云：「今人無論正邪，盡以意見，誤名之曰理，而禍斯民，故《疏證》不得不作。」

此書雖名為「疏證」，似乎以考證疏通《孟子》經文為主，其實乃借孟子之言闡述己說，並非純粹考據訓詁之書。又雖託名孟子，其實反映的哲學思想與孟子頗有不同，而是東原自己的新哲學。故梁啟超云：「《孟子字義疏證》，蓋軼出考證學範圍以外，欲建設一戴氏哲學矣。」〔註135〕

九、《經考》五卷

《經考》乃戴震早年治經之心得札記，東原〈與是仲明論學書〉云：「僕所為《經考》，未嘗敢以聞於人。」則乾隆十八年癸酉，東原三十一歲之時，此書大略已成。又梁啟超云：「此書殆作於早年，卷四〈大戴禮記八十五篇〉條下有按語，題『乾隆丁丑夏，東原氏記。』丁丑為乾隆二十二年，先生三十五歲，大抵全書皆丁丑前後作也。」〔註136〕因此，本書初定於乾隆十八年，至二十二年仍續有增補。

此書分五卷，卷一言《易經》，卷二言《尚書》，卷三言《詩經》，卷四言三《禮》，卷五言《春秋》，兼及《論語》、《孟子》、《爾雅》，乃以讀書筆記的方式摘記各經部分經文，並錄歷代較為重要學者相關訓解之說，其後再附加按語以明己見，亦有不加按語者，大抵由按語可見東原對相關經書之意見，可說是東原早年對五經孔孟之書的經學研究成果，對於了解東原學術研究歷程非常重要。

〔註135〕參見梁啟超《清代學術概論》十一。
〔註136〕參見梁啟超〈戴東原著述纂校篇目考〉，收入《戴東原》（臺北：臺灣商務印書館），頁68～69。

十、《經考附錄》七卷

本書乃補《經考》之未備，亦東原早年治經之心得筆記，羅更考證本書乃乾隆二十二年丁丑，戴震三十五歲以後所寫定。本書體例大致與《經考》同，皆摘記部分經文以及各家注解，並間加按語，惟按語較《經考》為少。

本書分作七卷，卷一至卷五與《經考》同，乃論列五經；卷六言《論語》、《孝經》、《孟子》、《爾雅》；卷七言漢魏《石經》。與《經考》相較，《經考附錄》的考證範圍似由五經擴大為十三經。大致而言，《經考附錄》與《經考》相同，皆為東原早年研治經書之作，也是東原用來寫作各種經學專著的材料，雖其中多未定之見，然若有較為自得者，亦選取收入《文集》或《尚書義考》等專著中。

十一、《經雅》七卷

本書亦東原早年治經之作，具體寫作時間不詳，是一部辨識草木鳥獸蟲魚之名的著作。全書分作七卷，分〈雅記〉、〈經雅〉兩大部分，〈雅記〉兩卷，為〈釋獸〉、〈釋畜〉；〈經雅〉五卷，為〈釋鳥〉、〈釋蟲〉、〈釋魚〉、〈釋草〉、〈釋木〉，而其中〈釋蟲〉又分為三，〈釋魚〉又分為二。

本書乃戴震取經中草木鳥獸蟲魚之名，旁徵先秦諸子、漢魏古籍和傳注等，依照《爾雅》體例，辨識其古今雅俗之名，比較經、傳、注與《爾雅》之異同，故名「經雅」。另外，本書引證除《爾雅》外，亦多援用《方言》、《說文》之意見，更能廣被精深。因此，本書可說是戴震以訓詁名物推求經義之書，可視為解經的工具書，對於學者解經提供了良好的參考資料。

十二、《戴震文集》十二卷

本書共兩種，一為孔繼涵微波榭《遺書》本，收《文集》十卷，凡東原文已附見《聲韻考》、《聲類表》、《孟子字義疏證》者，則不再收入《文集》；另一為段玉裁乾隆五十七年刻行之《經韻樓》十二卷本，段氏以為「論聲韻、論六書轉注、論義理之學諸大篇，不可不見《文集》中。」故增入二十二篇，為十二卷。

本書今以段本為主，卷一為考釋五經之文，卷二為考證三禮名物數度之文，卷三為論小學訓詁之文，卷四為論音韻之文，卷五為論天象之文，卷六

爲論水地之文，卷七爲論算學之文，卷八爲論義理之文，卷九爲泛論學術書札，卷十爲諸書序跋，卷十一爲酬贈雜文，卷十二爲傳狀碑誌等。大致而言，本書雖雜錄東原各種文章，然其中頗有關於經學研究者，如卷一論列五經者，其中〈尚書今文古文考〉對於《尚書》之流傳、真偽、篇目論列甚爲清楚，頗有益於初學者入門；又如〈春秋改元即位考〉上中下三篇，亦代表東原治《春秋》學之成果。其次，卷二的論三禮之學，對於古代名物服飾如明堂、樂器、冕服等考證甚詳，代表東原治《禮》之成果。至於其他如卷九〈與是仲明論學書〉、〈與鄭丈用牧書〉、〈與方希原書〉，卷十〈古經解鉤沉序〉、〈毛詩補傳序〉、〈考工記圖序〉，卷十一〈沈學子文集序〉、〈題惠定宇先生授經圖〉、〈鄭學齋記〉等文章，皆具體呈現戴震治經解經的方法與門徑，反映出東原在經學方法上的獨到之處，甚有助於學者。

因此，《文集》具體而微的收錄東原經學各方面的成就，是研究戴震經學不可或缺的重要參考資料。

十三、《石經補字正非》四卷

本書成於乾隆三十二年丁亥至三十四年己丑之間，乃東原四十五至四十七歲時之作。本書是戴震對唐文宗開成石經校勘的匯錄，蓋唐文宗開成二年曾將《易》、《書》、《詩》、《三禮》、《春秋三傳》、《孝經》、《論語》、《爾雅》等十二經刻寫於石，世稱「開成石經」或「唐石經」，後因歷代之搬遷、傾倒、修補，石經文字缺訛不少，歷來即有學者從事校勘考訂，戴震亦留意到此問題，欲以其爲治經之佐助。

本書分作四卷，一是〈開成石經補缺正非〉，就明人所舉文字舉謬正非，就己所見殘損部份加以補缺；二是〈穀梁石經改字〉，專錄碑上改字，可補〈開成石經補缺正非〉未言及者；三是〈唐石經葛本春秋左氏傳校繆〉，互校石本、葛本《左傳》，亦時引顧炎武所校爲據；四是〈石經孟子訛字錄〉，專錄石上訛字。因此，本書可見東原在校勘學上的識見與功力，而所校正之經文，亦有助於經學研究工作。

第四章　治學歷程及解經方法

第一節　治學歷程

　　關於戴震之治學歷程，歷來有兩期說及三期說二種。持兩期說者，如王昶云：

> 蓋東原之為學，自其早歲，稽古好學，博聞強識，而尤長於論述；
> 晚窺性與天道之傳，於老莊釋氏之說，辭而闢之，使與六經孔孟之
> 書，截然不可以相亂，具見於《原善》、《原象》及《與彭進士紹升
> 書》，蓋其學之本末次第，大略如此。〔註1〕

　　王昶、洪榜均以為東原論學分作早晚兩期，而分期標準在於思想上之轉變。

　　其後，凌廷堪亦謂東原之為學云：

> 其為學先求之於六書九數，繼乃求之於典章制度。以古人之義，釋古
> 人之書，不以己見參之，不以後世之意度之。既通其辭，始求其心，
> 然後古聖賢之心，不為異學曲說所汨亂，蓋孟荀以還所未有也。〔註2〕

　　凌廷堪認為東原治學「求之六書九數」、「求之典章制度」，乃「以古人之義，釋古人之書」，此時乃純粹漢學考據家之治學；其後「既通其辭，始求其心」，則由考據轉入義理之學，此乃超出考據家之處〔註3〕。不過，試觀王、

〔註1〕　參見王昶〈戴東原先生墓誌銘〉，收入《戴東原先生全集》（《安徽叢書》第六期）。又洪榜〈戴先生行狀〉亦有相同意見。

〔註2〕　參見凌廷堪〈戴東原先生事略狀〉，《校禮堂文集》卷三十。

〔註3〕　今人黃順益認為「將戴震之學分為三期者，肇始於凌廷堪。」（參氏著《惠棟、戴震與乾嘉學術研究》）今觀凌氏之言，仍應以兩期為確。

洪、淩三人並未明確說明兩期之分界時間，而只是籠統的概略區分。及至近世，胡適則以爲東原思想可以乾隆二十二年（1757）震三十五歲客寓揚州時爲分界，其時東原受到顏李學派影響而開始排斥宋儒性理之學〔註4〕；錢穆亦以爲戴震治學分作二期，可以客寓揚州之時作分界，不過東原思想轉變，乃是受到惠棟之影響，大略其早歲之學同於江永，從尊宋述朱起腳；後期論學則受惠棟影響，轉而尊漢抑宋〔註5〕。錢穆之說得到後世不少的認同，如大陸學者李開、漆永祥皆以爲戴震與惠棟於揚州會晤，乃其思想發展重要的轉折點〔註6〕。

其次，主張戴震治學分三期說者，可以余英時作代表，其云：

> 我們大致可以將東原一生的思想發展分爲三個不同的階段。第一階段的下限在東原乾隆甲戌（1754）入都，而尤以丁丑（1757）游揚州晤惠定宇之年爲最具決定性的轉捩點。在此一階段中，東原在理論上以義理爲第一義之學，考證次之，文章居末。……第二階段之下限較難確定，大約可以 1766 年爲分水嶺。此十年之間，東原受當時考證運動的激盪最甚，其觀點也最接近惠定宇一派，故於宋儒之義理爲一筆抹殺之詞。其義理、考覈、文章之分源論即代表此一階段之基本見解；而分源論無形中則將考證提高至與義理相等的地位。……東原論學之歸宿期在其最後十年左右。此時東原一掃其中年依違調停之態，重新確定儒學的價值系統。所以他堅決地說：「義理即考覈、文章二者之源也，義理又何源哉？熟乎義理，而後能考覈、能文章。」〔註7〕

鮑國順贊同余氏之說，亦主張東原治學分三期云：

> 東原之學術歷程，可以分爲三個階段，大約以甲戌三十二歲，及丙戌四十四歲爲界。早年誦法程朱，以爲義理高於考證，文章則居於末。中歲入都，染於時俗，遂謂三者平列。卒前十年，由於自得之

〔註4〕 參見胡適《戴東原的哲學》（臺北：臺灣商務印書館，1963 年），頁 21～26。梁啓超《中國近三百年學術史》亦有東原之學受到顏李學派影響的主張，不過並未提出明確的思想轉變分界。

〔註5〕 參見錢穆《中國近三百年學術史》（臺北：臺灣商務印書館，1995 年 5 月），頁 344～357。

〔註6〕 參見李開《戴震評傳》、漆永祥《乾嘉考據學研究》。

〔註7〕 參見余英時〈戴東原與清代考證學風〉，《論戴震與章學誠》（臺北：東大圖書公司，1996 年 11 月），頁 142～143。

　　義理已成，遂又倡義理爲考覈、文章之源。〔註8〕

　　另外，更有主張東原治學歷程分作四期者〔註9〕，主要是將戴震初識江永之前的時間分作一段。然而，此說實屬不必，蓋東原問學江永前後，其學術主張並無明顯轉變，皆主張由訓詁名物求得經書義理，也認同「聖人之道在六經，漢人得其制數，宋人得其義理」，故早期的戴震，其治學與解經方法，與江永並無不同，不需要再細分作四期。

　　岑溢成認爲「近世研究戴震的學者，大多承認戴震思想可分爲前後兩期，而且都把分期線定在戴震三十五歲前後。」〔註10〕又謂「戴震在學問的『內容』上也許有種種的變化，可是在治學的『方法』上，卻終始一貫。」〔註11〕此說頗有啓發性，蓋戴震之學術，爲人所推崇者，主要在於治學方法與義理思想這兩方面。戴震之治學方法，很早就確定大綱了，如嘗自言：

　　　　僕自少時家貧，不獲親師，聞聖人之中有孔子者，定六經示後之人，
　　　　求其一經，啓而讀之，茫茫然無覺。尋思之久，計於心曰：經之至
　　　　者道也，所以明道者其詞也，所以成詞者字也。由字以通其詞，由
　　　　詞以通其道，必有漸求所謂字。考諸篆書，得許氏《說文解字》，三
　　　　年知其節目，漸覩古聖人制作本始。又疑許氏於故訓未能盡，從友
　　　　人假《十三經注疏》讀之，則知一字之義，當貫群經，本六書，然
　　　　後爲定。〔註12〕

　　所謂「經之至者道也」，即「聖人之道在六經」，而要通明六經中之道，則要疏通六經之詞，這就必須依賴文字訓詁的工夫，所以由小學出發而通經明道，就是戴震一貫的治學主張。東原這種由小學、由名物訓詁來解經的治學方法，乃自學而得，故云「僕自少時家貧，不獲親師」，又云「尋思之久，計之於心」，早已奠定其治學主張。其後與江永相與問學，二人治學主張一致，甚爲相得，乃「引爲忘年交」。因此，東原治學，並未因與江永問學而有所轉變。

　　錢穆認爲東原三十五歲時於揚州與惠棟相見，乃其論學轉變的分界點，

〔註8〕　參見鮑國順《戴震研究》（臺北：國立編譯館，1997年），頁160。
〔註9〕　如黃順益以爲東原成學歷程分作四個階段，參見氏著《惠棟、戴震與乾嘉學術研究》，頁120。
〔註10〕　參見岑溢成《詩補傳與戴震解經方法》（臺北：文津出版社，1992年3月），頁8。
〔註11〕　參見岑溢成《詩補傳與戴震解經方法》（臺北：文津出版社，1992年3月），頁19。
〔註12〕　參見戴震〈與是仲明論學書〉，《戴震文集》卷九。

東原之學受惠棟影響而「尊漢抑宋」〔註13〕。按：東原治學自始至終皆「不主一家，是其所是」，並非「唯漢是從」，誠如錢大昕所言乃「實事求是，不偏主一家」〔註14〕。東原於二十八歲著〈答鄭丈用牧書〉云「其得於學，不以人蔽己，不以己自蔽」，又云「今之博雅能文章、善考覈者，皆未志乎聞道。徒株守先儒而信之篤，如南北朝人所譏：『寧言周孔誤，莫道鄭服非』，亦未志乎聞道者也。」〔註15〕可見東原在會見惠棟之前，認為治學不應「徒株守先儒而信之篤」，相對於主張「凡古皆眞，唯漢是從」的惠棟，明顯有所區別。

後來東原與惠棟於揚州相會後，其論學主張亦未有所改變，如作於三十七歲之〈春秋究遺序〉云「學者莫病於株守舊聞，而不復能造新意；莫病於好立異說，不深求之語言之間以至其精微之所存。」〔註16〕又同年之作〈鄭學齋記〉亦云「學者大患，在自失其心。心全天德，制百行。不見天地之心者，不得己之心；不見聖人之心者，不得天地之心。不求諸古聖賢之言與事，則無從探其心於千載下。是故由六書、九數、制度、名物，能通乎其詞，然後以心相遇。」〔註17〕東原此時亦主張治學「莫株守舊聞」，而貴在「能造新意」。至於如何造新意，東原明確提出「由六書、九數、制度、名物，能通乎其詞，然後以心相遇」的治學方法，既強調訓詁考據的工夫，亦主張以心識斷的能力。

相對於東原之學，惠棟亦強調訓詁考據的工夫，主張「經之義存乎訓，識字審音乃知其義」，但其訓詁考據則以漢儒經師之說為準，主張「古訓不可改，經師不可廢也」〔註18〕，其治學範圍顯然較為狹隘。再者，東原治學不僅在於求得古經古義，更要由古經古義求得聖人之道，故云「故訓明則古經明，古經明則賢人聖人之理義明，而我心之所同然者，乃因之而明」〔註19〕，又於〈古經解鉤沉序〉云「惠君與余相善，蓋嘗深嫉乎鑿空以為經也。二三

〔註13〕 參見錢穆《中國近三百年學術史》（臺北：臺灣商務印書館，1995 年 5 月），頁 344～357。
〔註14〕 參見錢大昕〈戴先生震傳〉，收入《戴震文集》附錄。
〔註15〕 收入《戴震文集》卷九。
〔註16〕 收入《戴震文集》卷十。
〔註17〕 收入《戴震文集》卷十一。
〔註18〕 參見惠棟〈九經古義述首〉。
〔註19〕 參見戴震〈題惠定宇先生授經圖〉，東原四十三歲之作，今收入《戴震文集》卷十一。

好古之儒，知此學之不僅在故訓，則以志乎聞道，或庶幾焉。」〔註20〕東原
雖認同惠棟避免「鑿空解經」的治學主張，但也提醒惠派學者「此學不僅在
於故訓」，而更應「志乎聞道」，所以「聞道」、「明道」乃成爲戴震後來治學
之重點，也才有《緒言》、《孟子字義疏證》等理義著作之完成。因此，不論
是在訓詁考據上的「不主一家，實事求是」，以及重視「明道」的理義之作，
東原皆與惠棟等吳派學者不同，故不能謂東原之學受到惠棟影響而有明顯轉
變。

　　其次，東原由小學、訓詁名物以通經明道的治學方法，雖然始終一貫，
但其思想確有所轉變，誠如胡適所言：「他不甘心僅僅做個考據家，他要做個
哲學家」〔註21〕，戴震由早年專務名物訓詁的考據工作，中年以後開始轉向
逐步地建立自己的義理思想。因此，思想的轉變才是劃分東原學術階段的重
要轉折點。余英時、鮑國順皆以義理與考據在東原心目中地位的高低變化，
當作東原學術分期的依據。然而，考究東原之學，義理始終佔最重要的地位，
考據乃是「聞道」、「明道」的方法與手段，並非學術的最終歸宿。東原自言
「僕自十七歲時，有志聞道」，可見義理一開始就是東原治學所要求得的目
標。東原又嘗分古今學問爲三，如〈與方希原書〉云：「古今學問之途，其大
致有三：或事於理義，或事於制數，或事於文章。事於文章者，等而末者也。」
〔註22〕理義、制數、文章三者之中，文章地位最末。又東原〈答鄭丈用牧書〉
云：「是以君子務在聞道也。今之博雅能文章，善考覈者，皆未志乎聞道。」
〔註23〕考覈相當於制數，聞道可說是聞理義之道，足見東原認爲文章、制數
（或考覈）二者的地位皆在理義（聞道）之下也。

　　又段玉裁嘗記東原之言云：「先生初謂：『天下有義理之源，有考覈之源，
有文章之源，吾於三者皆庶得其源。』後數年又曰：『義理即考覈、文章二者
之源也，義理又何源哉？吾前言過矣。』」〔註24〕又云：「始玉裁聞先生之緒
論矣，其言曰：『有義理之學，有文章之學，有考覈之學。義理者，文章、考
覈之源也。熟乎義理，而後能考覈，能文章。』玉裁竊以謂義理、文章未有

〔註20〕此文爲東原四十七歲時之作，收入《戴震文集》卷十。
〔註21〕參見胡適《戴東原的哲學》，頁26。
〔註22〕收入《戴震文集》卷九。
〔註23〕收入《戴震文集》卷九。
〔註24〕參見段玉裁〈戴東原先生年譜〉，收入《戴東原先生全集》（《安徽叢書》第六
　　　　期，1936年）。

不由考覈而得者。……先生之言曰：『六書九數等事如轎夫然，所以舁轎中人也。以六書九數等事盡我，是猶誤認轎夫爲轎中人也。』又嘗與玉裁書曰：『僕生平著述之大，以《孟子字義疏證》爲第一，所以正人心也。』」〔註25〕亦可證義理爲東原心目中的第一義，即所謂「轎中人」，而六書九數等考證工夫都是輔助義理的「轎夫」也。

不過，余英時雖認同戴震早年將義理視爲第一義，但卻認爲中年時代東原受惠棟等考證派之影響，論學已將義理降至與考證同等的地位，其云：

> 東原中年時代既與考證派沆瀣一氣，他的論學觀點便逐漸發生了變化。段玉裁嘗記其言曰：「天下有義理之源，有考覈之源，有文章之源，吾三者皆庶得其源。」茂堂始向東原請業在乾隆二十八年癸未（1763），已在東原入都九年之後。此後東原將義理、考覈、文章加以平列，並謂三者各得其源，顯然和他早期的見解有了分歧。而〈題惠定宇先生授經圖〉復云：「言者輒曰：『有漢儒之經學，有宋儒之經學，一主於故訓，一主於理義。』此誠震之大不解也者。夫所謂理義，苟可以舍經而空憑胸臆，將人人鑿空得之，奚有於經學之云乎哉？惟空憑胸臆之卒無當於賢人聖人之理義，然後求之古經，求之古經而遺文垂絕、古今懸隔也，然後求之古訓。故訓明則古經明，古經明則賢人聖人之理義明，而我心之所同然者，乃因之而明。賢人聖人之理義非他，存乎典章制度者是也。」此文作於一七六五，正當東原中年，其中考證的地位顯得最爲突出。照他這種說法，好像故訓弄清楚了，聖賢的義理就立刻會層次分明地呈現在我們的眼前，義理之學在此已失去它的獨立地位，祇是依附於考證而存在。這全不似出諸一個深知義理工作本身的曲折和困難者之口。我很懷疑東原自己是否篤信這一理論。很可能地，東原因爲其時正捲入了考證潮流的中心，一時之間腳步不免浮動，致有此偏頗之論。此事雖無法有確據，但證之以東原早期和晚期的持論皆與此有異，實使人不能不如此推測。〔註26〕

按：余氏之認知有誤，蓋東原之學中年以後仍然以義理爲第一義，考證

〔註25〕參見段玉裁《戴東原集・序》，經韻樓刊本 1792 年。

〔註26〕參見余英時〈戴東原與清代考證學風〉，《論戴震與章學誠》（臺北：東大圖書公司，1996 年 11 月），頁 136～137。

自始至終都是明道的手段，而非目的，其地位不能與義理相當。段玉裁雖記東原之語云「天下有義理之源，有考覈之源，有文章之源，吾於三者皆庶得其源。」這並未說此三者地位是相同的，只是顯示東原將天下學問分作義理、考覈、文章三種。而可能這種說法容易引致誤會，其後東原乃更正前說云「義理即考覈、文章二者之源也，義理又何源哉？吾前言過矣。」後者才是東原真正的意旨，切不能因東原一時之失言而據以論定。其次，〈題惠定宇先生授經圖〉一文中，也沒有反映出考證高於義理的觀念，更談不上所謂「義理之學已失去它的獨立地位，只是依附於考證而存在」，戴震在本文中應該是強調「故訓明則古經明，古經明則聖人賢人之理義明」的治學路徑，義理雖是第一義，但不可如宋人般空憑胸臆而鑿空得之，必須求諸六經之故訓，以客觀實證的工夫，求得孔孟聖賢之道。所以，並非義理必須依附考證，而是義理須運用考證作工具，破除經書文字語言之時代限制，回復六經的原本面目，義理仍然是求學之最高也是最後的目的。戴震這種治學主張始終也是前後一致的，如東原五十五歲時嘗與段玉裁書云：

> 僕自十七歲時，有志聞道，謂非求之六經孔孟不得，非從事於字義、制度、名物，無由以通其語言。宋儒譏訓詁之學，輕語言文字，是猶渡江河而棄舟楫，欲登高而無階梯也。為之三十餘年，灼然知古今治亂之源在是。〔註27〕

因此，東原認為文字訓詁之學，乃是明道的舟楫、階梯，是治學必備的工具，但也只是工具，是轎夫，而非轎中人也。東原且自言「僕自十七歲時，有志聞道」，又言「為之三十餘年，灼然知古今治亂之源在是。」可見東原從十七歲至五十五歲，此三十餘年間皆信從義理為第一義，訓詁考覈之學只是明道的工具與手段而已，二者之主從地位是很明顯的。

章學誠亦深知戴震之絕詣在於義理之學，故嘗云：

> 凡戴君所學，深通訓詁，究於名物制度，而得其所以然，將以明道也。時人方貴博雅考訂，見其訓詁名物，有合時好，以謂戴之絕詣在此。及戴著〈論性〉〈原善〉諸篇，於天人理氣，實有發前人所未發者，時人則謂空說義理，可以無作，是不知戴學者矣。戴見時人之識如此，遂離奇其說曰：「余於訓詁、聲韻、天象、地理四者，如

〔註27〕參見段玉裁〈戴東原先生年譜〉，收入《戴東原先生全集》（《安徽叢書》第六期，1936年）。

肩輿之隸也。余所明道，則乘輿之大人也。當世號為通人，僅堪與
余輿隸通寒溫耳。」〔註28〕

「訓詁、聲韻、天象、地理」如肩輿之隸，肩輿之隸猶「轎夫」也，「明
道」才是「轎中人」，可證戴學之絕詣在於義理之學。

然而，戴學雖始終以明道為最高目的，不過也不能說其治學過程中沒有
轉折。戴學主要的轉折點，應該是在對程朱性理之學的態度上發生變化，而
此變化又與戴震自己的義理之學是否建立有直接的關聯。譬如戴震三十三歲
作〈與方希原書〉云：「聖人之道在六經，漢儒得其制數，失其義理；宋儒
得其義理，失其制數。」〔註29〕此時東原尚認為宋儒得其「義理」，並不否
定宋儒性理之學。似乎東原所不滿宋儒者，乃在於制數考覈之學未精，而相
對地，東原也不滿漢儒義理之學未精，故同年東原作〈與姚孝廉姬傳書〉云：
「先儒之學，如漢鄭氏，宋程子、張子、朱子，其為書至詳博，然猶得失中
判。」〔註30〕東原以為漢儒鄭玄以及宋儒程朱之學，皆「得失中判」，有所
得亦有所失，此與「漢儒得其制數，失其義理；宋儒得其義理，失其制數」
之主張相通。其次，惠棟、江藩等吳派學者雖反對宋儒之學，甚至有「棟以
為宋儒之禍，甚於秦灰」的激烈言辭，然而主要針對的是宋儒空憑胸臆的鑿
空解經而言，至於宋儒程朱性理之學，惠棟並未否定，甚至有所嘉許，如江
藩云：「學者治經宗漢儒，立身宗宋儒，則兩得矣。」〔註31〕又云：「近今漢
學昌明，遍於寰宇，有一知半解者，無不痛詆宋學。然本朝為漢學者，始於
元和惠氏，紅豆山房半農人手書楹帖云：『六經尊服鄭，百行法程朱』，不以
為非，且以為法，為漢學者背其師承何哉！藩為是記，實本師說。」〔註32〕
可見惠氏手書「六經尊服鄭，百行法程朱」，認同程朱性理之學可作為義理
規範，此又與東原「漢儒得其制數，失其義理；宋儒得其義理，失其制數」
之主張相通。故在對待宋儒性理之學的態度上，早期的東原與惠棟是具有相
同的主張，因此不能說東原後期的反對程朱性理之學是受到惠棟的影響。

再者，名物訓詁等考證之學雖是「明道」的工具，但要善用此工具，卻
也要積數十年之功力不能成事。江藩曾指出考據之難云：

〔註28〕參見章學誠〈書朱陸篇後〉，《章氏遺書》卷二。
〔註29〕收入《戴震文集》卷九。
〔註30〕收入《戴震文集》卷九。
〔註31〕參見江藩〈漢宋門戶異同〉，《經解入門》（臺北：廣文書局，1977年）。
〔註32〕參見江藩《國朝宋學淵源記》卷上（臺北：學海出版社），頁2。

考據者，考歷代之名物、象數、典章制度，實而有據者也。此其學
至博至大，而至難精。古人有考一事而聚訟至數十百家，積千載而
不能晰者。學者非熟讀十三經，縱覽諸子、各史及先儒傳注記載之
屬，不足以語於此。國朝顧炎武、閻若璩、毛奇齡、朱彝尊、錢大
昕、紀昀、阮元諸人，皆該貫六藝，斟酌百家，故其考據始有可信。
若夫偏袒一家，得此失彼，依前人之成說，作附會之空談，是丹非
素，毫無所得，則一孔之論也。此學切實，有益於用。凡讀子、讀
史及言經濟者，皆當講求，但非倉猝可辦。學者必積數十年之實力，
乃可以言貫通。不然，則泥今非古，皆無當也。〔註33〕

　　因此，訓詁考據之學非積數十年之功力不能成事，東原雖自十七歲有志
於學，以「聞道」爲治學依歸，然而要聞道又不能憑空得之，必須專精訓詁
考據之學，以作爲通經明道的工具。而專研此種工具又頗爲耗時，故東原早
年治學雖亦認同義理爲第一義，不過治學重心確係放在訓詁考據之學，此因
其學乃治學之基礎，基礎若不穩，勢必無法躐等而求得義理。因此，早期東
原治學專注訓詁考據之學，尚未涉入義理之學，故對於宋儒性理之學自然也
無從批評，而暫時接受一般世俗的觀點。

　　中年以後，東原在訓詁考據取得斐然的成績，並爲當世學者所推重。東
原乃開始從事「由辭以通其道」的明道工作，於是四十一歲時首先完成《原
善》三篇初稿，至四十四歲時再擴大爲《原善》三卷，並自序云：「余始爲《原
善》之書三章，懼學者蔽以異趨也，後援據經言，疏通證明之，而以三章者
分爲建首，次成上中下三卷，比類合義，燦然端委畢著矣，天人之道，經之
大訓萃焉。」〔註34〕《原善》之作成，代表東原從訓詁名物以通經明道的治
學門徑，取得了初步的成果，也是建立東原義理之學的里程碑。錢穆曾指出
東原畢生治學，其最大計劃，厥爲《七經小記》〔註35〕，蓋段玉裁云：

《七經小記》者，先生朝夕常言之，欲爲此以治經也。所謂七經者，
先生云《詩》、《書》、《易》、《禮》、《春秋》、《論語》、《孟子》是也。
治經必分數大端以從事，各究洞原委。始於六書九數，故有〈詁訓

〔註33〕參見江藩〈有考據之學〉，《經解入門》（臺北：廣文書局，1977 年），頁 135。
〔註34〕參見《戴震全書》之二十八。
〔註35〕參見錢穆《中國近三百年學術史》（臺北：臺灣商務印書館，1995 年 5 月），
　　　　頁 347。

篇〉，有〈原象篇〉，繼以〈學禮篇〉，繼以〈水地篇〉，約之於〈原
善篇〉，聖人之學，如是而已矣。〔註36〕

可見東原之治學，始之六書九數等名物訓詁之事，終歸於《原善》等通
經明道之作。因此，東原四十一至四十四歲時著成《原善》的三、四年時間，
可視爲其治學由專務考據轉向偏重義理的轉折點，也代表戴學開始批判宋儒
程朱性理之學，並嘗試建立所謂「戴氏哲學」的開端。故東原早年雖主張「漢
人得其制數，宋人得其義理」，而四十三歲作〈題惠定宇先生授經圖〉則改稱
曰：「言者輒曰：『有漢儒經學，有宋儒經學，一主於故訓，一主於理義。』
此誠震之大不解也者。夫所謂理義，苟可以舍經而空凭胸臆，將人人鑿空得
之，奚有於經學之云乎哉？」〔註37〕此時東原否定早年「宋人得其義理」之
說，認爲理義不能離開六經而自出意見，從而也否定了宋儒性理之說。錢穆
等人雖認爲東原這種轉變是受到惠棟的影響，其實更應該說是與東原自己開
始探究義理之學的結果有關，此時東原已開始逐步進行如《原善》等窮究天
人性命的聞道之作，也開始明瞭程朱之學非孔孟六經之學，而欲思回復六經
孔孟之道的原本面目。故段玉裁記乾隆三十一年東原四十四歲時事云：

是年玉裁入都會試，見先生云「近日做得講理學一書」，謂《孟子字
義疏證》也。……蓋先生《原善》三篇、《論性》二篇既成，又以宋
儒言性、言理、言道、言才、言誠、言明、言權、言仁義禮智、言
智仁勇，皆非六經孔孟之言，而以異學之言糅之，故就《孟子》字
義開示，使人知「人欲淨盡，天理流行」之語病。所謂理者，必求
諸人情之無憾而後即安，不得謂性爲理。〔註38〕

東原所謂「近日做得講理學一書」，並非《孟子字義疏證》，而應是《原
善》〔註39〕。至於這種講理學的書卻是吳派等漢學家所不爲也，可證東原之
學已開始與當世考據學家有所異趨。東原晚年更有〈與某書〉論治學云：

治經先考字義，次通文理。志存聞道，必空所依傍。漢儒訓詁有師承，
亦有時傅會；晉人傅會鑿空益多；宋人則恃胸臆爲斷，故其襲取者多
謬，而不謬者在其所棄。我輩讀書，原非與後儒競立說，宜平心體會

〔註36〕 參見段玉裁〈戴東原先生年譜〉，收入《戴東原先生全集》。
〔註37〕 收入《戴震文集》卷十一。
〔註38〕 參見段玉裁〈戴東原先生年譜〉，收入《戴東原先生全集》。
〔註39〕 相關考證參見本書第三章第二節。

經文。有一字非其的解，則於所言之意必差，而道從此失。〔註40〕

在解經方法上，仍是一貫地以文字訓詁而通經明道；另一方面，亦批評漢儒訓詁亦有時傅會，可證非信從惠棟「專宗漢詁」之說。至於對宋儒之學，更批評其空憑胸臆，亦未能聞道也。而要聞道，必空所依傍，遵循考文知音、訓詁名物的考據工夫，以達到通經明道的最高目標。

因此，東原之學的轉變關鍵不在訓詁考據，而在於義理之學的發展建立，東原自四十一歲《原善》初成，其後又有《緒言》、《孟子字義疏證》等義理之作，逐漸發展出與當世考據學家及宋學家不同的義理學，也是其學最有價值之處。

第二節　解經方法

梁啓超云：「凡欲一種學術之發達，其第一要件，在先有精良之研究法。」〔註41〕又認爲戴震在學術史上所以能佔特別重要位置，專在研究法之發明，他所主張「去蔽」、「求是」兩大主義，和近世科學精神一致〔註42〕。因此，清楚地認識戴震的解經研究方法，有助於我們掌握戴震學術的大概，也較能展現戴震在清代學術中的貢獻與地位。鮑國順嘗分析東原治學方法爲七：一是由通經而明道，二是以小學爲通經之鑰，三是藉名物度數以通經義，四是務條理重綜貫，五是由博入精，六是大膽假設小心求證，七是隨時箚記以存資料〔註43〕。戴震是乾嘉時期的經學大師，乾嘉時期又是考據學最興盛的時期，此時期的學者在解經方法上較其他時期尤其嚴密，鄭吉雄先生曾探討乾嘉學者治經方法，舉出九例：「以本經自證」、「以他經證本經」、「校勘異文歸納語義以證本經」、「聯繫四部文獻材料以釋經」、「發明釋經之例」、「以經說字」、「以經證史」、「以經義批判諸子思想」、「發揮經書字義」，大致約爲「歸納法」與「演繹法」兩種，戴震又是其中能將兩種方法結合完善的代表〔註44〕。現在綜合前賢的成果，並比較戴震與同時期學者的治經方法，以呈現出戴震

〔註40〕收入《戴震文集》卷九。
〔註41〕參見梁啓超《清代學術概論》（上海：上海古籍出版社，2000 年 9 月），頁 28。
〔註42〕參見梁啓超〈戴東原生日二百年紀念會緣起〉，《戴東原》（臺北：臺灣中華書局），頁 72。
〔註43〕參見鮑國順《戴震研究》（臺北：國立編譯館，1997 年），頁 174～192。
〔註44〕參見鄭吉雄〈乾嘉學者治經方法與體系舉例試釋〉，收入蔣秋華主編《乾嘉學者的治經方法》（臺北：中研院中國文哲研究所，2000 年 10 月），頁 109～139。

獨特的解經方法，分析如下諸項：

一、由識字審音入門

「識字審音」雖爲清儒共同的解經方法，如顧炎武、惠棟皆曾指出這種方法在解經上的重要性，然而，能夠將這一個理念清楚地闡述，並廣泛地運用在解經工作，則要首推戴震。戴震認爲解經首要明白經書中文字的意義，「識字」乃是解經的先決條件。章學誠曾轉述戴震之言云：「今之學者，無論學問文章，先坐不曾識字。」〔註45〕又東原自云：「經之至者道也，所以明道者其詞也，所以成詞者未有能外小學文字者也。」〔註46〕又云：

> 經之至者道也，所以明道者其詞也，所以成詞者字也。由字以通其詞，由詞以通其道，必有漸求所謂字。考諸篆書，得許氏《說文解字》，三年知其節目，漸覩古聖人制作本始。又疑許氏於故訓未能盡，從友人假《十三經注疏》讀之，則知一字之義，當貫群經，本六書，然後爲定。〔註47〕

可見東原認爲讀經當先「識字」，而識字就必須掌握文字的形、音、義三要件，必須熟習文字、聲韻、訓詁之學，也就是熟習古之「小學」。故小學可謂經學的基礎之學，是通經明道必備的工具。

因此，古代有關小學之書，如《說文》、《爾雅》、《方言》等故訓之流，就頗獲東原之重視。如東原嘗謂《爾雅》云：「古故訓之書，其傳者莫先於《爾雅》。六藝之賴是以明也，所以通古今之異言，然後能諷誦乎章句，以求適於至道。……余竊謂儒者治經，宜自《爾雅》始。……夫援《爾雅》以釋《詩》、《書》，據《詩》、《書》以證《爾雅》，由是旁及先秦已上，凡古籍之存者，綜覈條貫，而又本之六書、音聲，確然於故訓之原，庶幾可與於是學。」〔註48〕又云：「《爾雅》，六經之通釋也。援《爾雅》附經而經明，證《爾雅》以經而《爾雅》明。……夫今人讀書，尚未識字，輒目故訓之學不足爲。其究也，文字之鮮能通，妄謂通其語言；語言之鮮能通，妄謂通其心志，而曰傅合不謬，吾不敢知也。」〔註49〕故《爾雅》之義訓，有助於考究

〔註45〕 參見章學誠〈與族孫汝楠論學書〉，《章氏遺書》卷十二。
〔註46〕 參見戴震〈古經解鉤沉序〉，《戴震文集》卷十。
〔註47〕 參見戴震〈與是仲明論學書〉，《戴震文集》卷九。
〔註48〕 參見戴震〈爾雅文字考序〉，《戴震文集》卷三。
〔註49〕 參見戴震〈爾雅注疏箋補序〉，《戴震文集》卷三。

古經文字，例如《莊子・養生主》云「已而爲知者」、「已而不知其然」，「已」字之語意不可識，東原乃取《爾雅・釋詁》:「已，此也。」始豁然通貫其文詞也。

又東原既云「一字之義，當貫群經，本六書，然後爲定。」則從事於六書之小學，乃治經之關涉也。故戴震云:「自昔儒者，其結髮從事，必先小學。小學者，六書之文是也。」〔註50〕又云:「六書也者，文字之綱領，而治經之津涉也。載籍極博，統之不外文字，文字雖廣，統之不越六書。」〔註51〕文字訓詁等小學既爲治經之基礎，學者必須依循方可通經明道，故東原乃批評宋儒云:「宋儒譏訓詁之學，輕語言文字，是猶渡江河而棄舟楫，欲登高而無階梯也。」東原視小學爲治經之「舟楫」、「階梯」，也等於是解經必備且首要的工具。

另外，關於聲韻之學，戴震亦頗能辨明聲音假借之理，能通曉字之本義與假借義之分。清儒考據學之精密，實與音韻之學有深切關聯。自顧炎武提出「愚以爲讀九經自考文始，考文自知音始，以至諸子百家之書，亦莫不然。」〔註52〕從此「知音」便成爲清代考據學重要的研究方法，孫欽善認爲「能完全打破漢字形體的局限，從讀音上去求義，這又是清代考據學派學者的一大貢獻。」〔註53〕戴震更加發展了「知音」的方法，闡明聲音通假之理，如其云:「許叔重之論假借曰:『本無其字，依聲託事。』夫六經字多假借，音聲失而假借之意何以得？故訓音聲，相爲表裏，故訓明，六經乃可明。」〔註54〕又云:「字書主於故訓，韻書主於音聲，然二者恆相因。音聲有不隨故訓變者，則一音或數義。音聲有隨故訓而變者，則一字或數音。大致一字既定其本義，則外此音義引申，咸六書之假借。」〔註55〕又云:「誦〈周南〉〈召南〉，自〈關雎〉而往，不知古音，徒強以協韻，則齟齬失讀。」〔註56〕可見「故訓音聲，相爲表裡」，由知音而求義，破除文字形體之限制，六經文義乃可暢明也。

例如《詩經》多有「寧」之虛詞，如「寧莫之知」、「胡寧忍予」、「寧莫

〔註50〕參見戴震〈六書論序〉，《戴震文集》卷三。
〔註51〕同上註。
〔註52〕參見顧炎武〈答李子德書〉。
〔註53〕參見孫欽善《中國古文獻學史簡編》（北京:高等教育出版社，2003 年 8 月），頁 523。
〔註54〕參見戴震〈六書音韻表序〉，《戴震文集》卷十。
〔註55〕參見戴震〈論韻書中字義答秦尚書蕙田〉，《戴震文集》卷三。
〔註56〕參見戴震〈與是仲明論學書〉，《戴震文集》卷九。

我聽」、「寧丁我躬」、「寧俾我遯」、「胡寧瘨我以旱」,傳詩者莫能明之,東原以轉語之法類推,認爲「寧」之言「乃」也,其意始解,故東原以爲「凡故訓之失傳者,於此亦可因聲而求義。」〔註57〕又如《詩經・小雅・賓之初筵》云:「式勿從謂,無俾大怠。」鄭《箋》:「勿猶無也。」東原則以爲「勿」有「沒」音,通「勉」也,其云:

> 勿有沒音,沒、勉,語之轉。「式勿從謂」,言用勸勉之意從而謂之,以無使至甚怠也。〈曲禮〉「國中以策彗卹勿」(卹,蘇沒切。勿,音沒。)注云:「卹勿,搔摩也。」劉向引《詩》「密勿從事」,今《詩》作「黽勉從事」。「密勿」,《爾雅》作「蠠沒」。又鄭注《禮記》云:「勿勿,猶勉勉也。」盧辯注《曾子・立事篇》「終身守此勿勿」,亦云:「勿勿,猶勉勉。」此皆語之轉,當讀「勿」如「沒」,而經師舊失其音,未通於古。〔註58〕

按:「勿」字之意,後世解《詩》者多從鄭《箋》「勿猶無也」之說,如馬瑞辰、屈萬里、高亨、陳子展、余培林均是〔註59〕,茲舉馬瑞辰之說代表,其云:

> 「式」當讀「式微」之「式」,彼《箋》云:「式,發聲是也。」「式勿從謂」即「勿從謂」也。《爾雅・釋詁》:「謂,勤也。」勤爲勤勞之勤,「勿從謂」者,勿從而勸勤之使更飲也,即繼之以無俾大怠耳。

〔註60〕

然而,若從音理分析,「勿」、「沒」上古音同爲明母物部,「勉」、「免」、「劻」上古音爲明母元部,以上數者皆聲母相同可通。《爾雅・釋詁上》:「亹亹,蠠沒、孟、敦、勖、釗、茂、劭、劻,勉也。」可證「沒」、「勉」相通。「勿」又可通「勉」,金文有其例,如《大盂鼎》「汝勿劜余乃辟一人」,陳夢家以爲銘文「劜」字從免從刀,即「勉」也,「勿勉」即《詩・十月之交》「黽勉從事」,《漢書・劉向傳》引作「密勿」〔註61〕。因此,「勿劜(勉)」、「黽

〔註57〕 同上註。

〔註58〕 參見戴震《毛鄭詩考正》卷二,收入《戴震全書》一(黃山書社,1994年),頁630。

〔註59〕 參見馬瑞辰《毛詩傳箋通釋》、屈萬里《詩經詮釋》、高亨《詩經今注》、陳子展《詩經直解》、余培林《詩經正詁》等書。

〔註60〕 參見馬瑞辰《毛詩傳箋通釋》(臺北:廣文書局,1999年5月),卷二十二,頁233。

〔註61〕 參見陳夢家《西周銅器斷代》(三),《考古學報》第九冊。

勉」、「密勿」皆一聲之轉，屬聲音通假關係。

　　至於「謂」字之意，《廣雅・釋詁》：「廝、徒……從……謂、命，使也。」
王念孫云：「謂者，《小雅・出車篇》云：『自天子所，謂我來矣。』」〔註62〕
又《詩・大雅・常武》：「王謂尹氏，命程伯休父。」《詩・小雅・緜蠻》：「命
彼後車，謂之載之。」以上《詩經》之「謂」字，均有命、使之意。因此，〈賓
之初筵〉「式勿從謂」之「謂」字，似亦可通「命」、「使」，「從謂」可通「從
命」也。

　　所以，「式勿從謂」可通「式勉從命」，下接「無俾大怠」，即期勉大臣嘉
賓們遵守戒命，不要有怠慢失禮之事。故下文又接云：「匪言勿言，匪由勿語」，
皆可見諄諄告誡之意也。因此，戴震從音理上分析「勿」字通「勉」，於文理
上亦較「無」字合宜，於此破除「望文生訓」之謬，而有「因聲求義」之功。
戴門後學王引之亦云：「詁訓之旨，存乎聲音，字之聲同聲近者，經傳往往假
借，學者以聲求義，破其假借之字，而讀以本字，則渙然冰釋。」〔註63〕可
見「因聲求義」，在清楚認識文字本義上的重要性，也是清代考據學取得優秀
成果的重要方法，周予同即云：「誇大點說，清代樸學的最高成就恐怕就是『不
拘形體，以聲求義』這個原則的發現吧！」〔註64〕莊雅州亦云：

> 真正以聲韻的關鍵去進行名物訓詁，並且用之於經書乃至一切古籍
> 的研究，終究要到樸學盛行的清代方能實現。……後來乾嘉學術可
> 以說都是循著此一方向在蓬勃發展，戴震將此一理念闡述的更爲清
> 楚。〔註65〕

　　因此，戴震在提倡文字、聲韻、訓詁等小學，以及利用小學來研究經學，
都取得比前人以及同時代的學者更高的成績，其後這種方法更影響段玉裁的
《說文》及古韻研究，以及促成王念孫、王引之父子的字詞訓詁成就，小學
在經學研究上的地位達到前所未有的高峰，也使清代經學的研究成績更能超
邁前代。

〔註62〕參見王念孫《廣雅疏證》（南京：江蘇古籍出版社，2000年9月），卷一下，
　　　　頁39。
〔註63〕參見王引之《經義述聞・序》（南京：江蘇古籍出版社，2000年9月），頁2。
〔註64〕參見周予同〈孫詒讓與中國近代語文學〉，收入《周予同經學史論著選集》。
〔註65〕參見莊雅州〈論高郵王氏父子經學著述中的因聲求義〉，收入蔣秋華主編《乾
　　　　嘉學者的治經方法》（臺北：中研院中國文哲研究所，2000年10月），頁353
　　　　～354。

二、考究古代典章制度

古代經文中時有牽涉到當時的典章制度，而因古今制度有所沿革、異同，故在考究上必須回復當時的情況，不可「以今律古」。因此，回復古代的典章制度之原貌，乃成為考究古經必備的工夫。戴震嘗云：

> 至若經之難明，尚有若干事：誦古禮經，先〈士冠禮〉，不知古者宮
> 室、衣服等制，則迷於其方，莫辨其用。〔註66〕

是知考究古禮器物、古代宮室衣服制度，皆有助於明瞭經文旨義，戴震著〈深衣解〉，著〈明堂考〉，著〈三朝三門考〉等文，皆是欲考究古代典章制度以明瞭古經之義。又段玉裁言東原《七經小記》云：「治經必分數大端以從事，各究洞原委，始於六書九數，故有〈詁訓篇〉，有〈原象篇〉；繼以〈學禮篇〉，繼以〈水地篇〉；約之於〈原善篇〉，聖人之學，如是而已矣。」〔註67〕其中〈原象篇〉屬天文曆法之書，〈學禮篇〉屬典章制度之書，〈水地篇〉屬古代地理之書，可見其皆屬東原治經必由之門徑，有利於對經書的全盤貫通。在探究古代之典章制度上，例如〈詩生民解〉〔註68〕一文，東原會通《詩》、《禮》考之，認為《詩經‧大雅‧生民》讚美姜嫄云：「厥初生民，時維姜嫄。生民如何，克禋克祀，以弗無子。履帝武敏歆，攸介攸止，載震載夙，載生載育，時維后稷。……不康禋祀，居然生子。」《詩》言姜嫄無夫而生子，故推明其德之能禋祀上帝，即〈魯頌‧閟宮〉所稱「赫赫姜嫄，其德不回，上帝是依」是也。〈生民〉明言姜嫄無夫而生子，後儒則頗不以為然，妄以帝嚳為姜嫄之夫，如《大戴禮‧帝系篇》云：「帝嚳卜其四妃之子，而皆有天下。上妃，有邰氏之女，曰姜嫄，而生后稷。」戴震則批評〈帝系姓〉所云乃失實之詞，徒以傅會周人禘嚳為其祖之所自出。戴震指出《周禮‧大司樂》：「享先妣在享先祖之前。」鄭注：「周立廟自后稷為始祖，姜嫄無所妃，是以特立廟而祭之。」可證周人特立姜嫄之廟，非后稷更無所祖，而不得不妣姜嫄一人乎。故周祖后稷，於上更無可推，后稷非無母之子，故姜嫄不可無廟。又商人祖契於上，亦更無可推，故〈商頌〉言有娀，與周之但言姜嫄同。此所謂明乎《禮》可以通《詩》也。

按：〈生民〉詩本未言姜嫄之夫，《大戴禮‧帝系篇》卻以帝嚳為姜嫄之

〔註66〕參見戴震〈與是仲明論學書〉，《戴震文集》卷九。
〔註67〕參見段玉裁〈戴東原先生年譜〉，收入《戴東原先生全集》。
〔註68〕參見《戴震文集》卷一。

夫，毛《傳》遂承其說云：「姜，姓。嫄，名。有邰氏之女，帝嚳元妃，后稷
母也。」《史記‧周本紀》亦推衍其說。然而，鄭玄則有異說，其《箋》云：
「言周之始祖，其生之者是姜嫄也。姜，姓者，炎帝之後，有女名嫄。當堯
之時，爲高辛氏之世妃。」清人馬瑞辰《毛詩傳箋通釋》亦考之云：

> 按此詩毛、鄭異說，嘗合經文及《周禮》觀之，而知姜嫄實相傳無
> 夫而生子，以姜嫄爲帝嚳妃者誤也。……世代荒遠，秦漢間已莫可
> 考，殷周之視唐虞，猶秦漢之視周初。蓋周祖后稷以上，更無可推，
> 惟知后稷母爲姜嫄，相傳爲無夫，履大人跡而生，又因后稷名棄，
> 遂作詩以神其事。〔註69〕

不論毛《傳》或鄭《箋》，其言帝嚳或高辛氏爲姜嫄之夫，皆出於臆測，
亦不合詩旨。〈生民〉反映出周人歌頌姜嫄之德，而不言其夫，戴震更舉出《周
禮》周人立姜嫄廟之制，以證成其說，更彰顯周人尊崇后稷之母姜嫄之事實，
而后稷之父似乎無足輕重。近人孫欽善則以爲后稷有母無父的傳說，本是遠
古母系氏族社會的反映。儒者囿於父權觀念，不可能正確加以解釋。由於歷
史的局限，戴震雖不能完全衝破父權觀念而得出母系氏族社會的科學結論，
但他尊重歷史事實的嚴謹考證，卻從現象上做出了正確的解釋，爲母系氏族
社會的存在提供了有力的證據〔註70〕。孫氏「母系氏族社會」的觀點，頗爲
有力地支持戴震以《禮》通《詩》的考證成果，證明上古母系社會「重母輕
父」的歷史事實，也釐清了〈生民〉姜嫄無夫生子傳說的真相。

又如《詩經‧召南‧騶虞》詩中「騶虞」之意，毛《傳》：「騶虞，義獸
也。白虎黑文，不食生物，有至信之德，則應之。」鄭《箋》未有說解。毛
《傳》認爲「騶虞」是古代之義獸，唐孔穎達《正義》則發揮其說云：

> 言彼茁茁然，出而始生者，葭草也。國君於此草生之時，出田獵，
> 壹發矢而射五豝。獸五豝，唯壹發者，不忍盡殺，仁心如是。故于
> 嗟乎歎之，歎國君仁心如騶虞。騶虞，義獸，不食生物，有仁心。
> 國君亦有仁心，故比之。〔註71〕

〔註69〕　參見馬瑞辰《毛詩傳箋通釋》（臺北：廣文書局，1999 年 5 月再版），卷二十
五，頁 270。

〔註70〕　參見孫欽善《中國古文獻學史簡編》（北京：高等教育出版社，2003 年 8 月），
頁 525～526。

〔註71〕　參見唐孔穎達等《十三經注疏本‧詩經》（臺北：藝文印書館，1993 年 9 月），
頁 68。

　　因此，古文家將「騶虞」當作古之義獸。今文家則不然，如東漢許慎《五經異義》引《韓詩》、《魯詩》云「騶虞，天子掌鳥獸官」，《周禮》賈疏亦引《韓詩》以騶虞爲天子掌鳥獸之官。可見今文家之《韓詩》、《魯詩》，皆認爲「騶虞」乃天子之掌鳥獸官，爲官名而非獸名。及至南宋，朱熹《詩集傳》採古文家之說，認爲騶虞乃獸名，其云：

> 騶虞，獸名。白虎黑文，不食生物者也。南國諸侯承文王之化，修身齊家以治其國，而其仁民之餘恩，又有以及於庶類。故其春田之際，草木之茂，禽獸之多，至於如此。而詩人述其事以美之，且歎之曰「此其仁心」，自然不由勉強，是即眞所謂騶虞矣。〔註72〕

　　戴震則贊同今文家之說，並引《周禮》云：

> 騶虞之爲獸名，既不見於《爾雅》，說者或以爲囿名，或以爲馬名，皆不足據證。漢許叔重《五經異義》載韓、魯說云：「騶虞，天子掌鳥獸官，於《射義》，所謂樂官備也。」義似明切。蓋騶，趣馬也。虞，虞人也。《月令》「天子乃教於田獵，以習五戎，班馬政，命僕及七騶咸駕」，皇甫侃云：「天子馬六種，種別有騶。又有總主之人，故爲七騶。」《春秋傳》：「程鄭爲乘馬御，六騶屬焉，使訓群騶知禮」，杜注云：「六騶，六閑之騶。」又豐點爲孟氏之御騶，孔沖遠云：「掌馬之官，兼掌御事。」《周官》山虞、澤虞「大田獵，則萊山田、澤野。」據是言之，騶與虞田獵必共有事，《詩》因而兼言兩官耳。舉騶虞，則騶之知禮、虞之供職可知，而騶虞已上之官大遠乎，騶虞之微者尤可知。歎美騶虞，意不在騶虞也，所以美君也。壹發者，君也。〔註73〕

　　按：「騶虞」之意，自漢以來，爭訟不斷。毛《傳》以爲「騶虞」爲古之義獸，戴震則認爲《爾雅》無此說，「義獸」之說無據。況且「義獸」說純出想像，「白虎黑文，不食生物，有至信之德」的形容，頗類似《周書・王會》、《山海經》之小說家言，亦與《詩》義格格不入。至於《韓詩》謂「騶虞」乃天子之掌鳥獸官，似乎較爲合理。戴震以爲「騶」爲趣馬，乃掌馬之官；「虞」爲虞人，乃《周禮》山虞、澤虞之官屬，故「騶虞」乃兼言兩官，皆共田獵之事。戴震舉《周禮》山虞、澤虞之官，「大田獵，則萊山田、澤野。」證諸

〔註72〕參見朱熹《詩集傳》卷一。
〔註73〕參見戴震《毛鄭詩考正》卷一，頁3。

古代諸侯國君田獵之事，遠較「義獸」之說合理，此亦以《禮》通《詩》之
證也。

三、借助天文數學知識

　　天文之學，自古即有，《尚書・堯典》載有古代羲和之官，掌管天象四時
之事，而古代以農立國，農業仰賴觀測天象而得其四時之宜，故天文學極為
重要。天文學又多須推算四時、年歲等曆法以為民用，往往必須利用算數之
學以推演，所以古代天文、算數經常結合為用，也是了解古經文義必備之學，
故戴震嘗云：

> 至若經之難明，尚有若干事：誦〈堯典〉數行，至「乃命羲和」，不
> 知恆星七政所以運行，則掩卷不能卒業。……不知少廣旁要，則〈考
> 工〉之器不能因文而推其制。〔註74〕

　　又云：「余嘗謂儒者仰不知天道，不可以通經。」〔註75〕可見天文之學在
治經上之重要性。其次，《周禮・地官・保氏》說「九數」為古代士人所習之
「六藝」之一，故九數之學亦為治經的基礎學科，儒者不宜忽置不講。

　　在從事天文的考證方面，例如《詩經・小雅・十月之交》：「十月之交，
朔日辛卯，日有食之，亦孔之醜。」《詩序》：「十月之交，大夫刺幽王也。」
毛《傳》：「之交，日月之交會。」鄭《箋》：「當為刺厲王。……周之十月，
夏之八月也。八月朔日，日月交會而日食。」孔穎達《正義》云：「毛以為刺
幽王，鄭以為刺厲王。」此可見毛、鄭觀點有異，毛以為乃周幽王時日食之
事，鄭則以為是周厲王時日食之事。戴震則考辨云：

> 劉原甫始疑為夏正十月，非也。梁虞廣、唐傳仁均及一行，並推周
> 幽王六年（乙丑歲）建酉之月辛卯朔辰時日食。近閻百詩《尚書古
> 文疏證》，初亦用劉原甫說，謂虞廣諸人傅會。後既通推步，上推之
> 正合，復著論自駁舊時之失。然其言曰：「康成考之方作《箋》。」
> 又曰：「經解不可盡拘以理者，此類是也。」則又不然。《毛詩》篇
> 義云「刺幽王」，《箋》乃謂「當為刺厲王」。豈其所推合乎？康成蓋
> 決之以理而已。趙子常云：「《詩》本歌謠，又多民事，故或用夏正
> 以便文通俗。」子常此論，明《詩》中用夏正者，原無所拘滯。然

〔註74〕參見戴震〈與是仲明論學書〉，《戴震文集》卷九。
〔註75〕參見戴震《句股割圜記・序》。

則〈十月之交〉篇舉斯時月食以陳諫，泥何例必取夏正，而廢周一
代正朔之大爲不可用乎？病在析理未精。猥以爲經解不可盡拘以
理，是開解經者之弊也。〔註76〕

戴震精於推步曆算之法，以推步之法可得出「十月之交朔日辛卯，日有
食之」乃周幽王六年（乙丑歲）建酉之月辛卯朔辰時日食之事，梁虞廣諸人
所推爲確。至於鄭玄雖持異論，斷爲厲王之時，但並非由推步所得，乃「決
之以理而已」，且周人何必用夏正而不用周正，鄭玄之說不可從。戴震力主《詩
經》年月用周正，如《詩經‧小雅‧小明》：「昔我往矣，日月方除。」鄭《箋》
云：「四月爲除。」戴震考辨云：

《爾雅》「四月爲余」，孫叔然本作「舒」，李巡云：「萬物生枝葉，
故曰舒也。」鄭蓋讀「余」爲「除」。孫、李之說，似優於鄭。《爾
雅》：「十二月爲涂」，《廣韻》：「涂，直魚切。」除、涂正同音，古
字通用。方以智云：「謂歲將除也。」其說得之。夏正十二月，周之
二月，故首章曰：「二月初吉，載離寒暑。」此時正寒，歷暑至秋末
尚未歸，故云爾。下章曰：「昔我往矣，日月方奧。」張以寧謂與「厥
民隩」之義同，民方聚居於隩時。今考「方除」、「方奧」辭意，亦
似迫於觱發栗烈之際而往，非春和氣溫也。又蕭與菽皆收之於秋者，
而曰「歲聿云莫，采蕭穫菽」，以夏正季秋，周之仲冬也。若夏正之
歲莫，非采蕭穫菽時矣。倘自夏正二月春溫時往至於其秋，又不得
言「載離寒暑」。《詩》用周正，非夏正甚明。前〈六月篇〉「六月棲
棲」，張以寧謂盛暑非玁狁入寇時。合以〈十月之交〉爲幽王六年建
酉之月，《詩》中用周正，不一而足。何說《詩》說《春秋》者盡欲
歸之「行夏之時」一語，而謂古人皆不奉時王正朔，可乎？〔註77〕

岑溢成認爲戴震「斷定〈小明〉和〈六月〉所說的年月爲周正，主要根
據詩中所寫的景物和事蹟。斷定〈十月之交〉用周正，則憑藉曆算。」〔註78〕
戴震藉由推步曆算之法，得出〈十月之交〉乃周幽王六年十月朔辛卯之日食，

〔註76〕參見戴震〈十月之交首章〉，《毛鄭詩考正》卷二。又收入〈書小雅十月之交
篇後〉，《戴震文集》卷一。

〔註77〕參見戴震《毛鄭詩考正》卷二，收入《戴震全書》一（合肥：黃山書社，1994
年6月），頁626～627。

〔註78〕參見岑溢成《詩補傳與戴震解經方法》（臺北：文津出版社，1992年3月），
頁192。

此乃以天文知識解經之證也。又周厲王二十五年十月朔辛卯亦有日食之事〔註79〕，似乎鄭玄說亦有所據。其實不然，蓋戴震又補一事證云：

> 《國語》：「幽王二年，西州三川皆震，三川竭，岐山崩。」此《詩》所謂「百川沸騰，山冢崒崩，高岸爲谷，深谷爲陵」，正指其事。《詩》繫之幽王，《國語》亦其一證。〔註80〕

《國語》所述幽王二年的大地震，其事與〈十月之交〉所言「百川沸騰，山冢崒崩，高岸爲谷，深谷爲陵」之事頗爲相合，故可作爲幽王之時的一大佐證。因此，結合天文曆法及《國語》等相關文獻來看，戴震之說信而有徵，較鄭玄說法更爲合理。

至於戴震在算數之學上，既以爲其爲通經的基礎學科，故頗用心於此，曾自撰《策算》、《句股割圜記》等數理之書，結合西洋數學觀念以闡釋中國古代算法，又於四庫館遍校古代算經十種，欲恢復古代算學原貌，凡此皆視爲治經的基礎工作。戴震用「步算」之法作爲解經之助，如解〈堯典〉天象，又如解《考工記》古代器物之制等，皆須運用算數之學。戴震可說是清代將步算之學提高到治經高度的第一人，故戴震初至京師之時，亦以擅長天文、步算之學見重於世，秦蕙田更以戴震之學「聞所未聞」，乃於纂集之《五禮通考》中，大幅收錄戴震有關天文、步算之學的意見。故阮元推崇戴震運用算數之學以解經之功云：「蓋自有戴氏，天下學者，乃不敢輕言算數，而其道始尊。」〔註81〕

四、深戒鑿空，考求本義本經

戴震治經，講究實事求是，信而有徵，故反對學者解經鑿空而爲之，如其云：

> 士生千載後，求道於典章制度，而遺文垂絕，今古縣隔。時之相去，殆無異地之相遠，僅僅賴夫經師故訓乃通，無異譯言以爲之傳導也者。又況古人之小學亡，而後有故訓，故訓之法亡，流而爲鑿空。數百年已降，說經之弊，善鑿空而已矣。

〔註79〕參見吳其昌《金文歷朔疏證》。
〔註80〕參見戴震〈十月之交首章〉，《毛鄭詩考正》卷二。又收入〈書小雅十月之交篇後〉，《戴震文集》卷一。
〔註81〕參見阮元《疇人傳》卷四十二。

可見「古人之小學亡，然後有故訓，故訓之法亡，流而爲鑿空」，「鑿空」乃因後人不明小學故訓之法，而空凭胸臆解經所致，故言「說經之弊，善鑿空而已矣。」又云：「夫所謂理義，苟可以舍經而空凭胸臆，將人人鑿空得之，奚有於經學之云乎哉？」〔註82〕至於何人說經鑿空？戴震曾指出曰：

> 漢儒訓詁有師承，亦有時傅會；晉人傅會鑿空益多；宋人則恃胸臆爲斷，故其襲取者多謬，而不謬者在其所棄。〔註83〕

可見鑿空之弊歷代皆有，漢、宋皆有，故方東樹以爲戴震專指宋儒義理之說爲鑿空〔註84〕則不確也。至於所謂「鑿空」的具體內容，戴震嘗云：

> 是故鑿空之弊有二：其一、緣詞生訓也，其一、守訛傳謬也。緣詞生訓者，所釋之義非其本義。守訛傳謬者，所據之經並非其本經。
>
> 〔註85〕

岑溢成認爲「緣詞生訓」，是訓詁方面的弊端；「守訛傳謬」，是校勘方面的缺失。校勘的問題，在很大的程度上要依賴版本；訓詁方面，主要依賴解經者的語言水平和理解能力〔註86〕。因此，戴震「鑿空之弊」乃針對解經上的訓詁與校勘兩方面之問題而言。訓詁方面，戴震以文字聲韻等小學入手，先求本字本義，「一字之義，必本六書，貫群經，以爲定詁。」這種「本六書，貫群經」，由小學助成經學的解經方式，也是漢學家解經的第一要務。故江藩亦云：

> 說經之道以訓詁爲第一要事，訓詁通，斯經義自無不通矣。詁者，古言也，謂以今語解古語也；訓者，順也，謂順其語氣以解之也。以今語解古語，則逐字解釋者也；順其語氣以解之，則逐句解釋者也。時俗講義，何嘗不逐字逐句解釋，但字義多杜撰，語意影響，與所謂訓詁有別。訓詁者，必古有是訓，碻而見之故書。然後引而釋經，不附會，不穿鑿，不憑空而無據。兩漢諸儒，類皆明於訓詁，故其立說切實可靠，不同宋人之以空言說理者。〔註87〕

〔註82〕 參見戴震〈題惠定宇先生授經圖〉，《戴震文集》卷十一。

〔註83〕 參見戴震〈與某書〉，《戴震文集》卷九。

〔註84〕 參見方東樹《漢學商兌》卷中之下。

〔註85〕 參見戴震〈古經解鉤沉序〉，《戴震文集》卷十。

〔註86〕 參見岑溢成《詩補傳與戴震解經方法》（臺北：文津出版社，1992年3月），頁123～124。

〔註87〕 參見江藩《經解入門》，頁133。

「緣詞生訓」亦如「望文生訓」，江藩嘗云：

> 古書一字一句皆有精義，若不加詳考，就文說之，如王介甫以波爲
> 水皮，蘇東坡不知鳩字從鳥九聲之義，而云《詩》曰：「鳲鳩在桑」，
> 其子七矣，合一父一母則爲九，故其文從九之類。此爲望文生訓。
> 凡經文數語，必與全篇大義相屬，解者不審全篇之義，姑就本文串
> 之，似爲近理，亦爲望文生訓。〔註88〕

解釋經文，不僅在一字一句之解釋，還要從上下文義，甚至全篇大義來
貫串，以力求合理無誤也。戴震曾舉《詩·大雅·文王》「有周不顯，帝命不
時」，釋「不顯」之義云：

> 《傳》：「不顯，顯也。顯，光也。不時，時也。時，是也。」《箋》
> 云：「周之德不光明乎？光明矣。天命之不是乎？又是矣。」震按：
> 《詩》之意，以周德昭於天，故曰丕顯。以天命適應乎民心，故曰
> 丕時。《箋》於〈桑扈篇〉之「不戢」、「不難」、「不那」，〈生民篇〉
> 之「不寧」、「不康」，直順其文說之，於此詩「不顯」、「不時」，〈清
> 廟篇〉之「不顯」、「不承」及《詩》中凡言「不顯」者，增「乎」
> 字或「與」字於下以爲反言，讀《傳》者亦謂如《箋》之反言而已。
> 合考前後，則《傳》意實不然。《傳》蓋以「不」字爲發聲。《爾雅》
> 「不滑」，即《詩》所言「河之滑」，郭注云：「不，發聲。」又龜有
> 「不類」、「不若」，即《周禮》之「雷屬」、「若屬」，「不」皆發聲，
> 可據證也。然《經》、《傳》中言「丕顯」多矣，古人金石銘刻，「丕
> 顯」多作「不顯」，二字通用甚明。《傳》、《箋》各緣詞生訓，失其
> 本始。〔註89〕

按：「不顯」之意，毛《傳》以爲「不」乃無義之發聲詞，鄭《箋》則視
爲反言，戴震認爲二者皆緣詞生訓，失其本始。蓋東原以爲「不顯」通「丕
顯」，經、傳多有其例，《詩》之「不顯」、「不承」，《尚書》則作「丕顯」、「丕
承」。又古人金石銘刻，「丕顯」多作「不顯」，足證經文「不」、「丕」可相通
用。故戴震釋《詩·小雅·桑扈》「不戢不難，受福不那」之義云：

> 古字「丕」通作「不」，大也。那，如「有那其居」之「那」，安也。

〔註88〕參見江藩《經解入門》，頁 141。
〔註89〕參見戴震《毛鄭詩考正》卷三，收入《戴震全書》第一冊（合肥市：黃山書
　　　　社 1995 年），頁 633。

言大自斂而不敢肆，大知難而不敢慢，則宜受福大安也。凡《詩》中「不顯」、「不承」、「不時」、「不寧」、「不康」，皆當讀爲「丕」。《詩》之「不顯」、「不承」，即《書》之「丕顯」、「丕承」也。《書·立政篇》「丕丕基」，《漢石經》作「不不其」。

其言《書·立政》「丕丕基」，《漢石經》作「不不其」，亦可證古書「不」、「丕」多可通用。王引之甚爲贊同戴震此說，認爲「不顯」、「不承」即「丕顯」、「丕承」。「丕顯」、「丕承」連文俱是盛大之辭，《孟子》引《書》曰：「丕顯哉文王謨！丕顯哉武王烈！」繹二「哉」字之意，可知其讚美謨、烈之盛大。故東原之說長於《傳》、《箋》矣〔註90〕。至此，《詩》、《書》之「不顯」、「不承」，通作「丕顯」、「丕承」，已得到學界之公認，「不」即「丕」之通假，《說文》：「丕，大也。」結合古籍及金石銘刻等資料來看，毛、鄭僅憑「不」字「緣辭生訓」而發揮己說，確實有待改正。

其次，校勘方面，乃是研讀古書的先決條件，古代因戰亂或政治因素，書籍流傳多有散佚，加上古書多爲手抄，傳寫過程不免有誤，致有魯魚豕亥之訛也。故江藩云：「蓋以讀書而不知校勘，則書之眞僞，義之同異，文之脫誤，均無由見，故先儒必以校勘爲要。」〔註91〕江藩又認爲清代以校勘名家者，以戴震、盧文弨、丁杰、顧廣圻四人最精〔註92〕。因此，戴震精於校勘，已爲學者所肯定。近人陳垣以爲校勘的方法有四種：（1）對校法：用同一部書的不同版本對比。（2）本校法：以本書前後文互證。（3）他校法：以本書的資料來源與其他書的引文來推證。（4）理校法：資料不足時，以其他相關的知識作出推斷。〔註93〕岑溢成認爲戴震《毛鄭詩考正》綜合了以上四種校勘法，其中用的比較多的是理校法，而在理校法的運用上，用的最多的是「合韻」的理論〔註94〕。

按：戴震在考釋六經文字時，多據《爾雅》來校正後儒說經之傳注。蓋《爾雅》乃今存最早的訓詁書，毛《傳》、鄭《箋》均後出〔註95〕，故解經可

〔註90〕 參見王引之《經義述聞》（南京市：江蘇古籍出版社，2000年9月），卷七，頁171～172。

〔註91〕 參見江藩《經解入門》，頁131。

〔註92〕 同上注，頁132。

〔註93〕 參見陳垣《校勘學釋例》，頁144～149。

〔註94〕 參見岑溢成《詩補傳與戴震解經方法》（臺北：文津出版社，1992年3月），頁130～134。

〔註95〕 近人洪誠認爲《爾雅》作于戰國《孟子》以前，流傳到秦漢之間續有增補，《毛

以用《爾雅》來校正毛、鄭等後世傳注之得失。如戴震嘗云「古故訓之書，其傳者莫先於《爾雅》」、「余竊謂儒者治經，宜自《爾雅》始」、「《爾雅》，六經之通釋也。援《爾雅》附經而經明，證《爾雅》以經而《爾雅》明。」戴震曾舉《詩・小雅・常棣》「兄弟鬩于牆」爲證，如云：

> 外此轉寫訛舛，足爲據證。如〈釋言〉：「鬩，恨也。」郭氏云：「相怨恨。」毛公傳〈小雅〉「兄弟鬩于牆」，「鬩，很也。」鄭康成注〈曲禮〉「很毋求勝」，「很，鬩也。」二字轉注，義出《爾雅》。〔註96〕

由此可證毛《傳》：「鬩，很也。」「很」乃「恨」字之誤，「兄弟鬩于牆」乃兄弟相怨恨于牆內之義，故借助《爾雅》可校正後世傳注之誤也。又如《詩・周南・卷耳》「陟彼崔嵬」，毛《傳》：「崔嵬，土山之戴石者。」另下文「陟彼砠矣」，毛《傳》：「石山戴土曰砠」。戴震則以《爾雅》校正云：

> 此及下《傳》疑轉寫互訛。崔嵬，高貌也。凡高山其下多石爲之基，故《爾雅》「石戴土謂之崔嵬。」……「砠」字從石，以石上見也，故《爾雅》「土戴石爲砠」。〔註97〕

又如《詩・魏風・陟岵》「陟彼岵兮」，毛《傳》：「山無草木曰岵。」另下文「陟彼屺兮」，毛《傳》：「山有草木曰屺」。戴震則以《爾雅》、《釋名》校正云：

> 此與下《傳》疑轉寫互訛。《爾雅・釋山》曰：「多草木，岵。」劉熙《釋名》云：「岵，怙也，人所怙取以爲事用也。」……「屺」亦作「峐」。《爾雅・釋山》曰：「無草木，峐。」劉熙《釋名》云：「屺，圯也，無所出生也。」〔註98〕

以上二例，毛《傳》注解皆與《爾雅》、《釋名》相反，又《說文》：「岵，山有草木也。」「屺，山無草木也。」亦與毛《傳》相反。因此，戴震據說解較古之《爾雅》以及《釋名》、《說文》等相關輔本，足以校正毛《傳》之失。錢大昕亦同戴震說法，其云：

傳》的訓詁學就是在《爾雅》的基礎上作進一步的發展。（參見氏著《訓詁學》，頁 11。）
〔註96〕參見戴震〈爾雅注疏箋補序〉，《戴震文集》卷三。
〔註97〕參見戴震《毛鄭詩考正》卷一，收入《戴震全書》第一冊（合肥市：黃山書社 1995 年），頁 596。
〔註98〕參見戴震《毛鄭詩考正》卷一，收入《戴震全書》第一冊（合肥市：黃山書社 1995 年），頁 605。

> 岵之言護也,山有草木,所庇者廣也。屺或爲紀,紀之言基也。又
> 爲峐,峐之言荄也,其荄初具,未有枝葉也。毛公詁訓,往往爲後
> 世所亂,如崔嵬、岨二名,亦與〈釋山〉之文違反,皆當以《爾雅》
> 爲正也。〔註99〕

可見戴、錢二氏皆從版本以及義理上破除毛《傳》之失,可謂信而有徵。

五、重視歸納法之運用

　　戴震每立新說,必廣收證據,歸納條理,以求融會貫通,而能信而有徵。故戴震云:「一字之義,當貫群經,本六書然後爲定。」此「貫群經」之說,即廣收證據也,蓋六經皆先秦之古籍,其文例、義理頗有共通之處,故說解一經,可以用時代相近的群經相互對證,以求證據充足,此即「非通諸經,不能通一經」、「以經釋經」也。錢大昕亦嘗評戴震之學云:「其學長於考辯,每立一義,初若創獲,及參互考之,果不可易。」〔註100〕此「參互考之」亦爲廣收證據,以歸納條理,而始能驗證創獲之新義也。

　　近人胡適認爲歸納的研究,是清儒治經的根本方法;又認爲清朝的經學,最注重證據。至於戴震作學問的方法,一面重在必就事物剖析至微,一面重在徵實〔註101〕。此徵實之學,才是戴震最能取信他人的要件。胡適更總括清代學者的治學方法,只有兩點:「大膽的假設」以及「小心的求證」。胡適並引戴震釋《尚書·堯典》「光被四表」爲例,說明「如果一個假設是站在很充足的理由上面的,即使沒有旁證,也不失爲一個很好的假設。但他終究只是一個假設,不能成爲眞理。後來有了充分的旁證,這個假設便升上去變成一個眞理了。」〔註102〕其實,大膽的假設,更需要有小心的求證,否則變成了「鑿空」,故證據的是否充分,才是決定理論正確的關鍵要素。戴震又曾自言爲學在求「十分之見」,「所謂十分之見,必徵之古而靡不條貫,合諸道而不留餘議,鉅細畢究,本末兼察。」至於「依於傳聞」、「裁於眾說」、「出於空言」、「據於孤證」,皆未至十分之見〔註103〕。因此,戴震的治學方法,實兼有

〔註99〕參見錢大昕《潛研堂文集》。
〔註100〕參見錢大昕〈戴先生震傳〉,收入《戴震文集》附錄。
〔註101〕參見胡適《戴東原的哲學》,頁14~66。
〔註102〕參見胡適〈清代學者的治學方法〉,收入胡適《中國哲學史大綱》(石家莊:河北教育出版社,2002年1月)附錄,頁581。
〔註103〕參見戴震〈與姚孝廉姬傳書〉,《戴震文集》卷九。

廣收證據、歸納條理的特點。

茲以戴震釋《尚書・堯典》「光被四表」為例，蓋偽孔《傳》：「光，充也。」「光」解作充溢、充滿之義。然而，《詩・周頌・噫嘻》孔疏引鄭玄注云：「言堯德光耀及四海之外，至於天地。」蔡沈《書集傳》亦云：「光，顯也。」又以為「光」為光耀、顯耀之義，王鳴盛《尚書後案》乃主此說。

戴震則不以鄭玄、蔡沈之說為然，蓋《爾雅》云：「桄，充也」，《說文》亦云：「桄，充也。」東原以為「桄」後脫誤為「光」，偽孔《傳》乃作「光，充也。」「桄」古字又通「橫」，《禮記・樂記》鄭玄注：「橫，充也，謂氣作充滿也。」故〈堯典〉「光被四表」，古本必有作「橫被四表」者〔註104〕。為了證實「光被」通「橫被」之說，東原舉出四證：

（1）《後漢書・馮異傳》：「橫被四表，昭假上下。」（錢大昕提供）

（2）班固《西都賦》有「橫被六合」之語。（姚鼐提供）

（3）《漢書・王莽傳》：「昔唐堯橫被四表」。（東原族弟受堂提供）

（4）王褒《聖主得賢臣頌》：「化溢四表，橫被無窮。」（同上）

至此，東原認為〈堯典〉古本有作「橫被四表」者，遂可得到驗證。其後，洪榜又補一證：《淮南子・原道訓》：「橫四維而含陰陽」，高誘注：「橫讀桄車之桄」。段玉裁亦補一證：《文選・魏都賦》李善注引《東京賦》「惠風橫被」，今本作「惠風廣被」。

另外，東原雖云：「橫被，廣被也。」但未再舉證。王引之則發揮戴震之說，認為「鄭康成訓光為光耀，於義為疏。戴氏獨取『光，充也』之訓，其識卓矣。」王氏更補正戴震之說，認為「光、桄、橫，古同聲而通用，非轉寫訛脫而為光也，三字皆充廣之義，不必古曠反而後為充也。」又詳考如下云：

> 《爾雅》：「桄，充也。」孫炎本「桄」作「光」。〈皋陶謨〉曰：「帝光天之下。」《正義》曰：「充滿大天之下。」《孝經》曰：「孝弟之至，通於神明，光於四海。」孔《傳》曰：「光，充也。」是光正訓充，與橫初無意義也。光與廣亦同聲。《周頌・敬之》傳曰：「光，廣也。」《周語》曰：「緝，明也。熙，廣也。」《爾雅》曰：「緝、熙，光也。」僖公十五年《穀梁傳》曰：「德厚者流光」，《疏》曰：「光猶遠也。」《荀子・禮論》：「積厚者流澤廣」，《大戴禮・禮三本篇》作「流澤光」。是光與廣通，皆充廓之義。《方言》曰：「幅廣為

〔註104〕參見戴震〈與王內翰鳳喈書〉，《戴震文集》卷三。

充」是也。故〈堯典〉言「光被四表」，而《漢書・禮樂志》曰：「聖主廣被之資」，隋蕭吉《五行大義》引《禮含文嘉》曰：「堯廣被四表，致於龜龍。」漢《成陽靈臺碑》曰：「爰生聖堯，名蓋世兮，廣被之恩，流荒外兮。」樊毅《復華下民租田口算碑》曰：「聖朝勞神日昃，廣被四表。」成陽令《唐扶頌》曰：「追惟堯德廣被之恩。」沈之琚《縣竹江堰碑》曰：「廣被四表。」《藝文類聚・樂部》引《五經通義》曰：「舞四夷之樂，明德澤廣被四表也。」《魏志・文帝紀》注引《獻帝傳》曰：「廣被四表，格于上下。」又曰：「至德廣被，格于上下。」則光被之光作橫，又作廣。字異而聲義同，無煩是此而非彼也。〔註105〕

王引之認同戴震「光被」通「橫被」之說，更補證戴震「橫被，廣被也」之說。王氏徵引極富，包含《毛傳》、《國語》、《爾雅》、《荀子》、《大戴禮》、《方言》、《漢書》、《五行大義》、《藝文類聚》以及《成陽靈臺碑》、《縣竹江堰碑》等漢魏碑文，印證「光」、「廣」聲義相通，「光被」可通「廣被」，亦通「橫被」。不過，王氏亦糾正戴震「光」爲「桄」之訛脫的說法，認爲古本即作「光被」，「光」、「廣」、「橫」三字字異而聲義相同，自可互用。

因此，由〈堯典〉「光被四表」之釋，可以看出戴震以及其後學王引之作學問之方法，皆廣收證據，並歸納條理，以求十分之見，如此才能增強推論的說服力，而能取信於人。

六、漢宋兼採，實事求是

戴震解經，力求客觀確實，排除人、己二方面的成見，避免任何的偏見影響研究的方向與結果。戴震嘗云：「其得於學，不以人蔽己，不以己自蔽。」〔註106〕又云：「余嘗謂學之患二：曰私，曰蔽。……儒者之學，將以解蔽而已矣。」〔註107〕可見「解蔽」亦是戴震治學的重要方法與態度。所謂「不以人蔽己」，即是要排除前人的偏見，不要被傳統的成見所蒙蔽；「不以己自蔽」，則是要求「十分之見」，傳其信，不傳其疑，不可在證據未足情況下妄立新說，

〔註105〕參見王引之《經義述聞》（南京：江蘇古籍出版社，2000年9月），卷三，頁66。
〔註106〕參見戴震〈答鄭丈用牧書〉，《戴震文集》卷九。
〔註107〕參見戴震〈沈處士戴笠圖題詠序〉，《戴震文集》卷十一。

而「徒生一惑」也。

　　戴震對於漢儒經注並非全盤接受，反對「信古而愚」，嘗言：「志存聞道，必空所依傍。漢儒訓詁有師承，亦有時傅會；晉人傅會鑿空益多；宋人則恃胸臆爲斷，故其襲取者多謬，而不謬者在其所棄。」〔註108〕對於宋儒妄以自己之意見爲「理」，強以爲孔孟之道更大加抨擊，其云：「宋以來，儒者以己之見硬坐爲古聖賢立言之意，而語言文字實未之知，其於天下之事也，以己所謂理強斷行之，而事情原委隱曲實未能得，是以大道失而行事乖。」〔註109〕可見東原對於漢、晉、宋各代學者解經皆有所批評，並非株守一家。相對於惠棟一派治經「專宗漢詁」之偏，戴震治經「實事求是，不主一家」，而非漢非宋，「空所依傍」。與戴震同時代的考據學家，如惠棟、王鳴盛、紀昀、錢大昕等，均推重漢學，而於宋學則多不取；至於擁護宋學者，如姚鼐、方東樹諸人，則又多批評漢學，而推尊宋學。戴震雖以考據學見重於世，然其對於宋學並未一概屏棄，而是就其可信者而從之，故考究經義，如《詩經》、《尚書》、《周易》等，多有採取宋儒之說，而不全以漢學當唯一標準。

　　例如《詩經》之注解，歷來有所謂的漢、宋之爭，即宗主毛《傳》、鄭《箋》的漢學家與宗主朱熹《詩集傳》的宋學家之爭，《四庫全書總目》嘗陳述當時漢宋之爭云：

　　　　《詩》有四家，毛氏獨傳。唐以前無異論，宋以後則眾說爭矣。然攻漢者意不盡在於經義，務勝漢儒而已；伸漢者意亦不盡在於經義，憤宋儒之詆漢儒而已。各挾一不相下之心，而又濟以不平之氣，激而過當，亦其勢然歟！〔註110〕

又皮錫瑞亦云：

　　　　歐陽脩《詩本義》始不專主毛鄭，宋人競立新說，至朱子集其成。元、明一概尊崇，近人一概抹殺。案朱子《集傳》間本三家，實亦有勝於毛、鄭者，而漢、宋強爭，今古莫辨。〔註111〕

　　因此，清人解《詩》者，乃以宗主毛鄭或朱熹爲爭論中心，又演變成所謂「漢宋之爭」。戴震雖被漢學家推許爲宗師，然其解《詩》，並非完全宗信

〔註108〕參見戴震〈與某書〉，《戴震全書》第六，頁495。
〔註109〕同上注。
〔註110〕參見紀昀《四庫全書總目》卷十五，〈經部‧詩類一總論〉。
〔註111〕參見皮錫瑞《經學通論‧詩經》，頁2。

毛、鄭，即以其《毛鄭詩考正》一書而言，今人岑溢成研究發現「書裡與毛《傳》、鄭《箋》無直接關聯的條目超過三分之一，與毛《傳》、鄭《箋》有關的，戴震的立場大致是取捨參半，所以《毛鄭詩考正》的內容絕對不能算是宗信毛《傳》和鄭《箋》的。」〔註112〕

　　清人陳澧亦考究戴震《詩經補注》一書，認爲其解經不拘守毛、鄭，亦不拘守朱熹，其云：

> 戴東原《詩經補注》云：「〈卷耳〉感念於君子行邁之憂勞而作也。」
> 此從朱《傳》之說，不從《序》說。平心論之，《序》說雖古義，而
> 朱說尤通，故戴氏從之也。（「寘彼周行」，朱《傳》以爲寘所采之卷
> 耳之大道之旁，乃通；戴氏云：「寘此懷念於周行之上」，則文義未
> 安也。）二章、三章、四章，則朱說亦未安。陳長發《稽古編》駁
> 之云：「登高極目，縱酒娛懷，雖是託諸空言，終有傷於雅道」，是
> 也。戴氏云：「陟山，謂君子行邁所致也。酌酒，願君子且酌以解其
> 憂也。」此實勝朱《傳》之說。不拘守毛、鄭，亦不拘守朱《傳》，
> 戴氏之學，可謂無偏黨矣。〔註113〕

　　戴震《詩經補注》（即《杲溪詩經補注》）一書，僅完成〈周南〉、〈召南〉，內容大略可分兩部分：一是字詞考釋，一是篇題意旨。字詞考釋部分，戴震採錄毛《傳》、鄭《箋》、朱《集傳》三家說解於《詩經》本文之下，再加以按語定其是非。東原考釋雖多從毛、鄭之說，然亦有否定毛、鄭而轉從朱《集傳》者，更有否定三家而自出己見者。鮑國順亦認爲「此書最當注意者，乃東原對於朱熹《集傳》之態度。細按全書，其捨毛、鄭，而從朱傳者，計有四處。……由此四例觀之，東原論《詩》，固不爲漢、宋門戶所囿。」〔註114〕例如《詩・周南・兔罝》：「肅肅兔罝，椓之丁丁；赳赳武夫，公侯干城。」毛《傳》曰：「肅肅，敬也；兔罝，兔罟也。丁丁，椓杙聲也。赳赳，武貌。干，扞也。」《集傳》曰：「肅肅，整飭貌。」戴震云：「毛、鄭以『肅肅兔罝』爲其人之不忘恭敬，《集傳》以爲罝之整飭，《集傳》是也。」〔註115〕可見其考釋不專主毛、鄭，亦有贊同朱熹《詩集傳》之說者。

〔註112〕參見岑溢成《詩補傳與戴震解經方法》（臺北：文津出版社，1992 年 3 月），頁 110。
〔註113〕參見陳澧《東塾讀書記》（臺北：臺灣商務印書館，1997 年 6 月），頁 96。
〔註114〕參見鮑國順《戴震研究》（臺北：國立編譯館，1997 年），頁 247～248。
〔註115〕參見戴震《杲溪詩經補注》卷一，收入《戴震全書》第二冊，頁 15。

其次，篇題意旨部分，亦有不同《詩序》、毛、鄭，而贊同朱熹者，如《詩‧召南‧草蟲》：「喓喓草蟲，趯趯阜螽。未見君子，憂心忡忡。亦既見止，亦既覯止，我心則降。」《詩序》云：「〈草蟲〉，大夫妻能以禮自防也。」戴震云：「毛、鄭以首二言為『喻卿大夫之妻待禮而行隨從君子』；中二言為『在途時憂不當君子』。《集傳》以為『大夫行役在外，其妻感時物之變而思之如此。』《集傳》是也。」〔註116〕戴震贊同朱《集傳》之言，以為〈草蟲〉之詩旨乃「感念君子行役未返之詩也。」

因此，由戴震之《毛鄭詩考正》、《杲溪詩經補注》等考釋《詩經》之著作來看，其解經方法與態度乃不專主毛《傳》、鄭《箋》，亦兼採朱熹《集傳》之說，更有超出三家之新見也，可證其不受限於前人成見，空所依傍。戴震嘗云：「今之博雅文章善考覈者，皆非志乎聞道，徒株守先儒而信之篤，如南北朝人所譏『寧言周孔誤，莫道鄭服非』，亦未志乎聞道者也。」〔註117〕可見戴震反對「徒株守先儒而信之篤」，反對盲目尊古宗漢，力求排除偏見、成見，而以客觀實證的態度來考釋經文意旨。

七、由經文推衍義理

戴震所以不同於乾嘉時期的漢學家，主要在於其「義理」。乾嘉考據學家極盡歸納之能事，具體分析經典之文字、篇章、版本，而得到許多寶貴的解經法則。然而，這些都是在經典文獻內部的工作，對於經世實用的社會層面，較無涉及。所以考據學家也只能在紙上與古人爭是非，也只能極盡其文獻考證工作，而對於世道人心，助益不大。加上考據學家反對宋學，反對具有義理觀念的研究工作，故只能停留在經典本身的內在研究，而無法聯繫經典與外在政治社會的關係。戴震則不然，其學自始至終即以「明道」、「得理」為第一要務，其所以從事經典考據工作，乃是認為「聖人之道在六經」，故要用考據的工作還原六經的原本面貌，以便真實無偽的獲得聖人理義。故戴震在中年以後，因自身考據經典日益有成，乃開始將此成果轉向探究經典蘊藏之義理，並與現實社會加以結合，而推衍出切合當世人倫日用的義理。

鄭吉雄先生已指出戴震這種解經的特殊方法，其云：

戴氏同時又以「以情絜情」的觀念推衍《孟子》字義，提出「以理

〔註116〕參見戴震《杲溪詩經補注》卷一，收入《戴震全書》第二冊，頁27。
〔註117〕參見戴震〈答鄭丈用牧書〉，《戴震文集》卷九。

殺人」説，批判程朱理學觀念所導致政治社會的價值偏差，所用者即爲以推衍爲主的「演繹法」，究其流衍，下啓龔自珍和章炳麟執一字義以演繹思想、批判社會的撰述取向。……戴氏所擅用的以經釋經、本證、歸納等方法是以「向內」爲主的治學方法，用以疏釋經部文獻是綽綽有餘的，但若要批判哲學觀念與社會價值的問題，就非要進一步從「向內」轉爲「向外」跨出去不可，而「以理殺人」這個強而有力的命題，正是他將聖賢經典中的「理」字「向外」闡釋的成果。〔註118〕

鄭先生認爲戴震在《孟子字義疏證》一書中，闡釋「理」字，首先談「分理」、「條理」，次將「情」與「理」結合，得出「以情絜情」爲「理」的觀點；再次又以「理」乃「心之所同然」，而批判「意見」之理；接著戴震又從「理」推論到「學」，隨即又批判宋儒「氣秉」之説，並總結心、性、理、義、血氣、嗜欲等彼此緊密之關係。最後更據此推衍出批判程朱等宋儒，以及批判老釋，更導出宋儒之「理」造成社會「以理殺人」之禍害的結論。可見戴震從《孟子》本經出發，演繹經書字義而批判當代、思想、歷史、社會、政治的用意〔註119〕。

又如戴震論孟子「性善」，乃承氣化的宇宙論而來，而以「血氣心知」爲性之自然義，引《易》「成之者性也」，《中庸》「天命之謂性」，認爲人性乃來自氣化之自然。又引《大戴禮記》「分於道謂之命，形於一謂之性」，證明人性與物性雖皆從自然之氣分出，但「一言乎分，則其限之於始」，而以類區別人性與物性。接著戴震又引《論語》「性相近也」，以及《孟子》「凡同類者舉相似也，何獨至於人而疑之，聖人與我同類者」，申論聖人之性同於一般人之性，以爲皆「氣質之性」也。戴震循著「異類不相似」之論點，反駁告子「生之謂性」，指出告子混同人性與物性之非也。

於是戴震據此批判宋儒區別「天地之性」與「氣質之性」，認爲宋儒「截然各言一性，反取告子『生之謂性』之説爲合於孔子」，此亦混同人性與物性，而獨立一「天地之性」（同於「理」）於氣質之外，是謂「性即理」。接下來，戴震乃指出程朱「性即理」、分性爲「天地之性」與「氣質之性」之説，於《孟子》、《論語》、《易》等皆不可通，反而助成告子而非議孟子也。其後戴震更

〔註118〕參見鄭吉雄〈乾嘉學者治經方法與體系舉例試釋〉，收入蔣秋華主編《乾嘉學者的治經方法》（臺北：中研院中國文哲研究所，2000 年 10 月），頁 137～138。
〔註119〕同上注，頁 133～135。

分析程朱「天理」、「天性」之說乃得自老釋之「神」，皆外形氣而言也，此亦不合《孟子》、《論語》、《易》之言。戴震提出「言理義之爲性，非言性之爲理」的觀點，認爲「理義」確在人性之中，乃一般人與聖人同然者，然而並非說人性皆全屬理義，不能如宋儒所言形氣之外有一純善的天地之性或天理，否則將隔斷人之形體情欲而空言性理也。故戴震又引《孟子》之言云：

> 《孟子》曰：「如使口之於味也，其性與人殊，若犬馬之與我不同類也，則天下何者皆從易牙之於味也！」又言「動心忍性」，是孟子矢口言之，無非血氣心知之性。孟子言性，曷嘗自歧爲二哉？二之者，宋儒也。〔註120〕

本著「理義」確在人性之中的觀念，戴震又批判荀子「性惡說」，其云：

> 荀子知禮義爲聖人之教，而不知禮義亦出於性。……就孟子之書觀之，明理義之爲性，舉仁義禮智以言性者，以爲亦出於性之自然，人皆弗學而能，學以擴而充之耳。荀子之重學也，無於內而取於外；孟子之重學也，有於內而資於外。……故所資雖在外，能化爲血氣以益其內，未有內無本受之氣，與外相得而徒資焉者也。……豈可云己本無善，己無天德，而積善成德，如罍之受水哉！以是斷之，荀子之所謂性，孟子非不謂之性，然而荀子舉其小而遺其大也，孟子明其大而非舍其小也。〔註121〕

可見戴震認爲荀子之失在於將禮義區別於人性之外，將人性定爲自然之情欲，人性之中沒有禮義，故只能外求，故待於聖人之禮義而爲，如此聖人乃外在之標準，同於程朱之「天理」，皆非人性本有。因此，戴震又接著說：

> 人之爲人，舍氣秉氣質，將以何者謂之人哉？是孟子言人無有不善者，程子、朱子言人無有不惡，其視理儼如有物，以善歸理，雖顯遵孟子性善之云，究之孟子就人言之者，程朱乃離人而空論夫理，故謂孟子「論性不論氣不備」。若不視理如物，而其見於氣質不善，卒難通於孟子之直斷曰善。宋儒立說，似同於孟子而實異，似異於荀子而實同也。〔註122〕

可見孟子言人無有不善者，乃就人性與物性區別之處言，程朱言人無有

〔註120〕參見《孟子字義疏證》卷中，收入《戴震全書》第六冊，頁184～185。
〔註121〕參見《孟子字義疏證》卷中，收入《戴震全書》第六冊，頁188。
〔註122〕同上註，頁190。

不惡者，乃混同人性與物性之自然情欲，宋儒既然認定氣質之性不善，則必捨人而以善歸於天理，其說乃近於荀子以禮義歸於聖人也。最後，戴震乃推衍出程朱所謂性，非孔孟所謂性，其所謂氣質之性，乃荀揚之所謂性的結論。

　　然而，戴震這種推衍則並非無失，其對孟子「性善」之理解並非孟子本義，反而是戴震自己的意見。例如孟子不贊同告子「生之謂性」，即不主張於人之自然情欲、生理需求言性，而戴震卻主張「血氣心知」之性，反而於自然情欲言性。又孟子論性主張一種道德性，乃先驗之性，至於生理需求、自然情欲則視爲「命」，不稱作「性」，並以此區別人性與物性，其云：

> 口之於味也，目之於色也，耳之於聲也，鼻之於臭也，四肢之於安佚也，性也，有命焉，君子不謂性也。仁之於父子也，義之於君臣也，禮之於賓主也，智之於賢者也，聖人之於天道也，命也，有性焉，君子不謂命也。〔註123〕

　　蓋耳目鼻口之欲，雖是人性之自然情欲，孟子認爲「君子不謂性也」，至於「仁義禮智」，乃是人類之道德文化成果，孟子認爲「有性焉」，顯然以仁義禮智當作人性。戴震卻扭轉孟子這種先驗的道德心性，而云：

> 孟子之所謂性，即口之於味、目之於色、耳之於聲、鼻之於臭、四肢於安佚之爲性；所謂人無有不善，即能知其限而不踰之爲善，即血氣心知能底於無失之爲善；所謂仁義禮智，即以名其血氣心知，所謂原於天地之化者之能協於天地之德也。〔註124〕

　　戴震認爲所謂「性」，乃血氣心知之自然性，人若「能知其限而不踰之」、「血氣心知能底於無失」，即是由自然之性中求其必然之極則，則可得仁義禮智之善，此善乃屬人性之本有，須待人用心知，用外在之學「有於內而資於外」，此之謂「性善」。戴震所言雖能成理，究非孟子本義，只能說是戴震「一家之言」。故章太炎〈釋戴〉一文，指出戴震「欲根於血氣，故曰性也」，符合荀子「性者，天之就也；情者，性之質也」的說法，認爲戴震之學乃承自荀子〔註125〕。錢穆亦認爲「東原之所指爲性者，實與荀卿爲近，惟東原以孟子性善之意移而爲說耳。」〔註126〕戴震雖亦主張「性善」，然其從血氣心知

〔註123〕參見《孟子・盡心篇下》。
〔註124〕參見《孟子字義疏證》卷中，收入《戴震全書》第六冊，頁194。
〔註125〕參見章太炎〈釋戴〉，收入《中國現代學術經典・章太炎卷》。
〔註126〕參見錢穆《中國近三百年學術史》（臺北：臺灣商務印書館，1995年9月），頁399。

的自然情性來論性，其立足點已與孟子不同，反近於荀子，亦近於宋儒所謂
「氣質之性」。其與孟子相近者，則在於皆以仁義禮智為人之性，只是彼此成
德的工夫有異，而不同於荀子之區別禮義在人性之外也。

　　因此，戴震「由經文推衍義理」的解經方法，對於闡述自己的義理頗有
助益，然未必是古經之本來意旨，即以上文所論孟子「性善說」為證，其將
不同時代、意旨的古經或注疏放在一起論述，如《易》、《論語》、《孟子》、《大
戴禮記》等，各書論「性」之義未必相同，而戴震皆本其自己之定見引證，
頗有陸九淵「六經注我」的味道，故解釋孟子性善乃有不合孟子本意之處，
反而是借孟子之口來闡述戴氏自己的意見。戴震這種特殊的解經方法，雖然
不能忠實地理解經典原義，然而卻是建立戴氏一己義理的最佳工具，也是因
有這種推衍經義的方式，戴震才能利用古代儒家經典與宋儒爭是非，也才能
由此出發批判社會不合理的禮教制度，而提出合乎人性、達情遂欲的哲理觀
點。

第五章　《詩經》學

　　《詩經》自西漢以來分今文與古文，齊、魯、韓三家爲今文，均已亡佚，僅存《韓詩外傳》；《毛詩》則是古文，獨保存流傳。其後至東漢時，鄭玄爲《毛詩》作箋，毛詩、鄭箋遂成後世研究《詩經》的主要版本。其後雖有魏人王肅一反毛、鄭，標新立異，然至唐代仍全用毛、鄭。宋人勇於疑經，歐陽修、朱熹、王柏最具代表，不僅訾議毛、鄭，更主張廢除詩序，從此《詩經》遂有漢、宋之爭，紀昀《四庫全書總目提要》總論云：

> 《詩》有四家，毛氏獨傳。唐以前無異論，宋以後則眾說爭矣。然攻漢學者意不盡於經義，務勝漢儒而已。伸漢學者意亦不盡在於經義，憤宋儒之詆漢儒而已。各挾一不相下之心，而又濟以不平之氣，激而過當，亦其勢然歟。〔註1〕

　　南宋以下以迄元明，朱熹《詩集傳》獨領風騷，宋學家之詩說佔據主流位置。及至清代，崇古之學興起，康熙時先有陳啓源的《毛詩稽古篇》出現，轉以毛、鄭以及詩序爲宗，並大力排擊朱熹《詩集傳》，《毛詩》又有復起之勢。其後戴震繼起，亦以毛鄭詩爲主要研究對象，戴震爲乾嘉學術皖派大師，影響力尤爲深遠，段玉裁以及陳奐、胡承拱、馬瑞辰諸人皆承其說，以《毛詩》爲研究中心，漢學遂又興盛。甘鵬雲歸納歷來《詩經》研究概況云：

> 綜列代詩家經說觀之，大都凡六變。……迄於南宋，爲尊序廢序、鄭朱門戶角立之時，至元則全歸朱氏。明承元舊，久之而古義漸興，朱學略絀。至清代而一變，復歸毛鄭。〔註2〕

〔註1〕　參見紀昀《四庫全書總目》卷十五經部・詩類一。
〔註2〕　參見甘鵬雲《經學源流考》（臺北：學海出版社，1985年）卷三，頁16。

因此，戴震在清代《詩經》學研究上實居有關鍵之地位，對於打破宋元以來專宗朱熹《詩集傳》的經解觀點，以及重新審視漢人《詩經》傳注的成績，戴氏都有卓越的貢獻。故李開亦盛贊戴震在清代《詩經》研究上的成就云：

> 乾隆年間經學全盛，除戴震外卻沒有人專治《詩經》，一直到嘉慶、道光年間，才先後出現三部名著：胡承拱的《毛詩後箋》、馬瑞辰的《毛詩傳箋通釋》、陳奐的《詩毛氏傳疏》。戴震的《詩經》研究，可謂開乾嘉學派研究《詩經》之首。〔註3〕

戴震研讀古經，很早就留意到《詩經》，如淩廷堪〈戴東原先生事略狀〉云：「年十餘，入鄉塾讀《詩》，即爲〈小戎〉圖，觀者咸訝其詳覈。」〔註4〕大略而言，東原有關《詩經》的著作相較其他經書者爲多，其中較爲完整成書者乃三十一歲時所著的《詩補傳》（又名《詩經考》），三十一歲以後之《毛鄭詩考正》，以及四十四歲所著的《杲溪詩經補注》（僅成二《南》而已）。其他有關考證《詩經》的篇章多散見於東原三十五歲以前的經解札記《經考》、《經考附錄》〔註5〕，以及段玉裁編次的《戴震文集》之中〔註6〕。以下試就戴震詩經研究相關著作，如《詩補傳》、《毛鄭詩考正》、《杲溪詩經補注》以及其他《詩經》研究篇章詳加論述。

第一節　《詩補傳》、《毛鄭詩考正》、《杲溪詩經補注》之成書歷程及彼此關聯

戴震之《詩經》專著，以《詩補傳》、《毛鄭詩考正》、《杲溪詩經補注》三者爲代表，而三者又存在著前後關聯的狀況。首先，關於《詩補傳》，乃是戴震解《詩》的第一本專著，書成於乾隆十八年癸酉（1753），震三十一歲時，據《年譜》云：「十八年癸酉，三十一歲。是年《詩補傳》成，有序，在癸酉

〔註3〕　參見李開《戴震評傳》（南京：南京大學出版社，1992 年 8 月），頁 52。
〔註4〕　參見淩廷堪《校禮堂文集》卷三十五，頁 2。
〔註5〕　《經考》、《經考附錄》乃戴震平日讀經之心得簡記，其部分內容又多與其他著作重出，如《經考》卷三之〈變風變雅〉及〈鄭衛之音〉，內容與《東原文集》之〈書鄭風後〉重出。又《經考》卷三之〈何彼襛矣〉及〈篇次世次〉，亦分見於《杲溪詩經補注》及《毛鄭詩考正》。
〔註6〕　《戴震文集》有關《詩經》的篇章如卷一之〈書鄭風後〉、〈書小雅十月之交篇後〉、〈書小雅後〉、〈詩摽有梅解〉、〈詩生民解〉，以及卷十之〈毛詩補傳序〉、〈詩比義述序〉。

仲夏。」〔註7〕又云：「先是癸酉成《詩經補傳》，已而在揚州，以此書之序，及〈論鄭聲〉一條，示是仲明。仲明索觀《詩補傳》，先生辭之，作書與之論學而已，蓋亦自恐於斯未信也。」〔註8〕可證《詩補傳》於乾隆十八年成書。另外，《文集》卷十收錄〈毛詩補傳序〉一文，即《詩補傳》之序文，文末記時云「時乾隆癸酉仲夏，戴震撰」，序文既然成於癸酉，則《詩補傳》本文當不在其後，亦可爲作於同年之證也。又據《文集》卷九之〈與是仲明書〉，東原云：「今程某奉其師命來取《詩補傳》」，顯然當時《詩補傳》已經成書，〈與是仲明書〉作於癸酉之年，此又《詩補傳》亦作於同年之證也。

　　然而，《詩補傳》雖是戴震第一部解《詩》之專著，但東原自覺是書多「未定之說」，嘗告知是仲明云：「僕此書尚俟改正，未可遽進」，故「未嘗敢以聞於人」。東原《詩補傳》僅錄抄本，並未刊行於世，世人多未睹全貌。因此，孔繼涵刊之《遺書本》亦未收錄，只收錄《毛鄭詩考正》五卷、《杲溪詩經補注》二卷。故後世學者頗有誤會《毛鄭詩考正》或《杲溪詩經補注》即是《詩補傳》者〔註9〕。又《年譜》亦云：「《毛鄭詩考正》，初名《詩補傳》。」〔註10〕段玉裁此說又易使人誤會《毛鄭詩考正》即是《詩補傳》之別名也。蓋東原〈詩比義述序〉云：「昔壬申、癸酉歲，震爲《詩補傳》未成，別錄書內辨證成一袟。曾見有襲其說以自爲書刊行者。」〔註11〕鮑國順認爲「此袟當即爲《毛鄭詩考正》」〔註12〕，岑溢成認爲《毛鄭詩考正》並不就是《詩補傳》，而是《詩補傳》的辨證部分〔註13〕。

　　按：戴震〈詩比義述序〉云「壬申、癸酉歲，震爲《詩補傳》未成」，「未成」字面之意似乎令人感覺其書尚未寫完。然而，西元1995年4月出版的《戴震全集》第四冊則提供了新的資料，書中新收錄東原早年所著的未刊稿《詩經考》二十六卷（即《詩補傳》），據《全集》附記云：「戴氏《詩經考》二十六卷，

〔註7〕　參見段玉裁《戴東原先生年譜》，收入《戴震文集》附錄。
〔註8〕　同上注。
〔註9〕　如梁啓超認爲《遺書》本中之《杲溪詩經補注》即《詩補傳》也，參見氏著〈戴東原著述纂校書目考〉。
〔註10〕　參見段玉裁〈戴東原先生年譜〉，收入《戴震文集》（臺北：華正書局，1974年10月）附錄。
〔註11〕　收入《戴震文集》卷十。
〔註12〕　參見鮑國順《戴震研究》（臺北：國立編譯館，1997年），頁70。
〔註13〕　參見岑溢成《詩補傳與戴震解經方法》（臺北：文津出版社，1992年3月），頁103。

係戴震早年所著之未刊稿，稿本之原名作《戴氏經考一》。其手抄本先後由邢之襄、葉德輝、北京圖書館收藏。……此篇即戴震《詩補傳》之書稿。」〔註14〕

此外，同年出版的《戴震全書》第一冊亦收錄二十六卷的《毛詩補傳》，此亦為《詩補傳》之原稿也〔註15〕。今觀此二十六卷本之《詩補傳》，首列毛詩目錄，次及風雅頌各篇內容考釋，經文之下羅列毛傳、鄭箋以及朱熹集傳考證之言，後加按語辨證各家得失，各篇之後亦詳明篇題旨意，頗為符合東原〈毛詩補傳序〉之言：「今就全詩，考其字義名物於各章之下，不以作詩之意衍其說。蓋字義名物，前人或失之者，可以詳覈而知，古籍具在，有明證也。作詩之意，前人既失其傳者，非論其世，知其人，固難以臆見定也。姑以夫子斷夫三百者，各推而論之，用附於篇題後。」〔註16〕

因此，《詩補傳》乃體例完整之作，所謂「震為《詩補傳》未成」之說，只是說其書尚未成熟，尚俟改正，並非指其書未完成之意。《詩補傳》可說是代表戴震早年研治《詩經》之專著，其「專就全詩，考其字義名物於各章之下，不以作詩之意衍其說。」梁啓超認為「洵治《詩》之良法也」〔註17〕，可謂中肯之說。又《詩補傳》二十六卷本之重現，亦證明了其與《毛鄭詩考正》（四卷）及《杲溪詩經補注》（二卷）有別。

其次，關於《毛鄭詩考正》，孔繼涵微波榭《遺書》本將卷首〈鄭氏詩譜〉別為一卷，故為五卷本，《戴震全集》及《戴震全書》則均改作四卷，今從之。東原〈詩比義述序〉既云「昔壬申、癸酉歲，震為《詩補傳》未成，別錄書內辨證成一袟」，學者多據此認為《毛鄭詩考正》即是《詩補傳》之辨證部分。然而，今就二者比觀而言，《毛鄭詩考正》的經文考證較《詩補傳》更為精進，詳略明顯不同，例如首章〈關雎〉「雎鳩」之釋，《詩補傳》只引用毛《傳》「雎鳩，王雎也，鳥摯而有別」之說，即下按語云：

雎鳩，或謂之鶚，性好峙，所謂鶚立，故少皞司馬之官曰雎鳩氏。
詩但興于和鳴，不必泥其物類也。〔註18〕

〔註14〕 參見戴震研究會、徽州師範專科學校、戴震紀念館編纂《戴震全集》第四冊（北京：清華大學出版社，1995 年 4 月），頁 2170。
〔註15〕 參見張岱年主編、安徽古籍叢書編審委員會編纂《戴震全書》第一冊（合肥：黃山書社，1995 年），頁 121～564。
〔註16〕 參見《戴震文集》卷十。
〔註17〕 參見梁啓超〈戴東原著述纂校書目考〉。
〔註18〕 參見《毛詩補傳》卷一，收入《戴震全書》一（合肥：黃山書社，1995 年），頁 151。

　　《毛鄭詩考正》則於毛《傳》之外，增引鄭《箋》「摯之言至也，謂王雎之鳥，雌雄情意至，然而有別」之說，並下按語云：

> 古字「鷙」通用「摯」。〈夏小正〉「鷹始摯」，〈曲禮〉「前有摯獸」，是其證。《春秋傳》：郯子言少皞以鳥名官，雎鳩氏，司馬也。說曰：「鷙而有別，故爲司馬，主法制。」義本毛詩，不得如箋所云明矣。後儒亦多有疑猛鷙之物不可以興淑女者。考《詩》中比興，如螽斯但取於衆多，雎鳩取於和鳴及有別，皆不必泥其物類也。〔註19〕

　　又如〈邶風・匏有苦葉〉「深則厲，淺則揭」之釋，《詩補傳》引毛《傳》「揭，褰衣也」，即下按語云：

> 厲，不成梁之名。《說文》云：「履石渡水也。」（引《詩》「深則砅」）蓋淺水褰衣而過，稍深必有厲乃可過。今山澗中水深一二尺，多置石，令人步。若更深，則宜爲梁矣。〈有狐〉篇以「淇梁」、「淇厲」並舉是也。〔註20〕

　　《毛鄭詩考正》則引毛《傳》「以衣涉水爲厲，謂由帶已上也」，並下按語云：

> 義本《爾雅》。然以是說《詩》，既以衣涉水矣，則何不可涉乎？似與詩人託言「不度淺深，將至於溺不可救」之意未協。許叔重《說文解字》「砅，履石渡水也」，引《詩》「深則砅」，字又作「濿」，省用「厲」。酈道元《水經注・河水篇》云：「段國《沙州記》：吐谷渾於河上作橋謂之河厲。」此可證橋有厲之名。《詩》之意以淺水可褰衣而過，若水深則必依橋梁乃可過，喻禮義之大防不可犯。〈衛詩〉「淇梁」、「淇厲」並稱，「厲」固「梁」之屬也。足以證《說文》之有師承。〔註21〕

　　明顯地，《毛鄭詩考正》對經文的注解要比《詩補傳》更爲精進詳明，〈匏有苦葉〉「深則厲」之考證，東原頗爲自得，亦將此考證結果收入〈答江愼修先生論小學〉及《經考》卷五，如〈答江愼修先生論小學〉云：

〔註19〕參見《毛鄭詩考正》卷一，收入《戴震全書》一（合肥：黃山書社，1995 年），頁 595。

〔註20〕參見《毛詩補傳》卷三，收入《戴震全書》一（合肥：黃山書社，1995 年），頁 190。

〔註21〕參見《毛鄭詩考正》卷一，收入《戴震全書》一（合肥：黃山書社，1995 年），頁 598～599。

若《說文》視《爾雅》《毛詩》固最後，沿本處多，要亦各有師承。《爾雅》：「以衣涉水爲厲，繇帶已上爲厲。」《說文》：「砅，履石渡水也」，引《詩》「深則砅」。《詩》之意，以水深必依橋樑乃可過，喻禮義之大防不可犯；若淺水則褰衣而過，尚不濡衣。酈道元《水經注》云：「段國《沙洲記》：吐谷渾於河上作橋，謂之河厲。」此可證橋有厲之名。〈衛詩〉「淇梁」、「淇厲」並舉，厲固梁之屬也。就茲一字，《爾雅》失其傳，《說文》得其傳，觸類推求，遂數之不能終其物。用是知漢人之書，就一書中，有師承可據者，有失傳傅會者。〔註22〕

可見《毛鄭詩考正》的考證結果，已較《詩補傳》之考釋令東原滿意，故頗有據其考證發揮立論者。另外，《毛鄭詩考正》更有修正《詩補傳》之誤者，如〈小雅・賓之初筵〉「式勿從謂，無俾大怠」，東原在《詩補傳》云：

震按：式勿，猶言法禁也。從而告之，無使其甚怠。勿言勿語，即「式勿」之謂也。〔註23〕

《毛鄭詩考正》則大幅修正云：

勿有沒音，沒、勉，語之轉。「式勿從謂」，言用勸勉之意從而謂之，以無使至甚怠也。〈曲禮〉「國中以策彗卹勿」（卹，蘇沒切。勿，音沒。）注云：「卹勿，搔摩也。」劉向引《詩》「密勿從事」，今《詩》作「黽勉從事」。「密勿」，《爾雅》作「蠠沒」。又鄭注《禮記》云：「勿勿，猶勉勉也。」盧辯注《曾子・立事篇》「終身守此勿勿」，亦云：「勿勿，猶勉勉。」此皆語之轉，當讀「勿」如「沒」，而經師舊失其音，未通於古。〔註24〕

東原改從「以音求義」的方法考求「式勿」之語，認爲「勿」有「沒」音，「沒」、「勉」語之轉，「式勿」猶如古書「勿勿」、「密勿」、「黽勉」之語，較諸《詩補傳》「法禁」之意更爲合宜。

由以上諸例來看，《毛鄭詩考正》與《詩補傳》內容有甚多的歧異，不能

〔註22〕參見《戴震文集》卷三，亦收入《聲韻考》卷四，此文成書確切年代不詳，應在乾隆十八年癸酉東原三十一歲以後，在《毛鄭詩考正》成書之後。

〔註23〕參見《毛詩補傳》卷一，收入《戴震全書》一（合肥：黃山書社，1995 年），頁 426。

〔註24〕參見戴震《毛鄭詩考正》卷二，收入《戴震全書》一（合肥：黃山書社，1995年），頁 630。

率爾認爲前者即是後者的辨證部分。《詩補傳》的考釋結果乃東原早期之作，多未定之見，故東原在〈與是仲明論學書〉中云「僕此書尚俟改正，未可遽進」，故未將《詩補傳》借予是仲明，僅檢出〈詩補傳序〉及〈辨鄭衛之音〉二文示與觀覽。又東原〈詩比義述序〉云：「昔壬申、癸酉歲，震爲《詩補傳》未成，別錄書內辨證成一袟，曾見有襲其說以自爲書刊行者。」此言易使人誤解《毛鄭詩考正》成于壬申、癸酉歲，其實壬申、癸酉歲所成者乃《詩補傳》，因其多未定之見，故云「未成」；至於「別錄書內辨證成一袟」，未必就是《毛鄭詩考正》，《毛鄭詩考正》的辨證較《詩補傳》更爲精進詳明，且多修正《詩補傳》考釋之誤，二者勢必不能是同一書，更不能是同年之作。段玉裁《戴東原先生年譜》雖云「《毛鄭詩考正》，初名《詩補傳》」，其實《毛鄭詩考正》相對於《詩補傳》，其內容已有相當大的修正，故《戴震全書》編者亦云：「本書（《毛鄭詩考正》）是挑選了《詩補傳》的部分內容，又進一步考訂加工而成，《詩補傳》乃本書成稿的基礎。」〔註25〕其對二者之關係，已有正確之認識。

《詩補傳》既作于乾隆十八年癸酉（1753），《毛鄭詩考正》必在癸酉以後，至於其下限，應在乾隆二十二年丁丑（1757）之前。蓋因《毛鄭詩考正》釋〈匏有苦葉〉「深則厲」之論，亦被收入《經考》卷五〈爾雅〉一節，《經考》乃成于丁丑東原三十五歲之時，故《毛鄭詩考正》必不晚於丁丑之年。因此，可以推論：《毛鄭詩考正》應作于乾隆十九年甲戌至乾隆二十二年丁丑之間，大約爲東原入都與紀昀、錢大昕等考證學家切磋學術的三、四年時間。

《杲溪詩經補注》，又名《詩經補注》，段玉裁《戴東原先生年譜》定爲乾隆三十一年丙戌（1766），東原四十四歲之作，乃晚於《詩補傳》及《毛鄭詩考正》十餘年之作，段《譜》云：「注《詩》〈周南〉〈召南〉，名之曰《杲谿詩經補注》，『杲谿』二字，蓋以自別於諸言詩者。先生不隨俗爲別號，天下稱東原先生而已。」〔註26〕因此，《杲谿詩經補注》僅成「二南」，孔繼涵微波榭《遺書》本收有二卷，梁啓超誤認《杲谿詩經補注》即是《詩補傳》，前文已有辨正。

《杲谿詩經補注》的體例仿照《詩補傳》，即「就全詩考其字義名物於各

〔註25〕參見〈毛鄭詩考正說明〉，《戴震全書》一（合肥：黃山書社，1995 年），頁567。
〔註26〕參見段玉裁《戴東原先生年譜》，收入《戴震文集》附錄。

章之下」，依次羅列毛《傳》、鄭《箋》或朱熹《詩集傳》等說解，再以按語加以評判得失，並發揮己見，最後再將各章作詩之意「附於篇題後」。

　　至於《杲谿詩經補注》與《詩補傳》、《毛鄭詩考正》的內容異同，段玉裁云：「今《二南》著錄，而《詩補傳》已成者不著錄。」〔註27〕依段氏之言，《杲谿詩經補注》似乎力避《詩補傳》已著錄之考釋，今觀二者之考釋內容，則非如此。二書雖有甚多不同之處，但也仍保留部分相同的經文考釋，並非「《詩補傳》已成者不著錄」，例如〈周南・卷耳〉「嗟我懷人，寘彼周行」，《詩補傳》云：「行，猶路也。周行，周道一也。寘也者，思之不能寘也。故《荀子》曰：『頃筐易滿也，卷耳易得也，然而不可以貳周行。』」〔註28〕又於篇題後考釋云：

　　　〈卷耳〉四章。思君子之勞于行邁也。是詩之興也，其當文王與紂之事乎？〈卷耳〉思者在上，〈汝墳〉思者在下，可以觀周德矣。《春秋傳》曰：「『嗟我懷人，寘彼周行』，能官人也。王及公、侯、伯、子、男、甸、采、衛、大夫，各居其列，所謂周行也。」義取斷章。（《詩》中「周行」凡三見：「寘彼周行」、「行彼周行」，皆謂道路也；「示我周行」，示以道義，亦猶示以道路也。「行」爲行列，特字意旁通。毛、鄭說《詩》求合于《左傳》。後三章指使臣言之，朱子謂其言親暱，非后妃之所得施于使臣，故《集傳》以爲思念君子，得之矣。然于後三章，直作后妃自賦其事，則以婦人而登山、乘馬、飲酒，雖曰託言，亦安得爲貞靜專一之至乎？首章既懷文王在道路，則「陟山」謂文王陟也，「酌酒」謂文王酌也。）〔註29〕

　　此處東原解「周行」爲周道、道路之意也。《杲谿詩經補注》亦持此說云：

　　　毛《傳》曰：「懷，思也。寘，置也。行，列也。思君子官賢人，置周之列位。」《集傳》曰：「周行，大道也。后妃以君子不在而思念之，託言方采卷耳未滿頃筐，而心適念其君子，故不能復采而置之大道之旁也。」震按：「嗟我懷人，寘彼周行」，言寘此懷念于周行之上。下三章皆懷之之事也。周，猶徧也，通也。行，路也。行爲

〔註27〕參見段玉裁《戴東原先生年譜》，收入《戴震文集》附錄。
〔註28〕參見《毛詩補傳》卷一，收入《戴震全書》一（合肥：黃山書社，1995 年），頁 154。
〔註29〕參見《毛詩補傳》卷一，收入《戴震全書》一（合肥：黃山書社，1995 年），頁 154～155。

「行列」字之音訓旁及，而《春秋傳》曰「嗟我懷人，寔彼周行」，
能官人也。王及公、侯、伯、子、男、甸、采、衛、大夫，各居其
列，所謂周行也。」斷章見意，如郤至之論「公侯干城」「公侯腹心」
爲一美一刺，於《詩》之本指不然也。荀卿書曰：「頃筐易滿也，卷
耳易得也，然而不可以貳周行。」以明用心者之一，情之至也不貳，
其得《詩》之意者歟？〔註30〕

　　此處亦釋「周行」爲道路，認爲毛《傳》將「行」當作行列乃是斷章取
義，誤用《左傳》之釋，並非《詩》之本旨。東原更引朱熹《詩集傳》「周行，
大道也」之說，贊同將「周行」釋作大道。因此，〈卷耳〉「周行」之釋，可
證《詩補傳》與《杲谿詩經補注》觀點一致，《杲谿詩經補注》並非「《詩補
傳》已成者不著錄」，而仍有部分內容繼承延續。另外，《杲谿詩經補注》亦
有援用《毛鄭詩考正》之考證者，如〈召南・羔羊〉「退食自公」，毛《傳》：
「大夫羔裘以居。公，公門也。」《毛鄭詩考正》云：

　　震按：羔裘，諸侯視朝之服。《傳》因「退食自公」爲退朝而燕居，
　　故云「羔裘以居」。考之《詩》辭，蓋在朝方退，自公門出，見者賦
　　以美之也。〔註31〕

　　毛《傳》以「羔裘」爲大夫之服，戴震則不以爲然，認爲「羔裘」應是
諸侯視朝之服。《杲谿詩經補注》亦持此說，其云：

　　毛《傳》曰：「大夫羔裘以居。公，公門也。」鄭《箋》曰：「退食，
　　爲減膳也。自，從也。從於公，爲正直順於事也。」震按：羔裘，
　　諸侯視朝之服。在朝君臣同服。《傳》因「退食自公」爲退朝而燕居，
　　故云「羔裘以居」。考之《詩》辭，蓋在朝方退，自公門出，見者賦
　　以美之。《禮》：「朝廷日退」。〔註32〕

　　因此，《杲谿詩經補注》在經文考證上，亦有部分內容承繼《毛鄭詩考正》。
故大致可推定：《詩補傳》是戴震《詩經》考釋的初稿，大略成於東原三十一
歲時，其書體例爲「就全詩考其字義名物於各章之下」，依次羅列毛《傳》、

〔註30〕參見《杲溪詩經補注》卷一，收入《戴震全書》二（合肥：黃山書社，1995
　　　年），頁10。
〔註31〕參見《毛鄭詩考正》卷一，收入《戴震全書》一（合肥：黃山書社，1995年），
　　　頁597。
〔註32〕參見《杲溪詩經補注》卷二，收入《戴震全書》二（合肥：黃山書社，1995
　　　年），頁32。

鄭《箋》或朱熹《詩集傳》等說解，再以按語加以評判得失，並發揮己見，最後再將各章作詩之意「附於篇題後」。其後，東原入都，與當世考據學家切磋學術，乃將《詩補傳》取出重修，排除引用朱熹《詩集傳》之文，並略去篇題詩義之探究，專就經文之考證重新刪訂，遂成《毛鄭詩考正》四卷本也。其後，間隔十餘年，東原四十四歲時，乃又依據《詩補傳》之體例，同時參照《詩補傳》以及《毛鄭詩考正》之考釋成績，並加入新近研究成果，然僅完成〈二南〉部分，即為《杲谿詩經補注》二卷本也。

所以，此三書雖為不同時期之研究成果，然可看出東原《詩經》研究之歷程與學術成長狀況，彼此之間又具有前後承接及後學轉精的密切關係。段《譜》云：「先是癸酉成《詩經補傳》，……仲明索觀《詩補傳》，先生辭之，作書與之論學而已，蓋亦自恐於斯未信也。……先生所謂每憾昔人成書太早，多未定之說者，於此可見。」〔註33〕又東原〈與姚孝廉姬傳書〉亦云：「自始知學，每憾昔人成書太早，多未定之說。」〔註34〕《詩補傳》為東原《詩經》研究之初稿，東原秉持這種謹慎成書的態度，故其書並未刊行於世，學者多不知其詳略，故連孔繼涵《遺書》本亦未刊刻。其後，《毛鄭詩考正》「識見稍定」，始刊行於世，又十餘年，乃又重定《杲谿詩經補注》，惟僅成「二南」而已。

第二節　解《詩》立場及得失

戴震在考釋《詩經》經文的立場，乃不拘守毛、鄭等漢學家，是其所是，非其所非。然而，部分學者主張戴震解《詩》唯宗毛、鄭，而反朱子，如甘鵬雲《經學源流考》論清代《詩》學云：

> 雍、乾以後，沿宋、明之說者益微，倡漢、唐之風者日以盛。……至專究毛鄭一家之詩者，有李黼平作《毛詩紬義》，戴震作《毛鄭詩考正》、《詩經補注》，始一宗漢詁，不雜他家。〔註35〕

皮錫瑞亦云：

> 雍、乾以後，古書漸出，經義大明。惠、戴諸儒，為漢學大宗，已盡棄宋詮，獨標漢幟矣。〔註36〕

〔註33〕參見段玉裁《戴東原先生年譜》，收入《戴震文集》附錄。
〔註34〕收入《戴震文集》卷九。
〔註35〕參見甘鵬雲《經學源流考》（臺北：學海出版社，1985年），頁109～110。
〔註36〕參見皮錫瑞《經學歷史》（臺北：漢京文化，1983年9月），頁313。

其實，《毛鄭詩考正》雖「專究毛鄭一家之詩」，而未採朱熹《詩集傳》，但卻也不株守毛鄭之說，而更出己意，有所取捨，並非「一宗漢詁」。周中孚即批評《毛鄭詩考正》云：

> 是書於毛傳、鄭箋，無所專主，多自以己意考正，或兼摘傳箋考正之，或專摘一家考正之，或止摘經文考正之。大都俱本古訓古義，推求其是，而仍以輔翼傳箋爲主，非若宋人說《詩》諸書，專以駁斥毛、鄭而別名一家也。〔註37〕

此外，今人岑溢成分析《毛鄭詩考正》226 條的內容，發現談及毛《傳》者約佔全書百分之五十（其中批評的約佔全書百分之二十三，支持的約佔全書百分之二十七），論及鄭《箋》者約佔全書百分之三十二（其中批評者約佔全書百分之十二，支持者約佔全書百分之二十），至於全書與毛《傳》、鄭《箋》無直接關聯的條目超過三分之一，而與毛《傳》、鄭《箋》有關的部分，戴震的立場大致取捨參半。〔註38〕因此，《毛鄭詩考正》的解經立場絕對不能算是宗信漢人毛《傳》與鄭《箋》，而是學無專主、求是求實的研究態度。

至於《詩補傳》及《杲谿詩經補注》二書，則是漢、宋兼採，毛《傳》、鄭《箋》以及朱熹《詩集傳》皆擇而用之。清人陳澧亦考究戴震《詩經補注》一書，認爲其解經不拘守毛、鄭，亦不拘守朱熹，其云：

> 戴東原《詩經補注》云：「〈卷耳〉感念於君子行邁之憂勞而作也。」此從朱《傳》之說，不從《序》說。平心論之，《序》說雖古義，而朱說尤通，故戴氏從之也。（「寘彼周行」，朱《傳》以爲寘所采之卷耳之大道之旁，乃通；戴氏云：「寘此懷念於周行之上」，則文義未安也。）二章、三章、四章，則朱說亦未安。陳長發《稽古編》駁之云：「登高極目，縱酒娛懷，雖是託諸空言，終有傷於雅道」，是也。戴氏云：「陟山，謂君子行邁所致也。酌酒，願君子且酌以解其憂也。」此實勝朱《傳》之說。不拘守毛、鄭，亦不拘守朱《傳》，戴氏之學，可謂無偏黨矣。〔註39〕

東原考釋雖多從毛、鄭之說，然亦有否定毛、鄭而轉從朱《集傳》者，

〔註37〕 參見周中孚《鄭堂讀書記》卷八，頁 150。
〔註38〕 參見岑溢成《詩補傳與戴震解經方法》（臺北：文津出版社，1992 年 3 月初版），頁 110。
〔註39〕 參見陳澧《東塾讀書記》（臺北：臺灣商務印書館，1997 年 6 月），頁 96。

更有否定三家而自出己見者。鮑國順亦認爲「此書（《杲谿詩經補注》）最當注意者，乃東原對於朱熹《集傳》之態度。細按全書，其捨毛、鄭，而從朱傳者，計有四處。……由此四例觀之，東原論《詩》，固不爲漢、宋門戶所囿。」〔註40〕按：鮑氏舉出《杲谿詩經補注》一書解《詩》之態度，有四處是捨毛、鄭而從朱《集傳》者，例如《詩·周南·兔罝》：「肅肅兔罝，椓之丁丁；赳赳武夫，公侯干城。」毛《傳》曰：「肅肅，敬也；兔罝，兔罟也。丁丁，椓杙聲也。赳赳，武貌。干，扞也。」《集傳》曰：「肅肅，整飭貌。」戴震云：「毛、鄭以『肅肅兔罝』爲其人之不忘恭敬，《集傳》以爲罝之整飭，《集傳》是也。」〔註41〕其他如〈草蟲〉、〈殷其靁〉之首章，以及〈小星〉首章「三五在東」之釋，亦取朱《集傳》而不從毛、鄭也。另外，除鮑氏所引之四例外，如上一節所引〈卷耳〉「周行」之釋，東原亦取朱熹《詩集傳》「周行，大道也」之說，贊同將「周行」釋作大道，而不從毛《傳》行列之說。至於《詩補傳》一書，其解《詩》範圍除「二南」外，更遍及風、雅、頌各篇，而引用並贊同朱《集傳》之說者，亦多有其例。因此，《詩補傳》與《杲谿詩經補注》二書，其解《詩》不專主毛、鄭，亦多有取自朱熹《詩集傳》之說者。

其次，篇題意旨部分，亦有不同《詩序》、毛、鄭，而贊同朱熹者，如《詩·召南·草蟲》：「喓喓草蟲，趯趯阜螽。未見君子，憂心忡忡。亦既見止，亦既覯止，我心則降。」《詩序》云：「〈草蟲〉，大夫妻能以禮自防也。」戴震《杲谿詩經補注》云：「毛、鄭以首二言爲『喻卿大夫之妻待禮而行隨從君子』；中二言爲『在途時憂不當君子』。《集傳》以爲『大夫行役在外，其妻感時物之變而思之如此。』《集傳》是也。」〔註42〕戴震贊同朱《集傳》之言，以爲〈草蟲〉之詩旨乃「感念君子行役未返之詩也。」

不過，對於宋人認爲三百篇中頗有所謂「淫詩」者之觀點，戴震則表示反對。例如歐陽修《詩本義》釋〈邶風·靜女〉云：「衛俗，淫風大行，男女務以色相誘悅，雖幽靜難誘之女亦然。」鄭樵《詩辨妄》亦釋〈鄭風·將仲子〉云：「此實淫奔之詩，無與於莊公、叔段之事。」朱熹《詩序辨說》贊同鄭氏云：「然莆田鄭氏曰：『此實淫奔之詩，無與於莊公、叔段之事。』《序》

〔註40〕參見鮑國順《戴震研究》（臺北：國立編譯館，1997 年），頁 247～248。
〔註41〕參見戴震《杲溪詩經補注》卷一，收入《戴震全書》第二冊，頁 15。
〔註42〕參見戴震《杲溪詩經補注》卷一，收入《戴震全書》第二冊，頁 27。

蓋失之，而說者又從而巧爲之說以實其事，誤亦甚矣。今從其說。」王柏《詩疑》亦贊同鄭、朱之說云：「〈將仲子〉，《序》固妄矣。而莆田鄭氏，謂此實淫奔之詩，而朱子從之。……朱子黜小序，始求之於詩，而直指曰：『此爲淫奔之詩。』予反覆玩味，信其爲斷斷不可易之論。」朱熹乃總論《詩》三百篇旨意云：

> 孔子之稱「思無邪」也，以爲《詩》三百篇，勸善懲惡，雖其要歸，無不出於正，然未有若此言之約而盡者耳，非以作詩之人所思皆無邪也。〔註43〕

又云：

> 凡言善者足以感發人之善心，言惡者足以懲創人之逸志；而諸家乃專主作《詩》者而言，何也？曰：《詩》有善有惡，頭面最多，而惟「思無邪」一句足以該之。上至於聖人，下至於淫奔之事，聖人皆存之者，所以欲使讀者知所懲勸。其言「思無邪」者，以其「有邪」也。〔註44〕

蓋朱熹認爲《詩經》中多有淫亂之詩，作詩者非皆「無邪」也，孔子稱三百篇「一言以蔽之，曰思無邪」，乃針對讀《詩》者而言，作者有邪，而讀者須以無邪之心讀之，乃知所懲勸也。

東原則反對宋儒之說，主張作詩本義乃「思無邪」也，認爲《詩》三百篇，大抵皆忠臣、孝子、賢婦、良友之言，非有淫佚狎邪之詞也。如〈毛詩補傳序〉云：

> 「《詩》三百，一言以蔽之，曰：『思無邪』」，夫子之言《詩》也。而「風」有貞淫，說者因以無邪爲讀《詩》之事，謂《詩》不皆無邪也，此非夫子之言《詩》也。……余私謂《詩》之詞不可知矣，得其志則可以通乎其詞。作《詩》者之志愈不可知矣，斷之以「思無邪」之一言，則可以通乎其志。「風」雖有貞淫，《詩》所以表貞止淫，則上之教化時或浸微，而作《詩》者猶覬挽救於萬一，故《詩》足貴也。三百之皆無邪，至顯白也，況夫有本非男女之詩，而說者亦以淫佚之情概之。於是目其詩，則褻狎戲謔之葳言，而聖人顧錄之。淫佚者甘作詩以自播，聖人又播其葳言於萬世，謂是可以考見

〔註43〕 參見朱熹〈讀呂氏詩記桑中高〉，《朱文公文集》卷七十。
〔註44〕 參見朱熹《詩傳遺說》卷三。

其國之無政，可以俾後之人知所懲，可以與《南》、《豳》、《雅》、《頌》
之章並列爲經，余疑其不然也。宋後儒者求之不可通，至指爲漢人
竄入淫詩，以足三百之數，欲舉而去之，其亦妄矣。……司馬氏有
曰：「〈國風〉好色而不淫，〈小雅〉怨誹而不亂。」又曰：《詩》三
百篇，大抵賢聖發憤之所爲作也。」漢初師傳未絕，此必七十子所
聞之大義也。余亦曰：三百篇皆忠臣、孝子、賢婦、良友之言也，
其間有立言最難，用心獨苦者，則大忠而託諸詭言遜詞，亦聖人之
所取也。必無取乎小人而邪僻者之葴言，以與賢聖相雜廁焉。〔註45〕

因此，戴震不同意朱熹等宋儒以「淫詩」的觀點解《詩》，認爲孔子「思
無邪」之言大抵合乎《詩》之本義，故以「思無邪」之詩志乃可通乎其詞也。
例如《詩·邶風·靜女》：

靜女其姝，俟我于城隅，愛而不見，搔首踟蹰。

靜女其孌，貽我彤管。彤管有煒，說懌女美。

自牧歸荑，洵美且異。匪女之爲美，美人之貽。

《詩序》云：「〈靜女〉，刺時也，衛君無道，夫人無德。」毛《傳》：「以
君及夫人無道德，故陳靜女遺我以彤管之法，德如是，可以易之爲人君之配。」
又云：「靜，貞靜也。女德貞靜而有法度，乃可說也。……城隅，以言高而不
可踰。」又云：「古者后夫人必有女史彤管之法，史不記過，其罪殺之。后妃
群妾以禮御於君所，女史書其日月，授之以環，以進退之。生子月辰，則以
金環退之。當御者以銀環進之，著于左手。既御，著于右手。事無大小，記
以成法。」朱熹《集傳》則云：「賦也。靜者，閒雅之意。姝，美色也。城隅，
幽僻之處。不見者，期而不至也。……此淫奔期會之詩也。」毛《傳》以此
詩爲女德貞靜有法度，朱《集傳》則反以此詩爲男女期會淫奔之詩，自漢、
宋而下，聚訟不斷，及至近世，顧頡剛、聞一多等人亦爲文爭論，總計論文
在十萬字以上，人各一說，迄無定論。（詳見《古史辨》第三冊）足見解《詩》
之難。戴震則於《詩補傳》考釋篇義云：

〈靜女〉三章，思賢媵也。一章思其人之已至，以俟迎者，然而迎
之不見。二章思其所秉持之物或來致貽，則說懌深也。三章思其至
于郊外而歸之荑，則物又以人美也，不見其人，則思見其物。〈靜女〉
之詩，所謂賢賢易色矣。衛人擬其君之宮中無是女以備嬪媵及女史

―――――――――――――
〔註45〕參見《戴震文集》卷十。

之法廢也。故其詩非蕩佚之言也，所以譏蕩佚者之言也。蕩佚者，無貞靜之操。曰靜女，明不淫也。蕩佚者，無取乎彤管。女史曰彤管，主乎宮中之宜有法度也。《春秋傳》曰：「〈靜女〉之三章，取彤管焉」是也。歸荑，亦以爲潔白之喻。若蕩佚者，曷取是？其辭微，其志莊，其稱物也可以訓，其思美也，不動于淫。使徒以色而已矣，豈足美哉！豈足取之乎詩！《毛詩序》：「刺時也，衛君無道，夫人無德。」〔註46〕

東原認爲〈靜女〉非蕩佚之詩，認爲「蕩佚者，無取乎彤管。女史曰彤管，主乎宮中之宜有法度也。」又引《左傳》定公九年：「〈靜女〉之三章，取彤管焉」之文爲證，大抵本著「思無邪」之立場解《詩》，略同于《詩序》及毛《傳》。又東原《毛鄭詩考正》更以古代「城隅」之制補證本詩云：

《傳》：「城隅，以言高而不可踰。」《箋》云：「自防如城隅。」震按：《傳》、《箋》皆就城隅取義，非詩意也。城隅之制，見《考工記》。許叔重《五經異義》古《周禮》說云：「天子城高七雉，隅高九雉。公之城高五雉，隅高七雉。侯、伯之城高三雉，隅高五雉。」據《記》考之，公、侯、伯之城，皆當高五雉，城隅與天子宮隅等，門臺謂之宮隅，城臺謂之城隅，天子、諸侯臺門，以其四方而高，故有隅之稱。言「城隅」以表至城下將入門之所也。「靜女其姝，俟我於城隅」，此媵俟迎之禮。諸侯娶一國，二國往媵之，以姪娣從。冕而親迎，惟嫡夫人耳。媵則至乎城下以俟迎者，然後入。「愛而不見」，迎之未至也。「愛而」，猶「隱然」。《說文》引此作「優」。郭注《方言》引此作「薆」。彤管之法，女史書宮中之法度，故《春秋傳》曰：「〈靜女〉之三章，取彤管焉。」「自牧歸荑」，言乎說舍近郊也。《爾雅》：「郊外謂之牧」。「荑」亦以爲潔白之喻。美其管，美其荑，設言以欣慕其人耳。始思見其人，繼思得見其物；始言至城下，終乃言至於郊，非寔有是事可知。〈靜女〉之刺，思賢媵，懷女史之法也。蓋衛人擬其君之宮中無是女以備嬪媵及女史之法廢也。學者罕聞城隅，而詩遂失其傳矣。〔註47〕

戴震以《周禮》「城隅」之制解《詩》，證明〈靜女〉乃諸侯媵俟之禮，

〔註46〕參見戴震《毛詩補傳》卷三，收入《戴震全書》第一冊，頁200。
〔註47〕參見戴震《毛鄭詩考正》卷一，收入《戴震全書》第一冊，頁600～601。

故言〈靜女〉之刺，乃思賢媵，懷女史之法者也。此以名物制度解詩，不取毛、鄭就「城隅」字面之義說解，信而有徵，故言「學者罕聞城隅，而詩遂失其傳矣」。

因此，由戴震之《詩補傳》、《杲溪詩經補注》、《毛鄭詩考正》三書來看，其解經方法與態度乃不專主毛《傳》、鄭《箋》、朱熹《集傳》三家之說，更有超出三家之新見也，可證其解《詩》乃實事求是，空所依傍。

第三節　論《詩序》及其他《詩經》相關問題

一、論《詩序》作者

《毛詩》解說各詩篇的序，統稱之《詩序》，又稱各篇的序為〈小序〉，而另稱冠於首篇〈關雎〉之前的文字為〈大序〉。《詩序》作於何人？自漢、唐以下，爭論不斷，宋人更有疑為村野妄人之作，而有「廢序」的主張。因此，「擁序」與「廢序」，也成為後來漢、宋之爭的一大議題。紀昀《四庫全書總目提要》指出《詩序》之辨乃說經家第一爭詬之端，其云：

> 案《詩序》之說，紛如聚訟，以為〈大序〉子夏作，〈小序〉子夏、毛公合作者，鄭玄《詩譜》也；以為子夏所序詩即今《毛詩》者，王肅《家語》注也；以為衛宏受學謝曼卿作《詩序》者，《後漢書・儒林傳》也；以為子夏所創，毛公及衛宏又加潤益者，《隋書・經籍志》也；以為子夏不序《詩》者，韓愈也；以為子夏惟裁初句，以下出於毛公者，成伯璵也；以為詩人所自製者，王安石也；以〈小序〉為國史之舊文，以〈大序〉為孔子作者，明道程子也；以首句即為孔子所題者，王得臣也；以為毛《傳》初行，尚未有《序》，其後門人互相傳授，各記其師說者，曹粹中也；以為村野妄人所作，昌言排擊而不顧者，則倡之者鄭樵、王質，和之者朱子也。然樵所作《詩辨妄》一出，周孚即作《非鄭樵詩辨妄》一卷，摘其四十二事攻之。質所作《詩總聞》亦不甚行於世。朱子同時，如呂祖謙、陳傅良、葉適，皆以同志之交各持異議。黃震篤信朱學，而所作《日鈔》亦申《序》說。馬端臨作《經籍考》，於他書無所考辨，惟《詩序》一事反覆攻詰至數千言。自元明以至今日越數百年，儒者尚各

分左右袒也，豈非說經之家第一爭詬之端乎？〔註48〕

關於《詩序》的作者，《四庫總目》至少就列舉十一家說法，至民國初年胡樸安《詩經學》則收錄十三家，張西堂《詩經六論》更收錄十六家。因此，《詩序》的作者問題，洵爲治《詩》者必須面對的重要課題。戴震則於《經考附錄》卷三之〈毛詩序〉一文探究此問題，除列引十三家前人之說解外，並下按語云：

> 《毛詩序》傳自毛公，以爲子夏之學。雖不子夏所爲，要之師承當不誣。孟子譏高叟言《詩》，先儒以爲子夏授《詩》高行子，即其人。是先師相傳，固已不能無失矣。鄭康成言眾篇之義合編，至毛公始分。未嘗一語及衛敬仲。康成去敬仲不遠，若《序》果敬仲附益，豈得不言？大抵《序》之首一句，所謂眾篇之義者。其下附益，乃毛公發明首一句之指，敬仲無與。獨《後漢書》言衛宏作《毛詩序》，不知其所作者爲何？況范氏傳聞多失實，當以康成所未言，斷《詩序》非宏作可也。〔註49〕

按：戴震認爲《毛詩序》雖未必爲子夏所爲，亦是傳自孔門弟子，乃子夏門人，師承不誤，但必非衛宏所作。蓋衛宏乃東漢初人，若眞爲衛宏所作，東漢末年的鄭玄豈會不知？故《後漢書・儒林傳》的說法不可信。又《鄭箋》於已亡之六篇笙詩〈南陔〉、〈白華〉、〈華黍〉等云：「子夏序《詩》，篇義合編，故詩雖亡而義猶在也。毛氏《故訓傳》各引《序》冠其篇首，故《序》存而詩亡。」似鄭玄認爲作《序》者爲子夏。然而陸德明《經典釋文・毛詩音義上》云：「沈重云：案鄭《詩譜》意：〈大序〉是子夏作，〈小序〉是子夏、毛公合作，卜商意有不盡，毛更足成之。」則鄭玄又修正其意爲《毛詩序》乃子夏、毛公合作完成也。蓋子夏爲孔子學生中最擅長文學者，《論語・八佾篇》中記載孔子曾讚賞卜商乃「起予者商也，始可與言詩已矣。」則子夏傳《詩》，宜有所據。子夏論《詩》，應有其事，不過並非今本《毛詩序》之面目。陳子展以爲《詩序》首句以下之辭，有明著七十子後人姓名，如高子、孟仲子之徒，爲子夏所不及知者。《文選・詩大序》題卜商子夏作，似以別於〈小序〉，則其他〈小序〉未必全出於子夏也〔註50〕。

〔註48〕參見紀昀《四庫全書總目》卷十五，經部十五・詩類一。
〔註49〕收入《戴震全書》第二冊（合肥：黃山書社，1995年），頁518。
〔註50〕參見陳子展〈論詩序作者〉，《詩經直解》（臺北：書林出版，1992年8月）附

　　又近年上海博物館公佈的戰國楚簡有《孔子詩論》一則，就簡文文字構形以及書寫風格分析，應是抄成於戰國中晚期〔註 51〕，其內容爲孔門後學記載孔子有關《詩》義之論述，包含孔子以及子夏等弟子之詩教思想。《孔子詩論》的作者，李學勤認爲很可能是子夏〔註 52〕。今觀其內容，應爲孔子再傳弟子所抄錄，反映出孔子及子夏等弟子對《詩》義的觀點。至於《孔子詩論》與《毛詩序》之關係，馬承源曾在《詩論》的考釋後列有〈孔評詩義與毛詩小序評語對照表〉，指出「以上孔子授詩內容，除指出〈雨無正〉、〈節南山〉『皆言上之衰也，王公恥之』以外，其他都沒有發現如《毛詩》小序所言那樣許多『刺』、『美』之所指，可能多數並非如此，之所以寫得這麼明確，可能相當部分是漢儒的臆測。」〔註 53〕彭林亦認爲《孔子詩論》與《詩序》有別，其云：

> 如果從體例上歸納《詩序》、《書序》的特點，有兩點是很清楚的：第一，都以介紹背景材料爲主，包括作者、撰作緣由等，不引用正文，不評論文義，也就是說，以正文的外圍知識爲主。第二，各篇之序各自爲文，彼此不重複，即僅就本篇立說，不旁涉它篇。揆諸上博簡《孔子詩論》的中心是論述《詩》的思想內涵，著重在《詩》的本身。……綜上所述，《孔子詩論》的主旨是論述《詩》義，故不僅引章摘句，暢論《詩》志，而且不嫌文字重複，屬於議論性質的文字，而《詩序》是題解類的文字。因此，斷斷不能將《孔子詩論》名之爲《詩序》，或者古《詩序》。〔註 54〕

　　可見《詩論》與《詩序》有別，如《詩論》孔子評〈綠衣〉云：「〈綠衣〉之憂，思古人也」，《詩序》則云：「衛莊姜傷己也。妾上僭，夫人失位，而作

錄一，頁 11。

〔註 51〕參見馬承源主編《上海博物館藏戰國楚竹書（一）》，上海古籍出版社，2001年 11 月。

〔註 52〕參見李學勤〈《詩論》的體裁和作者〉，收入上海大學古代文明研究中心、清華大學思想文化研究所編《上海館藏戰國楚竹書研究》（上海書店，2002 年 4月），頁 51～57。

〔註 53〕參見馬承源主編《上海博物館藏戰國楚竹書（一）》，上海古籍出版社，2001年 11 月。

〔註 54〕參見彭林〈《詩序》、《詩論》辨〉，收入上海大學古代文明研究中心、清華大學思想文化研究所編《上海館藏戰國楚竹書研究》（上海書店，2002 年 4 月），頁 93～99。

是詩也。」又如《詩論》孔子論〈葛覃〉云:「吾以〈葛覃〉得氏初之詩,民性固然,見其美,必欲反,一本夫葛之見歌也。」《詩序》則云:「〈葛覃〉,后妃之本也。后妃在父母家,則志在於女功之事,躬勤儉用,服澣濯之衣,尊敬師傅,則可以歸安父母,化天下以婦道也。」又如《詩論》孔子評〈兔罝〉云:「〈兔罝〉其用人,則吾取貴也。」《詩序》則云:「〈兔罝〉,后妃之化也。〈關雎〉之化行,則莫不好德,賢人眾多也。」皆可證《孔子詩論》與《毛詩序》在各篇旨意上,存有甚大的差距。

因此,上博簡《孔子詩論》的論詩內容與《毛詩序》有頗多歧異,如果《詩序》作於孔子或子夏等孔門弟子之手,抄錄《孔子詩論》的孔門後學安能不見?而安能在甚多篇章旨意上有如此多的不同?故《詩序》應非出自孔子或子夏之手,而可能是毛公或其後之漢儒輯錄整理前儒之說法而成,但斷不是衛宏所為。

二、論「賦」、「比」、「興」

《詩經》有所謂「六義」,《詩‧大序》云:「詩有六義焉:一曰風,二曰賦,三曰比,四曰興,五曰雅,六曰頌。」《周禮‧春官‧太師》云:「教六詩:曰風,曰賦,曰比,曰興,曰雅,曰頌。」學者多以風、雅、頌為《詩》的體裁或內容,而以賦、比、興為《詩》的文辭或作法。

關於賦、比、興之定義,「賦」之義較為易解,「比」、「興」則有異辭,例如鄭眾云:「比者,比方於物,諸言如者,皆比辭也;興者,託事於物,則興者起也,取譬引類,起發己心,詩文諸舉草木鳥獸以見意者,皆興辭也。」〔註55〕鄭玄云:「賦之言鋪,直鋪陳今之政教善惡;比,見今之失,不敢斥言,取『比』類以言之;興,見今之美,嫌於媚諛,取善事以諭勸之。」〔註56〕孔穎達《正義》云:「其實美、刺,皆在比、興者也。」又云:「比之與興,雖同是附託外物,比顯而興隱,當先顯而後隱,故比居興先。《毛傳》特言興也,為其理隱故也。」劉熙《釋名》曰:「興物而作謂之興,事類相似謂之比。」《文心雕龍‧比興篇》云:「比者,附也。興者,起也。附理者,切類以指事;起情者,依徵以擬議。起情,故興體以立;附理,故比例以生。比則畜憤以斥言,興則環譬以託諷。」朱熹云:「比是一物比一物,而所指之事常在言外。

〔註55〕參見孔穎達《正義》引鄭司農之說。
〔註56〕參見孔穎達《正義》引鄭玄注《周禮》「六詩」之說。

興是假彼一物以引起此事，而其事常在下句。但比意雖切而卻淺，興意雖闊而味長。」〔註57〕

蓋「賦」之義乃鋪陳直述，各家較無爭議。「比」乃以彼喻此，比方於物，類似今日之「譬喻」。「興」則較爲隱約間接，乃託物以起興，所託之物與被託者並無明顯關係，近似今日之「聯想」。然而，《毛詩》於文中獨標「興」，計有一百一十六篇，而未標「比」、「賦」，或由於「興」義較爲隱晦，故特言之也。「興」有時亦與「比」義相混，無法強爲區別，如〈周南·麟之趾〉云：

麟之趾，振振公子，于嗟麟兮！

麟之定，振振公姓，于嗟麟兮！

麟之角，振振公族，于嗟麟兮！

毛《傳》：「興也。趾，足也。麟信而應禮，以足至者也。振振，信厚也。」鄭《箋》：「興者，喻今公子亦信厚，與禮相應，有似於麟。」孔穎達《正義》：「言古者麟之趾，猶今之振振公子也。麟之爲獸，屬信而應禮，以喻今公子亦振振然。信厚與禮相應，言公子信厚似於麟獸也。」朱熹《詩集傳》：「興也。……詩人以麟之趾興公之子，言麟性仁厚，故其趾亦仁厚。」戴震則云：「〈麟趾〉，美公子之賢，比於麟也。麟之儀表見於趾、額、角矣。公子之賢，則見其振振矣。」〔註58〕姚際恆《詩經通論》云：「比而賦也。此詩只以麟比王之子孫族人。蓋麟爲神獸，世不常出，王之子孫亦各非常人，所以興比而歎美之耳。」因此，〈麟之趾〉或言興，或言比，或興兼比，或比而賦也，各見其說。呂祖謙云：「興與比相近而難辨。興之兼比者，徒以爲比，則失其意味矣。興之不兼比者，誤以爲比，則失之穿鑿矣。朱子曰：『《詩》中說興處，多近比。如〈關雎〉、〈麟趾〉皆是興而兼比。然雖近比，其體卻只是興。』」〔註59〕

戴震於《經考》卷三〈六詩〉一文釋《詩》之「賦」、「比」、「興」云：

《周禮·太師》：「教六詩：曰風，曰賦，曰比，曰興，曰雅，曰頌。」風、雅、頌，作《詩》有此三體也。賦、比、興，《詩》之辭有此三義也。賦者，指明而敷陳之也，如「窈窕淑女，君子好逑」，即賦也。比者，託事比擬，不必明言而意自見也，如〈鴟鴞〉通篇爲鳥言是

〔註57〕參見《朱子語類》八十。

〔註58〕參見戴震《杲溪詩經補注》卷一，收入《戴震全書》第二冊（合肥：黃山書社，1995年），頁20。

〔註59〕參見戴震《經考》卷三〈六詩〉所引。

也。興者，假物引端也，如「關關雎鳩，在河之洲」之類是也。〈樛木〉之詩，先儒以為興。是葛藟但興福屨爾，然以是詩為「后妃逮下」，故眾妾稱願之。詩中無從知為眾妾所作。徒因樛木下垂，葛藟上蔓，喻后妃逮下，眾妾上附，則比之義矣。〈麟之趾〉，先儒亦以為興。然又曰：「于嗟麟兮」，歎美公子為麟也。麟，喻公子。趾、定、角，喻公子振振仁厚。於是歎麟，即歎公子，則亦比之義也。「冽彼下泉，浸彼苞稂。」先儒謂比王室陵夷，小國困弊，即以興下愾然念周京。〈葛覃〉主乎思歸寧，本非自為絺綌，然因服葛時有感，追念未嫁在父母家曾為之。首章並及「葛葉萋萋，黃鳥于飛」，總謂之賦。〈黍離〉、〈泮水〉等詩，先儒又有賦其事以起興之說。然則賦也、比也、興也，特作詩者之立言置辭，不出此三者；若強析之，反自亂其例。蓋情動於中而形於言，何嘗以例拘？既有言矣，就其言觀之，非指明敷陳，則託事比擬，非託事比擬，則假物引端。引端之辭，亦可寄意比擬。比擬之辭，亦可因以引端。敷陳之辭，又有虛實、淺深、反側、彼此之不同，而似於比擬、引端，往往有之。
此三者，在經中不解自明；解之，反滯于一偏矣。〔註60〕

戴震認為「賦」、「比」、「興」三者，特作詩者之立言置辭，多有相近似之例，並不須強加分析，否則自亂其例，故以為「此三者在經中不解自明，解之反滯于一偏矣」。蓋賦、比、興本為文學用語，其只是作詩或解詩者之大略區別，本無嚴格之界線，端在靈活運用以助成內容之呈現。故方玉潤《詩經原始》云：「賦比興三者，作詩之法，斷不可少。然非執定某章為興，某章為比，某章為賦。夫作詩必有興會，或因物以起興，或因時而感興，皆興也。其中有不能明言者，則不得不借物以喻之，所謂比也。或一二句比，或通章比，皆相題及文勢為之，亦行乎其不得不行已耳。」對於比興之法，亦重在靈活運用。

故東原於〈詩比義述序〉云：

繼風以下曰賦、曰比、曰興，則存乎章句間。三百皆有所賦之事，言非一端，或難徑言。鄭司農云：「比者，比方於物也；興者，託事於物。」蓋立言之體，有是三者。非直賦其事，則或比方，或託物。賦直而比曲，比邇而興遠。興既會其意矣，則何異於比？比見其事

〔註60〕收入《戴震全書》第二冊（合肥：黃山書社，1995 年），頁 242～243。

矣,則何異於賦?〔註61〕

東原以爲賦、比、興有彼此近似者,又舉《詩》例以明之云:

《易》曰:「引而信之,觸類而長之」,《詩》之比、興固如是。舉「比」以通「賦」與「興」,非創自是書也。《毛詩》於〈樛木〉曰「興也」,宜以葛藟之附樛木興福履之隨君子已耳,而篇義曰「后妃逮下也」,義取樛木下垂,葛藟得上,蔓爲后妃逮下,眾妾得親附之,比。〈十月之交〉爲直賦其事,無疑也。……日,君象;月,臣象。日失其明甚於月,喻君之蔽虧甚於臣。故曰:「亦孔之醜」,曰:「于何不臧」。《詩》詞顯以比德,非語徵祥。……篇內「高岸爲谷,深谷爲陵」,毛《傳》曰:「言易位也」,鄭《箋》云:「君子居下,小人居上之謂也」,亦據比義言之。推而至於隸用一字,在六書假借,引喻以明,無非比也。賦者,比之實也;興者,比之推也。得比義於興不待言,即賦之中復有比義。〔註62〕

東原舉〈樛木〉之義兼比、興,〈十月之交〉兼有賦、比,可證《詩》之賦、比、興,相互爲用,多近似之例,不須強加分析。

三、論「四始」與「正變」

「四始」之說,最早見於《詩大序》,其言云:

上以風化下,下以風刺上,主文而譎諫,言之者無罪,聞之者足以戒,故曰「風」。……是以一國之事,繫一人之本,謂之「風」。言天下之事,形四方之風,謂之「雅」。雅者,正也,言王政之所由廢興也。政有小大,故有「小雅」焉,有「大雅」焉。「頌」者,美盛德之形容,以其成功告於神明者也。是謂「四始」,《詩》之至也。〔註63〕

孔穎達《正義》引鄭玄答張逸之言云:「風也,小雅也,大雅也,頌也,此四者,人君行之則爲興,廢之,則爲衰。又《箋》云:『始者,王道興衰之所由。』然則此四者,是人君興廢之始,故謂之『四始』也。」因此,《詩序》是以「風」、「小雅」、「大雅」、「頌」四者爲「四始」。《詩序》又云「四始,《詩》

〔註61〕 收入《戴震文集》卷十。
〔註62〕 參見戴震〈詩比義述序〉,收入《戴震文集》卷十。
〔註63〕 參見唐孔穎達等編撰《十三經注疏‧詩經》(臺北:藝文印書館,1993 年 9月)。

之至也。」「至」有極盡之意，則「四始」乃詩義之極盡、極至也。又鄭玄以爲「始者，王道興衰之所由」，賦予詩教意味，人君行此「四始」之至，則國政將以興。

《史記・孔子世家》亦有說云：

> 〈關雎〉之亂，以爲「風」始，〈鹿鳴〉爲「小雅」始，〈文王〉爲「大雅」始，〈清廟〉爲「頌」始。

此似乎以〈關雎〉、〈鹿鳴〉、〈文王〉、〈清廟〉爲《詩》之「四始」，然而司馬遷並未明說「四始」，也未說有特別之含意，故此說影響不大。另《齊詩》亦有「四始」，惟乃附會五行之說，不可信也。

唐代成伯璵則亦提出「四始」之說云：

> 《詩》有四始。始者，正詩也，謂之正始。〈周〉〈召〉二南，《國風》之正始；〈鹿鳴〉至〈菁菁者莪〉爲《小雅》之正始；〈文王受命〉至〈卷阿〉爲《大雅》之正始；〈清廟〉至〈般〉爲《頌》之正始。〔註64〕

戴震則於《經考》卷三〈四始〉一文考之云：

> 「四始」自《毛詩序》、《史記》已言之，蓋經師相傳之遺語。後儒因之，又有風雅正變之說。今考《周南》：〈關雎〉、〈葛覃〉、〈卷耳〉；《召南》：〈鵲巢〉、〈采蘩〉、〈騶虞〉；《小雅》：〈鹿鳴〉、〈四牡〉、〈皇皇者華〉、〈南陔〉、〈白華〉、〈華黍〉、〈魚麗〉、〈由庚〉、〈南有嘉魚〉、〈崇邱〉、〈南山有臺〉、〈由儀〉；《頌》之〈雝〉、〈酌〉及《豳詩》、《豳雅》、《豳頌》逸篇之〈九夏〉、〈貍首〉、〈采薺〉、〈新宮〉之屬，見於《禮經》者，皆周公所定之樂章，而太師教六詩，瞽矇掌六詩之歌，並定於周公制作禮樂時矣。余竊謂風也、小雅也、大雅也、頌也，其定於周公者，部分有四。周公已後之詩，後人所採入，因舊部而各隸其後。則周公初定之篇章，是爲《詩》之「四始」者而已。今之三百十一篇者，不知周太師採而增益之與？抑魯太師所得者與？《魯頌》之名，必非列於周太師。則孔子所據，殆魯太師職掌所存者耳。……「四始」之爲正經，《豳》在其中。若顧炎武謂「《南》、《豳》、《雅》、《頌》爲四詩」，則又異於「四始」之義矣。〔註65〕

〔註64〕參見戴震《經考》卷三〈四始〉所引。
〔註65〕收入《戴震全書》第二冊（合肥：黃山書社，1995年），頁247～248。

戴震同意毛、鄭以「風」、「小雅」、「大雅」、「頌」四者爲《詩》之「四始」，又採成伯璵「始者，正詩也」之意見，故以爲「四始」乃周公初定之正詩。戴震亦於〈詩比義述序〉云：

> 《詩》之部分四：「風」，鄉樂；「小雅」，諸侯之樂；「大雅」、「頌」，天子之樂。而燕饗群臣、嘉賓，或上取，或下就，著在《禮經》。其後因舊部而頗有附益，於是目其定於周初制作禮樂時者，謂之「四始」。〔註66〕

按：《詩序》云「四始，《詩》之至也。」又云：「上以風化下，下以風刺上」、「雅者，正也，言王道所由興廢也」、「頌者，美盛德之形容，以其成功告於神明者也」，鄭玄亦云「始者，王道興衰之所由」，皆是儒家之詩教觀，本非《詩》之原意。至於將「始」視爲正詩，乃是受到「正變」之說的影響。蓋《詩》之有正、變，亦由《詩序》首言，其云：「至於王道衰，禮義廢，政教失，國異政，家殊俗，而『變風』、『變雅』作矣。國史明乎得失之跡，傷人倫之廢，哀刑政之苛，吟詠情性以諷其上，達於事變而懷其舊俗者也。故『變風』發乎情，止乎禮義。發乎情，民之性也；止乎禮義，先王之澤也。」鄭玄《詩譜序》則發揮《詩序》之說云：

> 文武之德，光熙前緒，以集大命於厥身，遂爲天下父母，使民有政有居。其時《詩》：《風》有《周南》、《召南》，《雅》有〈鹿鳴〉、〈文王〉之屬。及成王，周公致太平，制禮作樂，而有《頌》聲興焉，盛之至也。本之由此風雅而來，故皆錄之，謂之《詩》之「正經」。後王稍更陵遲，懿王始受譖，亨齊哀公，夷身失禮之，後邶不尊賢。自是而下厲也、幽也，政教尤衰，周室大壞，〈十月之交〉、〈民勞〉、〈板〉、〈蕩〉，勃爾俱作，眾國紛然，刺怨相尋。五霸之末，上無天子，下無方伯，善者誰賞？惡者誰罰？紀綱絕矣。故孔子錄懿王、夷王時詩，訖於陳靈公淫亂之事，謂之「變風」、「變雅」。

蓋鄭玄以爲《國風》之《周南》、《召南》等二十五篇爲正風，《邶》、《鄘》以下至《豳》則爲變風，而《小雅》之〈鹿鳴〉等十六篇及《大雅》之〈文王〉等十篇則爲正雅，〈十月之交〉、〈板〉、〈蕩〉等篇則爲變雅。然而，鄭玄此說有所矛盾，屈萬里指出「即使承認毛、鄭之說爲合理，而他們所定的詩的時代，已多半靠不住，如《周南》、《召南》，顯然有東周時詩，他們都認爲

〔註66〕收入《戴震文集》卷十。

是周初的作品；何況毛鄭認爲《豳風》諸詩，皆作於成王之世，而鄭氏卻把它列入變風，這豈非自相矛盾嗎？」〔註67〕又據孫作雲之考證，《詩經》中最早的詩是《周頌》，大部分是周成王時代的詩；《大雅》、《小雅》全是西周末年之詩，其中一半左右的詩是周宣王時代的作品；《國風》絕大部分是春秋初年之詩，有一小部份是西周末年的詩，另一小部份是春秋中晚期之詩，至於《二南》除有一部份是西周末年的詩，其餘均作於春秋初年〔註68〕。另屈萬里亦考證「三百篇的時代，就文辭上看，以《周頌》爲最早，大致都是西周初年的作品；《大雅》裡也有幾篇像是西周初年的作品，而大部分是西周中葉以後的產物。《小雅》多半是西周中葉以後的詩，有少數顯然地是作於東周初年。《國風》中早的約作於西周晚年，晚的已到了春秋中葉以後。」〔註69〕因此，《詩經》中確定作於成王或成王以前的詩，大概只有《周頌》或少數《大雅》之篇章而已，其餘大部分篇章均作於西周中晚期以後。故鄭玄以爲《周南》、《召南》爲文武之作，非也。反而《豳風》的時代較《周南》、《召南》爲早，故以時代先後來區分正風、變風，其說不能成立。至於成伯璵以《周》、《召》二南爲《國風》之正始，戴震以二南爲周公所定，而以「四始」乃周公初定之篇章，亦不能成立。

　　東原雖在「四始」之義上誤入「正變」之說，然而也能分辨鄭玄區分《風》、《雅》正變之誤也，如《經考》卷三之〈篇次世次〉云：

> 〈采薇〉、〈出車〉、〈杕杜〉，漢世有謂爲懿王時詩者，據詩中曰「天子」，曰「王命」，毛鄭解爲「殷王」，徒泥「正雅」作於周初爾。苟其詩得乎義之正，而爲治世之正事，何必非「正雅」邪？文王未嘗自稱「王」，成康以後，昭、穆、共、懿、孝、夷、厲、宣八王，而宣王命吉甫北征曰：「玁狁孔熾」，則前此二百餘年間，固亦有玁狁崛疆之事矣。宣王之臣皇父謂南仲爲太祖，豈必遠求南仲於文王時乎？文王之臣，亦未聞有南仲者矣。〈南陔〉已後，則又周初雅樂，未可以今之詩篇次第定作詩世次也。〈節南山〉以下，舊說以爲幽王時詩，朱子嘗疑〈楚茨〉至〈車舝〉十篇爲正雅，錯誤在此。〈魚麗〉、

〔註67〕參見屈萬里《詩經詮釋》（臺北：聯經出版社，1998 年 1 月），頁 18。
〔註68〕參見孫作雲〈論詩經的時代和地域性〉，《孫作雲文集》第二卷《詩經研究》（開封：河南大學出版社，2002 年 6 月），頁 69～82。
〔註69〕參見屈萬里《詩經詮釋》（臺北：聯經出版社，1998 年 1 月），頁 6。

〈采菽〉、〈黍苗〉、〈隰桑〉、〈瓠葉〉同。〈黍苗〉言召伯營謝,與《大雅・崧高》皆宣王封申伯事。自〈民勞〉至〈桑柔〉五篇,舊說以為厲王時詩,然衛武公作〈抑〉,據《國語》,則年九十有五矣。武公以宣王三十六年即位,作〈抑〉詩之時,雖不必九十五,當在宣王以後也。〔註70〕

〈采薇〉、〈出車〉、〈杕杜〉之詩,篇次屬《小雅》之〈鹿鳴之什〉,依據毛、鄭之說,屬於所謂「正雅」,乃周初文、武之作也,故《詩序》云:

> 〈采薇〉,遣戍役也,文王之時,西有昆夷之患,北有玁狁之難,以天子之命,命將率遣戍役以守衛中國。故歌〈采薇〉以遣之,〈出車〉以勞還,〈杕杜〉以勤歸也。

《齊詩》、《魯詩》則以為作於懿王之時,《漢書・匈奴傳》亦云:「至穆王之孫懿王時,王室遂衰,戎狄交侵,暴虐中國,中國被其苦,詩人始作,疾而歌之曰:『靡室靡家,玁狁之故。』『豈不日戒,玁狁孔棘。』」亦以此作於懿王之時。

然而,「玁狁」一族,金文見於《多友鼎》、《不其簋》、《虢季子白盤》、《兮甲盤》等器,除《多友鼎》為厲王時器,其餘三者皆屬宣王之器〔註71〕。李學勤亦考證云:「王國維作〈鬼方昆夷玁狁考〉,指出玁狁『其侵暴中國,亦以厲宣之間為最甚也』,是很有見解的。《多友鼎》是厲王時物,銘文所記是玁狁一次入侵周土的經過,同史籍所錄相合。不過和宣王對玁狁的征伐卻是不同時期的兩件事。」〔註72〕屈萬里亦云:「玁狁一名,西周中葉以後始有之,殷末及周初稱鬼方(王國維有說,見所著〈鬼方昆夷玁狁考〉)。詩中屢言玁狁,知此乃西周中葉以後之詩,舊謂作於文王之時,非也。以〈出車〉及〈六月〉諸詩證之,此詩蓋作於宣王之世。」〔註73〕按:玁狁與鬼方、昆夷是否為同一種族之異名,尚有疑問。惟考諸青銅銘文,玁狁一族不見於周初,最早見於西周中晚期厲王、宣王之時,又考諸《詩經》之〈出車〉「王命南仲」,即《大雅・常武》「南仲太祖」之南仲,宣王時人。故戴震認為「宣

〔註70〕收入《戴震全書》第二冊(合肥:黃山書社,1995年),頁258~259。

〔註71〕參見馬承源《商周青銅器銘文選》(三)(北京:文物出版社,1990年),頁284。

〔註72〕參見李學勤〈論《多友鼎》的時代及意義〉,《新出青銅器研究》(北京:文物出版社,1990年),頁130~131。

〔註73〕參見屈萬里《詩經詮釋》(臺北:聯經出版社,1998年1月),頁295。

王之臣皇父謂南仲爲太祖，豈必遠求南仲於文王時乎？文王之臣，亦未聞有南仲者矣。」此言信矣。文王之臣未有南仲者，加以金文及文獻之考證，〈采薇〉此三詩應非周初文武之作也，亦非懿王之時，而宜爲厲、宣之作也。戴震批評毛鄭「徒泥『正雅』作於周初爾」，確實指出「正變」說以時代先後區分之不合理，而認爲「苟其詩得乎義之正，而爲治世之正事，何必非『正雅』邪？」主張「正變」以治亂之事爲標準，如其〈變風變雅〉一文亦云：「《風》《雅》之有正變也，所言者，治世之正事，則爲正；所言者，亂世之變事，則爲變。」〔註74〕然而，以治亂之事區別，亦屬籠統，多參入儒家詩教觀，亦不可泥於其間。故今學《詩》者，亦不能自限於所謂《風》、《雅》正變之說，《詩》之篇次排序亦不以此爲標準也。

四、論「聲」、「詩」之別

《論語・衛靈公篇》云：「顏淵問爲邦，子曰：『行夏之時，乘殷之輅，服周之冕，放鄭聲，遠佞人。鄭聲淫，佞人殆。』」又《論語・陽貨篇》云：「子曰：『惡紫之奪朱也，惡鄭聲之亂雅樂也，惡利口之覆邦家者。』」《禮記・樂記》亦云：「鄭衛之音，亂世之音也，比於慢矣。桑間、濮上之音，亡國之音也，其政散，其民流，誣上行私而不可止也。……文侯曰：『敢問溺音何從出也？』子夏對曰：『鄭音好濫淫志，宋音燕女溺志，衛音趨數煩志，齊音敖辟喬志。此四者，皆淫於色而害於德，是以祭祀弗用也。』」於是有所謂「鄭衛之音」淫逸的說法，「鄭聲」與「雅樂」相對，爲盛德之君子所棄也。許愼《五經異義》則云：「《魯論》說，鄭國之俗，有溱、洧之水，男女聚會，謳歌相感，故云『鄭聲淫』。《左傳》說煩手淫聲謂之鄭聲者，言煩手躑躅之聲使淫過矣。謹案：《鄭詩》二十一篇，說婦人十九矣，故鄭聲淫。」

孔子並未說「鄭聲」爲「鄭詩」（《鄭風》），許愼則直接將鄭聲當作《詩經・國風》之《鄭風》，於是後世乃有從之謂「鄭詩淫」之說法。朱子即據以發揮「鄭詩淫」之說，認爲三百篇中有部分「淫詩」者，其云：

> 鄭衛詩，多是淫奔之詩。鄭詩如〈將仲子〉以下，皆是鄙俚之言，
> 祇是一時男女淫奔相誘之語。如桑中之詩云：眾散民流不可止。故
> 〈樂記〉云：「桑間濮上之音，亡國之音也。其眾散，其民流，誣上

〔註74〕參見《經考附錄》卷三，收入《戴震全書》第二冊（合肥：黃山書社，1995年），頁488。

行私而不可止也。」鄭詩自〈緇衣〉以外，皆鄙俚，如〈采蕭〉、〈采艾〉、〈青衿〉之類是也。故夫子放鄭聲。〔註75〕

朱子「淫詩」之說，影響甚大，其後王柏更有「刪除淫詩」之議。朱子《詩集傳》解詩亦多採「淫詩」之說，如下數例：

《詩經》篇名	朱熹《詩集傳》解義
〈邶風‧靜女〉	此淫奔期會之詩。
〈衛風‧氓〉	淫婦為人所棄，而自敘其事以道其悔恨之意也。
〈王風‧大車〉	淫奔者相命之辭也。
〈王風‧采葛〉	此淫奔之詩。
〈鄭風‧將仲子〉	莆田鄭氏曰：「此淫奔者之辭。」
〈鄭風‧有女同車〉	此疑亦淫奔之詩。
〈鄭風‧山有扶蘇〉	淫女戲其所私者。
〈鄭風‧風雨〉	淫奔之女言當此之時，見其所期之人而心悅也。
〈鄭風‧子衿〉	此亦淫奔之詩。
〈鄭風‧野有蔓草〉	男女相遇於野田草露之間。
〈鄭風‧溱洧〉	此淫奔者自敘之辭。
〈陳風‧株林〉	蓋淫乎夏姬。

然而，後世學者亦有不同意朱子之說者，如元人郝敬《毛詩原解》則主張「鄭聲非鄭詩」，其云：

> 或曰：「夫子未刪詩，既不錄淫詩，而曰鄭聲淫，何也？」夫聲與詩異，鄭聲淫，非鄭詩淫也。虞書曰：「詩言志，歌永言，律和聲，聲依永。」音律為聲，篇章為詩，聲生於響，詩成於志。故古序曰：「在心為志，發言為詩。」此聲與詩之辨也。今據古序以繹志，鄭衛之詩，其何者為淫詩歟？

至清代陳啓源《毛詩稽古篇》亦批評朱子「淫詩」之說云：

> 夫子言鄭聲淫耳，曷嘗言鄭詩淫乎？聲者樂也，非詩詞也。淫者，過也。非專指男女之欲也。古之言淫多矣，於星言淫，於雨言淫，於刑言淫，於游觀田獵言淫，皆言過其常度也。樂之五音十二律，長短高下皆有節焉，鄭聲靡曼幼眇，無中正和平之致，使聞之者，

導欲增悲，沉溺而忘返，故曰淫也。朱子以淫過之淫，爲男女淫欲之淫，遂舉《鄭風》二十一篇盡爲淫奔者所作。

戴震亦反對朱子「淫詩」之說，主張「思無邪」，三百篇皆聖人之作，而鄭聲非鄭詩也，其〈鄭衛之音〉一文云：

《論語》曰：「鄭聲淫。」〈樂記〉曰：「鄭衛之音，亂世之音也，比於慢矣。桑間濮上之音，亡國之音也。其政散，其民流，誣上行私而不可止也。」魏文侯曰：「吾端冕而聽古樂，則唯恐臥；聽鄭衛之音，則不知倦。」子夏謂其所好者「溺音」。夫所謂聲，所謂音者，非謂其詩也，亦非方土音聲之謂也。此靡靡之樂，滌濫之音，作於鄭衛桑間濮上者爾。他國之人奏之，而皆爲淫聲、溺音，雖《南》、《豳》、《雅》、《頌》之章令奏而歌之，詩章自正，音聲自淫也。此夫子所放所惡而不可復御者也。鄭衛之音，非鄭詩、衛詩；桑間濮上之音，非桑中一詩，其義甚明。《南》、《豳》、《雅》、《頌》用之於樂，是謂樂章也。樂者，笙、簫、琴、瑟、鐘、鼓之屬也。器之所奏者樂也，其發乎器者。樂章固矢於口歌之。而發乎口者，音聲也。樂與音則有辨矣。而詩之與樂與音聲，斷斷乎其不可溷淆言之者也。……鄭注〈樂記〉：「桑間濮上之音」，引「紂作靡靡之樂」爲證，不引〈桑中〉之詩，明桑間濮上其音之由來已久，不因〈桑中〉詩也。許氏《異義》以《鄭詩》解「鄭聲淫」，而康成駁之曰：「《左傳》說煩手淫聲，謂之鄭聲。言煩手躑躅之聲，使淫過矣。」此說辨別精微。淫聲者，煩手躑躅之聲也。琴瑟稱雅樂，君子無故不徹琴瑟，而伎者鼓鳴瑟、挈鳴琴以奔富厚，則爲煩手躑躅之聲。而音之來自琴瑟者，無非淫，猶以淫聲歌《詩》辭，而音之來自口者，無非淫也。人爲之，非詩與樂器爲之也。《邶》、《鄘》、《衛》之〈綠衣〉、〈燕燕〉、〈柏舟〉等篇，《鄭》之〈女曰雞鳴〉，何愧《二南》？是知夫子之言「鄭聲淫」，〈樂記〉之言「桑間濮上之音」，不可據以論《詩》辭也。〔註76〕

東原認爲「樂與音則有辨矣。而詩之與樂與音聲，斷斷乎其不可溷淆言之者也」，即言詩之文辭與奏唱之音樂有別，「鄭聲」與「鄭詩」不同。故孔子言「鄭聲淫」，乃與「雅樂」相對，「鄭聲」指一般世俗之樂，並非《詩》

〔註76〕參見戴震《經考附錄》卷三，收入《戴震全書》第二冊（合肥：黃山書社，1995年），頁491～492。

中之《鄭風》。因此，鄭衛之音，非鄭詩、衛詩；桑間濮上之音，非桑中一詩，其義甚明。許慎《五經異義》混同鄭聲與鄭詩，故致後人誤以《詩》中有所謂「淫詩」，遂有朱子、王柏諸人之誤也。考諸《鄭風》、《衛風》之詩，如《衛風》之〈氓〉，朱子《詩集傳》云：「此淫婦爲人所棄，而自敘其事」，然考之詩文，並無一語涉及淫事；又如〈木瓜〉一詩，朱子《詩集傳》云：「疑亦男女相贈答之辭，如〈靜女〉之類。」姚際恆《詩經通論》則云：「然以爲朋友相贈答亦奚不可？何必定是男女邪！」朱熹受「淫詩」說影響，多以男女之事解詩，姚際恆之說法可破朱氏之泥也。故戴震云：「《邶》、《鄘》、《衛》之〈綠衣〉、〈燕燕〉、〈柏舟〉等篇，《鄭》之〈女曰雞鳴〉，何愧《二南》？」可見以「淫詩」訓解《詩》之《鄭風》、《衛風》之誤也。

東原對於明辨「鄭衛之音」，甚爲看重，也對此考釋頗爲自得，故在〈與是仲明論學書〉一文中提到「僕敢以〈詩補傳序〉並『辨鄭衛之音』一條，檢出呈覽」〔註77〕，此「辨鄭衛之音」即是《經考附錄》之〈鄭衛之音〉一文，東原特檢出此文示與是仲明，當對此文之觀點甚有自信。另外，《文集》又有〈書鄭風後〉〔註78〕一文，當爲刪節本文後所成，亦可見東原對明辨聲、詩之重視。

五、會通《詩》、《禮》

《詩》中多有反映古代禮制之處，《雅》、《頌》之詩，尤多言禮，故熟習古代禮制並用以解《詩》，亦是經學家必備的治學方法與途徑。例如鄭玄箋注《詩》，由於特精於禮，故常以禮制解《詩》，陳澧嘗云：「鄭君專於禮學，故多以禮說《詩》。〈采蘋〉：『其誰尸之，有齊季女』，毛以教成之祭與禮女爲一，鄭以季女設羹正，得爲教成之祭，不得爲禮女。〈賓之初筵〉：『大侯既抗，弓矢斯張』，毛以爲燕射，鄭以下章『烝衎烈祖』，則是將祭而大射。鄭難毛者惟此二條，蓋於禮有據，雖難毛不嫌也。」〔註79〕

戴震亦常以禮解《詩》，如作〈詩生民解〉〔註80〕一文，解《詩・大雅・生民》姜嫄無夫生子（后稷）之故事，毛《傳》本《大戴禮・帝系篇》以「帝

〔註77〕參見《戴震文集》卷九。
〔註78〕參見《戴震文集》卷一。
〔註79〕參見陳澧《東塾讀書記》（臺北：臺灣商務印書館，1997 年 6 月）卷六，頁88。
〔註80〕參見《戴震文集》卷一。

嚳」爲姜嫄之夫，鄭《箋》則以其夫爲「高辛氏」，東原則批毛鄭皆傅會之辭，其言皆出於臆測。蓋東原舉出《周禮・大司樂》：「享先妣在享先祖之前」，周人以后稷爲始祖，於上更無可推，又后稷不可無母，故特立姜嫄之廟，此乃周人禮制。又云「使嚳爲周家祖之所自出，何《雅》、《頌》中言姜嫄，言后稷，竟無一語上溯及嚳？且姜嫄有廟，而嚳無廟。」按：《大戴禮》所收本有戰國後人附會之作，〈帝系篇〉不可據也。故《詩》不記后稷之父，而獨言其母姜嫄，此與〈商頌〉言有娀同。因此，東原據《周禮》以考《詩》，此其所謂「明乎《禮》可以通《詩》」也〔註81〕。

又如東原考證《詩・召南・騶虞》之「騶虞」一意，不取毛《傳》「義獸」之說，而取證《禮記・月令》「天子乃教於田獵，以習五戎，班馬政，命僕及七騶咸駕」，以及《周禮・地官・司徒》謂山虞、澤虞云：「若大田獵，則萊山田、澤野」。因謂「騶虞」乃趣馬之官與虞人也，乃從天子田獵之官也。此說信而有徵，符合古代王者田獵之制，較諸「義獸說」之無稽，更顯得切合詩旨，故此又以《禮》通《詩》之力證也。

最後，東原又有〈詩摽有梅解〉〔註82〕一文，本爲《杲溪詩經補注》〈召南・摽有梅〉之考釋〔註83〕，後抽出收入於《文集》單獨成篇，足見東原對本文之重視。《詩序》云：「〈摽有梅〉，男女及時也。召南之國，被文王之化，男女得以及時也。」毛《傳》：「三十之男，二十之女，禮未備，則不待禮會而行之者，所以蕃育民人也。」鄭《箋》：「女二十而無嫁，端則有勤望之憂，不待禮會而行之者，謂明年仲春，不待以禮會之也，時禮雖不備，相奔不禁。」朱熹《詩集傳》則云：「南國被文王之化，女子知以貞信自守，懼其嫁不及時，而有強暴之辱也。故言梅落而在樹者少，以見時過而太晚矣。」東原則評析毛鄭朱之說云：

> 毛鄭皆以此詩「專爲女子年二十當嫁者而言」爲説，本《周禮》；又皆以「梅之落喻年衰」；鄭則兼取「梅落，見已過春而至夏」，似迂曲難通。《集傳》以爲「女子貞信自守，懼其嫁不及時，而有強暴之辱」，豈化行之世，女宜有此懼邪？亦非也。〔註84〕

〔註81〕相關考證，亦可參本書第四章〈治學歷程及解經方法〉。
〔註82〕參見《戴震文集》卷一。
〔註83〕參見《杲溪詩經補注》卷二，收入《戴震全書》第二冊（合肥：黃山書社，1995年），頁34～37。
〔註84〕參見戴震〈詩摽有梅解〉，《戴震文集》卷一。

《周禮‧媒氏》：「媒氏掌萬民之判，凡男女自成名以上，皆書年月日，名焉。令男三十而娶，女二十而嫁，凡娶、判妻、入子者，皆書之。中春之月，令會男女，於是時也，奔者不禁。若無故而不用令者，罰之。」戴震認爲「此舉其終之大限言之也」，「男自二十至三十，女自十五至二十，皆婚姻以時者也。」又云：

> 不使民之後期而聽其先期，恐至於廢倫也，亦所以順民之性，而民自遠於犯禮之行也。《周禮》凡言會者，皆謂歲計曰會。中春「令會男女」者，使其屬稽之、戮之。三十之男，二十之女，貧不能婚嫁者，許其殺禮。殺禮則媒妁通言而行，謂之不聘，不聘謂之奔。故曰：「於是時也，奔者不禁」，奔之爲妻者也。……若民之先期，男十六而娶，女十四而嫁，亦不聞古人有禁也。凡有父母之命，媒妁之言，如《周禮》中春許行之者，皆男女以正者也。〔註85〕

此言古人制禮，本爲「順民之性」，故三十之男、二十之女尚未婚嫁者，許其「殺禮」而行，亦可知權變也。又云：

> 凡婚嫁備六禮者，常也，常則不限其時月；其殺禮不聘者，權也，權則限以時月。夫婚姻不使之六禮備，則禮教不行，夫婦之道闕，而淫僻之罪繁。不許少長以爲之期，則過其盛壯之年，而失人倫之正。不許其殺禮，則所立之期不行。既殺禮而不限以時月，則男女之訟必生。以是言之，《周禮》三十、二十之期，及中春之令昭然矣。「荒政之時多昏」，則又不計其年，不限仲春，而皆許殺禮者。古人立中以定制，女子即過二十，亦未遽爲年衰，則知梅落非喻年衰也。梅之落，蓋喻女子有離父母之道，及時當嫁耳。首章言十猶餘七，次章言十而餘三，卒章言皆在頃筐，喻待嫁者之先後畢嫁也。《周禮》所言者，實古人相承之治法，此詩所言，即其見之民事者也。錄之〈召南〉，所以見治法之修明，咸知從令歟！〔註86〕

因此，〈摽有梅〉之詩可顯示出古人婚嫁之禮制，謂女子年過二十，當及時婚嫁也。戴震清楚地分析古人制禮之法，在順民之性，遂民之欲，不在於機械式地劃分年歲時日，而須參考人倫、經濟、社會狀況而定。此以《禮》解《詩》，會通《詩》、《禮》，亦明《周禮》二十、三十之期，及中春之令矣。

〔註85〕同上注。
〔註86〕同上注。

第四節　經文考釋示例

一、深則厲

《詩經・邶風・匏有苦葉》：「匏有苦葉，濟有深涉。深則厲，淺則揭。」
毛《傳》：「以衣涉水爲厲，謂由帶已上也。」
戴震云：

> 按義本《爾雅》。然以是說《詩》，既以衣涉水矣，則何不可涉乎。
> 似與詩人託言「不度淺深，將至於溺不可救」之意未協。許叔重《說
> 文解字》「砅，履石渡水也」，引《詩》：「深則砅」。字又作「濿」，
> 省用「厲」。酈道元《水經注・河水篇》云：「段國沙洲記：吐谷渾
> 於河上作橋謂之河厲。」此可證橋有厲之名。《詩》之意以淺水可褰
> 衣而過，若水深則必依橋梁乃可過，喻禮義之大防不可犯。衛詩淇
> 梁淇厲並稱厲，固梁之厲也，足以證《說文》之有師承。〔註87〕

按：戴震於此否定毛《傳》，肯定《說文》，認爲《詩》「深則厲」之「厲」
可通「砅」。「厲」、「砅」上古皆爲來母月部，音同可互爲通假，故《說文》
引《詩》作「深則砅」。又《集韻》：「砅，或從厲，通作濿。」另外，從「厲」
的「礪」、「濿」亦可與「砅」相通，如《書・禹貢》：「礪砥砮丹」，玄應《眾
經音義》引「礪」作「砅」；《國語・楚語上》：「若金用女作礪」，《補音》：「礪，
古文作砅，同」；《說文》：「砅或作濿」〔註88〕。

「砅」字之意，《說文》釋作「履石渡水也」，以此義來解釋〈邶風・匏
有苦葉〉「深則厲，淺則揭」，甚爲通順，蓋意謂水深則需履石渡水，水淺則
可直接揭衣而過。若依毛傳「以衣涉水爲厲」，則如戴震所批評「既以衣涉水，
則何不可涉乎」，則揭衣與厲衣之分似乎與水之淺深對比較不明顯，差別只在
衣帶以下與以上之分罷了。其次，《廣雅・釋器》：「繂、紳、繫、厲、靾，帶
也。」《方言》：「厲謂之帶。」《小爾雅》：「帶之垂者爲厲。」《詩・小雅・都
人士》：「垂帶而厲」，毛傳：「厲，帶之垂者。」據此，「厲」爲帶或帶之垂者，
似與《爾雅》「繇帶已上爲厲」說法不同，而毛傳一下子說「由帶以上」，一
下子又說「帶之垂者」，亦顯出其自相矛盾也。

〔註87〕 參見戴震《毛鄭詩考正》卷一，頁 5。
〔註88〕 以上通假字例參見高亨《古字通假會典》（濟南：齊魯書社，1997 年 7 月 2
　　　　刷），頁 651。

然而，清儒亦有主張當從《爾雅》之訓而反對戴震意見者，如邵晉涵云：

《毛鄭詩考正》……伸《說文》以匡《爾雅》，其說辨矣。然古字假借，義相貫通，不得專主一解。〈衛風〉言「淇厲」，無妨橋有厲名。至於「深則厲」之文，當從《雅》訓，不可易也。何則？漢世司馬相如、劉向並是小學名家。相如《上林賦》云：「越壑厲水」，《大人賦》云：「橫厲飛泉以正東」。劉向《九歎》云：「櫂舟杭以橫濿分」，又云：「橫汨羅以下濿」。……是相如、劉向俱宗《雅》訓，不以「厲」為「履石渡水」也。……許氏撰《五經異義》，主於各推所長，合其要歸，故《說文》引經文，間存異義，要皆折衷於《爾雅》。其解「涉」字云：「徒行厲水也」，是許氏未嘗不以「厲」為以衣涉水矣。詩之意，以涉水尚當度其淺深，矧居室可踰越於禮義乎！反喻見意，不必因履石渡水之解而傅合於橋梁也。〔註89〕

王引之亦云：

引之謹案：厲之言陵厲也。陵水而渡，故謂之厲。「厲」字即承上句「涉」字言之，故《說文》以「涉」為徒行厲水，義與《爾雅》同也。……自當從《爾雅》以衣涉水之訓為是。……《衛風‧有狐篇》「在彼淇厲」，毛《傳》曰：「厲，深（深）可厲之旁」。案：「厲」謂水厓也。……二章言「淇厲」，三章言「淇側」，其義一也。……淇厲與淇側同義，猶河干與河側同義；是淇厲為淇水之厓，非承上淇梁言之。毛以厲為「深則厲」之厲，非也。（毛謂「深可厲之旁」則非，而以厲為水旁則是。）戴以厲為「梁厲」，亦非也。若《水經注》所引《沙州記》「吐谷渾於河上作橋，謂之河厲」，自是橋梁之名。既非「深則厲」之厲，又非「淇厲」之厲。且河厲之名，出於後代，不足以證經也。〔註90〕

段玉裁亦云：

此稱〈邶風〉言假借也。《毛詩》曰「深則厲」，〈釋水〉曰「以衣涉水為厲」，又曰「繇帶已上為厲」，此並存二說也。毛傳依之，定本改云「以衣涉水為厲，謂由帶已上也。」合為一說，謬矣。履石渡水乃

〔註89〕 參見邵晉涵《爾雅正義‧釋水第十二》，《皇清經解》卷 516，頁 7～8。
〔註90〕 參見王引之《經義述聞》（南京：江蘇古籍出版社，2000 年 9 月）卷五〈毛詩上〉，頁 123～124。

水之至淺，尚無待於揭衣者，其與深則厲決然二事明矣。厲砅二字同音，故詩容有作砅者，許稱以明假借。……《經典釋文》引《韓詩》「至心曰厲」，《玉篇》作「水深至心曰砅」，至心即由帶以上之說也。蓋《韓詩》作「深則砅」，許稱之與，戴先生乃以橋梁說砅，如其說，許當經云「石梁」，不當云「履石渡水」矣。《詩》言「深則厲，淺則揭」，喻因時之宜，倘深待石梁，則有不能渡者矣。〔註91〕

王引之認爲《衛風》「淇厲」之「厲」乃水厓之義，並非石梁之義。又《水經注》引《沙州記》「河厲」之名，「厲」雖指橋梁，究屬後代之事，不足以證《詩經》之義。因此，王氏認爲戴震之舉證不能成立，應以《爾雅》「以衣涉水爲厲」之訓爲是。其次，段玉裁亦認爲《說文》引《詩》作「深則砅」，「砅」乃「厲」之同音假借，於義無涉，故否定戴震用「石梁」來訓解「深則厲」之「厲」。故自邵、王、段三家以下，後儒仍多贊同毛《傳》、《爾雅》之訓，如馬瑞辰、陳奐皆主「以衣涉水爲厲」之義〔註92〕，今人屈萬里亦云「厲，以衣（不脫衣）涉水也。」〔註93〕

于省吾則從甲骨文來印證「砅」確爲履石渡水之意，其說如下云：

甲骨文萬字屢見，羅振玉謂「殆即許書之砅字」（《增考》中十）。按萬與砅構形迥別。甲骨文有{字}，中從水，兩側從石。甲骨文石字作{字}或{字}者常見，如祏字從石作{字}或{字}，是其例。{字}字隸定應作砅，即砅字的初文，爲舊所不識。砅之作{字}，和甲骨文涉之作{字}，石鼓文流之作{字}，構形相同。甲骨文稱：「貞，光人于砅奠○弖于砅奠○于砅○弖于砅。」（《金》507）這是貞問是否在砅地舉行祭奠。……《爾雅·釋宮》：「石杠謂之徛。」郭注：「聚石水中以爲步渡彴也。孟子曰，歲十月徒杠成，或曰今之石橋。」杠也作矼，《廣韻·平江》：「石矼，石橋也。」郝懿行《爾雅義疏》引馬瑞辰說：「石矼，今江南謂之石步。」按由履石渡水發展爲履石橋渡水，都是步于石上。後世借厲與瀨爲砅，以爲橋梁之名，是由履石渡水之義引申而來。……《說文》砅字段注：「謂若今水汪，篦瓴石而過，水之至小至淺者也。」

〔註91〕 參見段玉裁《說文解字注》，頁556。
〔註92〕 參見馬瑞辰《毛詩傳箋通釋》、陳奐《詩毛氏傳疏》。
〔註93〕 參見屈萬里《詩經詮釋》（臺北：聯經出版公司，1998年1月初版11刷），頁60。

按墊磚石以渡淺水，至今還是常見的。段注又謂：「戴先生乃以橋梁說砅，如其說，許當徑云石梁，不當云履石渡水矣。」按戴說信而有徵，段注未免拘泥。邵晉涵《爾雅正義·釋水》和王引之《經義述聞·匏有苦葉篇》，均引戴氏之說，而用後世訓厲或濿爲渡水的引申義以駁之，不足爲據。本諸上述，則戴氏之說和段邵王的分歧，不是什麼連環不可解的問題。砅爲砅之古文，砅字中間從水，兩側從石，則履石渡水之形尤爲鮮明。後世稱橋梁爲厲，乃砅或砅的借字，其起源于履石渡水，是顯而易見的。而《說文》砅字段注，謂「古假砅爲厲」，由于不知砅與砅之造字本義，故本末倒置。〔註94〕

　　于省吾以爲甲骨文　當爲砅之本字，乃履石渡水之義，後世借爲厲或濿，更引申出橋梁之義。因此，戴震運用《說文》「砅」字來訓解《詩經》「深則厲」，既合於甲骨文「砅」造字本義，亦合於甲骨文多假「濿」爲「砅」之例。今人岑溢成則綜合諸家說法云：

> 綜合邵、王、段三家的批評，戴震的論據，從《水經注》、《詩·有狐》到《說文》，似乎都不能支持他原初的判斷。然而，三家對戴震的批評，不一定能成立。第一，戴震其實並沒有把「深則厲」的「厲」解爲「橋梁」，他只是引用「淇厲」這個用例，來說明「厲」有「橋梁」之意，所以「厲」並不是徒步涉水，而是「履石塊」或「履橋梁」渡水。王引之從詞性的立場批評戴震，顯然出於誤解。「履石渡水」，只泛指渡深水時必須有所憑藉，並非指石塊或橋梁。所以邵二雲的批評，亦不見得能正中要害。段玉裁認爲《說文》引《詩》的「砅」是「厲」的假借字，但反過來看，把《詩》「深則厲」字視爲「砅」的假借字亦同樣有理，所以段玉裁的批評也非定論。但三家的批評不能成立，並不等於戴震的論斷就能成立，因爲三家的批評至少反映出戴震的論據是不夠充分的。由此可見，所謂「訓詁明」並非簡單的對錯是非而已，證據的充分與否，往往更爲重要。所以，于省吾根據甲骨文的資料給戴震的論點提供了堅強的論據，戴震把「厲」解爲「履石渡水」的論斷的說服力就大大增強了。〔註95〕

〔註94〕參見于省吾〈釋砅〉，《甲骨文字釋林》（北京：中華書局，1979年6月），頁150～152。

〔註95〕參見岑溢成《詩補傳與戴震解經方法》（臺北：文津出版社，1992年3月初版），

　　按：岑氏論據頗具理致，清楚地指出戴震的問題在於證據不足，故招致三家之批評。其次，三家的批評亦不能成立，「厲」、「砅」古音相通，很難確定何者爲本字或借字，應視其上下文句而定，故段玉裁的說法只能是一偏之見，並非定論。然而，岑氏認爲戴震並沒有把「深則厲」的「厲」解爲「橋梁」，又以爲「履石渡水」乃泛指渡深水時必須有所憑藉，並非定指石塊或橋梁。岑氏此說只對了一半。蓋戴震明明說「此可證橋有厲之名。詩之意，以淺水可褰衣而過，若水深則必依橋梁乃可過，喻禮義之大防不可犯。」則顯然戴震是將「深則厲」的「厲」解爲「橋梁」，王引之並未誤解。只是戴震將「厲」直接釋作橋梁，遂予人攻擊口實，蓋誠如于省吾所言橋梁乃履石渡水之引申義，「河厲」之名較爲後起，應非詩之本義，故段玉裁云「《詩》言『深則厲，淺則揭』，喻因時之宜，倘深待石梁，則有不能渡者矣」，確有相當道理。蓋石梁不可待，但踩踏河中突起之石塊而過則可能也，因若水深不可測，豈可妄加涉水而過，必須有所憑藉方可。故岑氏云「履石渡水」乃泛指渡深水時必須有所憑藉的說法近實也。不過，「厲」應指石塊，而非橋梁也。

　　戴震的時代，無緣見到甲骨文，故其證據不足，乃客觀環境所致。不過，《說文》尚保存「砅」字古訓，《三家詩》亦存「深則砅」的文句，如王先謙《詩三家義集疏》云：

　　　　《韓詩》云：「三家亦作砅，又作濿」者。……陳喬樅云：「《說文》
　　　　引《詩》『深則砅』，此《齊詩》之文。重文作『濿』者，《魯詩》也。」……
　　　　以「砅」字解爲別義非也。韓許二家因《雅》訓由膝、由帶義未明，
　　　　特易其文。……石即水中之石，非謂橋梁。《漢鐃歌》「涼石水流爲
　　　　沙」，是沙亦爲石。凡深水，沙石乃可徒行，泥淖陷沒則否，故云「履
　　　　石渡水」，此許意也。許於「涉」字已解爲「徒行厲水」，豈於此忽
　　　　不知「厲」是徒行，而易爲從橋之義乎？許君釋字、引經，義歸一
　　　　貫，全書通例如此。陳謂「砅」字解與引《詩》無涉，疑誤後學，
　　　　不可從。〔註96〕

　　可見齊詩、韓詩猶存早期「砅」爲履石渡水之意，此《說文》引《詩》保存古義。楊合鳴亦云：「古時江河不深，若水漲時，便踩著石頭過河（深則

　　　　頁175～176。
〔註96〕參見清、王先謙《詩三家義集疏》（臺北：明文書局，1988年10月），頁163
　　　　～164。

屬），若水落時，便撩起衣裳過河（淺則揭）。揣之情理，當以《說文》此訓爲宜。《齊詩》字作『硺』，爲本字；《毛詩》字作『屬』，爲借字。」〔註97〕

　　民國以後于省吾考釋甲骨文「㠯」爲「硺」之初文，又引《爾雅·釋宮》：「石杠謂之徛。」郭注：「聚石水中以爲步渡彴也。孟子曰，歲十月徒杠成，或曰今之石橋。」則古人聚石水中以爲步渡之法，亦可爲「深則屬」之證也。于省吾借助甲骨文，確爲戴震說法提供堅強的證據。又甲骨文亦有從水從萬的「㴔」字，羅振玉認爲「殆及許書之硺字」，確也。蓋古書從萬與從屬之字多有通假之例，甲骨文「㴔」可通「㶔」也，㶔即硺之或體〔註98〕。因此，戴震以「硺」爲「深則屬」的本字，合於甲骨文的用法，「履石渡水」的訓解較之《爾雅》、《毛傳》「以衣涉水」的說法，應更貼近本義，也比較能分辨水之淺深的差別，亦合於《詩》之「因時制宜」的旨意。

二、詢爾仇方

　　《詩·大雅·皇矣》：「帝謂文王：『詢爾仇方，同爾兄弟。以爾鉤援，與爾臨衝，以伐崇墉。』」

　　毛《傳》：「仇，匹也。」

　　鄭《箋》：「怨耦曰仇。仇方謂旁國諸侯爲暴亂大惡者，女當謀征討之。」

　　戴震云：

> 震按文王伐罪之師，豈可謀伐仇怨言乎？「仇」如「公侯好仇」之「仇」。《傳》據《爾雅》釋之爲「匹」，是也。仇方，大國也。兄弟，眾與國也。以崇彊暴不易伐，故詢之大國與己匹者，而連合眾與國，然後興師。當時大國小國，雖皆其服於文王者，文王未嘗稱王，則交鄰匹敵之義耳。殊其辭以別大小，故曰「詢」曰「同」曰「仇方」曰「兄弟」。又大國或大夫至，小國君自至，如《春秋》時事也。《國語》曰「咨親爲詢」，韋注云：「詢親戚之謀」。〔註99〕

　　按：戴震肯定毛《傳》將「仇」當訓爲「匹」之說法。其云：「『仇』如『公侯好仇』之『仇』。《傳》據《爾雅》釋之爲『匹』，是也。」蓋《詩·周

〔註97〕 參見楊合鳴〈《說文》引《詩》略考〉，《第五屆詩經國際學術研討會論文集》（北京：學苑出版社，2002年7月），頁483～488。

〔註98〕 參見徐中舒《甲骨文字典》（成都：四川辭書出版社，1995年5月1版4刷），頁1200。

〔註99〕 參見戴震《毛鄭詩考正》卷三。

南·兔置》：「赳赳武夫，公侯好仇。」鄭箋：「怨耦曰仇。此兔置之人，敵國有來侵伐者，可使和好之，亦言賢也。」孔疏云：「毛以爲赳赳然有威武之夫，有文有武，能匹耦於公侯之志，爲公侯之好匹，此雖無傳，以毛仇皆爲匹，鄭唯好仇爲異。」故推毛傳、孔疏之意，〈皇矣〉「詢爾仇方」之「仇」，當如〈兔置〉「公侯好仇」之「仇」，皆訓爲「匹耦」也，故「仇方」可指與周匹耦之方國也。然而，鄭玄則別釋「仇」爲「怨耦」，故「仇方」訓爲周之敵國也。因此，「仇方」之「仇」歷來有匹耦與怨耦兩義，毛、鄭有所歧異也。

朱熹《詩集注》釋「仇」則依違於毛、鄭之間，如訓〈兔置〉「公侯好仇」云：「仇與逑同。匡衡引〈關雎〉亦作仇字。公侯善匹，猶曰聖人之耦，則非特干城而已，歎美之無已也。」朱熹以爲〈關雎〉「好逑」同於〈兔置〉「好仇」，可證「仇」有匹耦之意，此同毛傳。至於〈皇矣〉「詢爾仇方，同爾兄弟」，朱熹云：「仇方，讎國也。兄弟，與國也。」朱熹將「仇方」與「兄弟」對立起來，「讎國」之釋，與鄭箋「怨耦」之說同。

後世學者或主毛，或宗鄭，主毛者如馬瑞辰云：「按傳訓仇爲匹是也，仇方即與國也，弟兄則謂同姓。《後漢書》伏湛言『文王受命，征伐五國，必先詢之同姓，然後謀於群臣。加占蔡以定行事。故謀則成，卜則吉。』引《詩》『詢爾仇方，同爾弟兄』爲證。所謂詢之同姓，即指《詩》『同爾弟兄』言也。古音『兄』讀如荒，正與『仇方』爲韻，當以《後漢書》引作『同爾弟兄』爲正。今作『兄弟』者，乃後人誤倒耳。」〔註100〕陳奐亦釋「仇」爲匹，仇方謂群臣也〔註101〕。今人高亨云：「仇，讀爲儔，伴侶也。方，猶邦也。仇方，猶鄰邦。詢仇方是爲了取得他們的支持。兄弟，指友好國家。」〔註102〕宗鄭者如屈萬里云：「鄭《箋》：『詢，謀也。』朱《傳》：『仇方，讎國也。』同，和協也。兄弟，謂兄弟之國，與己協好者也。」〔註103〕余培林云：「仇方，《集傳》：『讎國也。』即敵國也。」〔註104〕

按：考以上諸家意見，宗鄭者只是徵引鄭玄、朱熹意見，並未有新的證

〔註100〕參見馬瑞辰《毛詩傳箋通釋》（臺北：廣文書局，1999 年 5 月再版）卷二十四，頁 264～265。

〔註101〕參見陳奐《詩毛氏傳疏》（臺北：廣文書局，1979 年 4 月再版），卷二十三。

〔註102〕參見高亨《詩經今注》（上海古籍出版社，1987 年 2 月），頁 392。

〔註103〕參見屈萬里《詩經詮釋》（臺北：聯經出版公司，1998 年 1 月初版 11 刷），頁 474。

〔註104〕參見余培林《詩經正詁》（臺北：三民書局，1999 年 3 月再版），頁 354。

據。主毛者則提出新的證據，指出《後漢書・伏湛傳》云：「湛上疏曰：『文王受命而征伐五國，必先詢之同姓，然後謀之群臣。』」又其文引《詩》曰：「詢爾仇方，同爾弟兄。」《後漢書》雖晚出，然其引東漢伏湛以「文王受命而征伐五國，必先詢之同姓」，作爲「詢爾仇方」之訓的上疏內容，亦頗具參考價值。其次，「方」在甲骨文、金文中多爲方國之意，「仇方」則應爲某種方國之謂，故陳奐以「仇方」爲「群臣」並不正確。另外，若以「仇方」爲讎國，則文王征討殷商，何以須詢之仇怨之國？此甚不合情理，故當訓作匹耦之國較合理。「匹耦之國」猶如「朋友之國」，即「友邦」也。《書・牧誓》：「王曰：嗟，我友邦冢君，御事、司徒……，稱爾戈，比爾干，立爾矛，予其誓。」又《書・大誥》：「我有大事，休，朕卜並吉，肆予告我友邦君，越尹氏、庶士、御事。」可見周王進行征討之前，必告之「友邦冢君」、「友邦君」，以取得他們的武力協助。

又古代「朋友」、「友」乃指與王室有血緣關係的宗族親戚，如錢宗範認爲「朋友」乃是古代同宗族之內的弟兄〔註 105〕，沈長雲亦指出《尙書・牧誓》「嗟！我友邦冢君、御事、司徒、司馬、司空、亞旅、師氏、千夫長、及庸、蜀、羌、髳、微、盧、彭、濮人」中的「友邦冢君」是指兄弟之邦，或同姓宗族之邦的大君，友的本義是親友，如今日所用「朋友」一詞的原始意義，在古代是指同族內的弟兄，金文有「以乃族扞吾王身」（毛公鼎），又有「大以厥友扞吾王身」（大簋），同族之內的人又可稱友，友必然是具有血緣關係之稱謂〔註 106〕。

可見「朋友」一詞之意，乃是一種血緣關係的身分。西周金文多有其例如下：

（1）《衛鼎》：「衛肇作厥文考幾仲寶鼄鼎，用萃壽，匄永福，乃用饔王出入使人眔多朋友，子孫永寶。」

（2）《乖伯簋》：「用作朕皇考武乖幾王尊簋，用好宗廟享夙夕，好朋友于百諸婚媾，用祈屯祿永命，魯壽子孫。」

（3）《克盨》：「克拜稽首，敢對天子不顯魯休揚，用作旅盨，惟用獻于師尹、朋友、婚媾，克其用朝夕享于皇祖考。」

〔註 105〕參見錢宗範〈朋友考〉，《中華文史論叢》第八輯。

〔註 106〕參見沈長雲〈《書・牧誓》「友邦冢君」釋義〉，《人文雜志》1986 年 3 期，頁75～77。

（4）《杜伯盨》：「杜伯作寶盨，其用享孝皇申祖考，于好朋友，用蒣壽，匃永命。」

（5）《伯康簋》：「伯康作寶簋，用綸朋友，用蒣王父王母。」

朱鳳瀚亦云：

> 西周青銅器銘中所見「朋友」、「友」是對親族成員的稱謂，其義不同于現代漢語詞匯中的朋友。其實即使在東周文獻中，「朋友」一詞有時仍用來指稱本家族的親屬。……銘文中或言「朋友」，或單言「友」，卻不單稱「朋」，說明「朋友」一詞中重點在「友」，「友」是一種具體身分。「朋」在典籍中，有類、群、輩、黨等義，「朋友」連言，實是「友輩」、「友類」之義。……朋友（友）雖可以明確是同族兄弟，那麼他們究竟是僅指同胞兄弟，還是也可能包括從父兄弟、從祖兄弟等兄弟輩的族人呢？筆者以爲，在有時，朋友（友），特別是「多友」，並不一定皆指前者，也可能包括後者。〔註107〕

因此，「朋友」可謂同族兄弟，包含同胞兄弟，以及從父兄弟、從祖兄弟之類。周人「封建親戚以藩屏周」，《左傳·昭公九年》：「文、武、成、康之建母弟，以藩屏周」，《左傳·昭公二十八年》：「昔武王克商，光有天下，其兄弟之國者十有五人，姬姓之國四十人，皆舉親也。」可見周初廣封同姓兄弟之國，而各國之君可稱「邦君」、「邦冢君」、「友邦冢君」。在強調宗法血緣關係的商周社會中，王者遇到國家大事，必召集同姓的各國國君（或族長）商議，如《國語》曰「咨親爲詢」，韋注云：「詢親戚之謀」，此親戚即是具血緣關係的邦君朋友。因此，〈皇矣〉：「詢爾仇方，同爾兄弟。以爾鉤援，與爾臨衝，以伐崇墉。」可印證周文王征伐之前，必須「詢爾仇方，同爾兄弟」，「仇方」同於「兄弟」，皆指文王同宗族的友邦冢君也。至於戴震將「仇方」、「兄弟」分釋，前者爲大國，後者乃眾與國，則可不必。「仇方」、「兄弟」並無大小區別，二者皆是與周文王具相同血緣的同姓之國，遇大事必須詢之同之，以取得他們的支持協助。

三、舍命不渝

《詩經·鄭風·羔裘》：「羔裘如濡，洵直且侯，彼其之子，舍命不渝。」

〔註107〕參見朱鳳瀚〈朋友考〉，《商周家族形態研究》（天津古籍出版社，1990年），頁308～310。

鄭《箋》:「舍猶處也。之子,是子也。是子處命不變,謂守死善道,見
危授命之等。」
　　戴震云:

　　震案:古字舍、釋通,《禮記》舍菜即釋菜是也。又澤、釋亦通,《考
　　工記》「水有時以凝,有時以澤」,謂凝冰復釋,故李軌音釋是也。《管
　　子》引此詩作「澤命不渝」,澤與舍義並爲釋,言自受命於君,以至
　　復命而後釋,始終如一也。〔註108〕

　　按:鄭玄認爲「舍」乃處也,「舍命」即「處命」,猶「見危授命」也。
戴震則以爲「舍」通釋也,「舍命」乃自受命於君,以至復命而後釋。
　　考金文「舍」字有給予、賜予之義,如下例:
　　(1)《令鼎》:「令眾奮,乃克至,余其舍女臣十家。」
　　(2)《中𤲉》:「史兒至,以王令曰:『余令女使小大邦,又舍女邢量
　　　　至于女小多口。』」
　　(3)《令方彝》:「王令周公子明保尹三事四方……明公朝至于成周,
　　　　徝令:『舍三事令,眾卿事寮、眾諸尹、眾里君、眾百工,眾諸
　　　　侯:侯、田、男,舍四方令。』既咸令。」
　　(4)《善夫克鼎》:「王在宗周,王命善夫克舍令于成周遹正八師之年。」
　　(5)《毛公鼎》:「歷自今,出入敷命于外,厥非先告父厝,父厝舍命,
　　　　毋又敢惷敷命于外。」
　　例(1)楊樹達云:「舍者,孫詒讓說爲賜予予字之假借,是也。」〔註109〕
唐蘭云:「舍與余爲一字,余通予。《爾雅·釋詁》:『予,賜也。』」〔註110〕
例(2)唐蘭亦釋「舍」爲賞也〔註111〕。至於《令方彝》「舍三事令」、「舍四
方令」猶如《善夫克鼎》、《毛公鼎》之「舍令」,亦同於《詩·鄭風·羔裘》
「舍命不渝」之「舍命」也。王國維云:

　　《克鼎》云:「王使善夫克舍命於成周。」《毛公鼎》云:「厥非先告

〔註108〕參見戴震《毛鄭詩考正》卷一。
〔註109〕參見楊樹達〈令鼎跋〉,《稽微居金文說》(北京:中華書局,1997 年 12 月),
　　　　頁 1。
〔註110〕參見唐蘭《西周青銅器銘文分代史徵》(北京:中華書局,1986 年 12 月),
　　　　頁 233。
〔註111〕參見唐蘭《西周青銅器銘文分代史徵》(北京:中華書局,1986 年 12 月),
　　　　頁 286。

父厝，父厝舍命，毋有敢蠢，敷命於外。」是舍命與敷命同意。「舍
命不渝」如晉解揚之致其君命，非處命之謂也。〔註112〕

林義光亦云：

舍命，錫命也。《毛公鼎》云：「歷自今，出入敷命于外，厥非先告
父厝，父厝舍命，毋有敢惷敷命于外。」《克彝》：「王命善夫克舍命
于成周。」舍字在金文又多釋爲賜予，舍命即錫命，亦即敷命之謂
也。〔註113〕

按，王國維認爲「舍命」同於「敷命」，林義光認爲「舍命」即「錫命」、
「敷命」，蓋二氏說法皆確也。「敷」、「施」二字可通，如《說文·攴部》：「攼，
敷也。從攴，也聲，讀與施同。」又《說文·攴部》：「敷，攼也。從攴，專
聲。」因此，「敷」有施行、布施之意，「敷命」猶「施命」、「布命」也。「錫」
亦有賜予之意，上對下之賜予可稱「錫命」、「授命」，此如《毛公鼎》「父厝
舍令，毋又敢惷敷命于外」之「舍令」、「敷命」，此乃周王尊崇毛公父厝，將
其戒命之言奉爲「舍命」、「錫命」。因此，「舍命」可通「施命」，故吳闓生認
爲即發號施令之意，其云：

舍命乃古人恆語，即發號施令之意。《詩》：「不失其馳，舍矢如破。」
舍矢猶發矢也。〈羔裘〉詩：「彼其之子，舍命不渝。」謂其發號施
令，無所渝失也，故次章申之曰「邦之司直」，鄭《箋》乃以「見危
授命」爲言，不知此詩只頌其大夫之賢能，優于政事，並未涉及危
亂，何忽以「見危授命」爲言哉？以此知「舍命」之義不明久矣，
非得彝鼎證之，不且沿謬終古乎？〔註114〕

因此，金文「舍命」可通「施命」、「敷命」，「舍」乃施予之義，《詩·鄭
風·羔裘》「舍命不渝」之「舍命」，亦應稱「施命」、「敷命」。〈羔裘〉云「彼
其之子，舍命不渝」，依據金文的文例顯示，能發號施令者至少是諸侯國主或
國之重臣（如毛公）之輩，可見「彼其之子」的身分地位相當高，不同於一
般的士大夫之臣，故鄭《箋》云：「緇衣羔裘，諸侯之朝服也。」季旭昇亦詳
考《詩經》「彼其之子」云：

〔註112〕 參見王國維〈與友人論詩書中成語書二〉，《觀堂集林》（北京：中華書局，1994
年 12 月 6 刷）卷二，頁 81。
〔註113〕 參見林義光《詩經通解》（臺北：臺灣中華書局，1969 年 12 月），頁 59。
〔註114〕 參見吳闓生《吉金文錄》，台北：樂天書局影印本，1971 年。

《詩經》的「彼其之子」一句，二千餘年來學者不得其解。自林慶彰先生以「彼留之子」的同文例說明「其」和「留」一樣，當釋爲「姬」姓後，這個問題的解決就已曙光乍現。其後余師培林先生提出「其」當作「巳」，爲春秋時代的氏稱，這個問題的答案就已經完全明朗化了。本文再從古文字研究的角度證明在銅器銘文中「其」「異」「巳」原來是同一國家，也就是後來《春秋》三傳裡的「紀」國。從這一點來看，《詩經》的「彼其之也好，《左傳》、《晏子》、《韓詩外傳》的「彼巳之子」也好，用的都是本字本義，不必當作是其他字的假借才說得通。另外，《詩經》的「彼其之子」分見於《王》、《鄭》、《魏》、《唐》、《曹》等五國風，而且獲得相當的重視或寵愛，這和異（其、巳）國銅器分別出土於河南、河北、遼寧、山東，而且異國和殷、周關係都很好的現象也是一致的。〔註115〕

可見《詩經・鄭風・羔裘》「彼其之子」應該指諸侯國君之類的人物，故其所發的命令可稱「舍命」。至於《釋文》引王肅云：「舍，受也。」此乃誤將「舍命」當作「受命」，則「舍命」成了承受國君之命令，戴震云「受命於君」，亦誤用此義也；戴震又云「以至復命而後釋，始終如一也」，則又誤用「釋」之本義，戴震將「受命」與「釋命」二義結合起來，故有「言受命於君，以至復命而後釋，始終如一也」的新見解。蓋「舍命」雖可通「釋命」、「澤命」，如《管子・小問》：「澤命不渝，信也。」劉績《補注》：「《詩》：『舍命不渝』。蓋澤乃釋字，釋同舍。」此「澤命不渝」乃引《詩・鄭風・羔裘》「舍命不渝」也〔註116〕。實則「釋」、「舍」皆有釋放之義，故義可相通，古書「釋」、「舍」通用之例甚多，不勝枚舉〔註117〕。又「舍」字上古音爲書母魚部，「釋」字上古音爲書母鐸部，二字聲母相同而韻部可通〔註118〕，故「舍」、「釋」二字上古音可相通。至於「澤」字上古音爲定母鐸部，韻部與「釋」相同，聲母上古亦可通〔註119〕，故「釋」、「澤」二字上古音自可相通。因此，

〔註115〕參見季旭昇《詩經古義新證》（臺北：文史哲出版社，1995年3月增訂版），頁224～225。
〔註116〕參見郭沫若、聞一多、許維遹《管子集校》（東豐書店，1955年），頁803。
〔註117〕參見高亨、董治安《古字通假會典》（濟南：齊魯書社，1997年7月2刷），頁839～840。
〔註118〕魚、鐸二部屬陰、入聲韻尾關係，同爲段玉裁古音十七部之第五部，上古可通押。
〔註119〕周祖謨認爲「書母」（審紐），上古音與「定母」等舌頭音極近似，如《逸周

《管子》引《詩》「舍命」作「澤命」，乃聲音通假的關係。

　　另有一派學者主張「舍命」乃捨命、犧牲生命之義，如胡承拱《毛詩後箋》、王先謙《詩三家義集疏》均主此說。蓋此乃誤以「命」字作生命之義，亦可能是誤以「舍命」者乃一般下屬的士大夫之臣所致。

　　此外，王國維認爲《詩經》「舍命不渝」如《左傳》晉解揚之「致其君命」，非「處命」之謂也。季旭昇對此說法提出質疑，茲引其說如下：

　　　旭昇案：解揚「致君命」事見《左傳・宣公十五年》：「宋人使樂嬰齊告急于晉，晉侯……使解揚如宋，使無降楚，曰：『晉師悉起，將至矣。』鄭人囚而獻諸楚，楚子厚賂之，使反其言，不許，三而許之，登諸樓車，使呼宋人而告之。遂致其君命，楚子將殺之，使與之言曰：『爾既許不穀，而反之，何故？非我無信，女則棄之，速即爾刑。』對曰：『臣聞之：君能制命爲義，臣能承命爲信，信載義而行之爲利。謀不失利，以衛社稷，民之主也。義無二信，信無二命。君之賂臣，不知命也。受命以出，有死無實，又可賂乎？臣之許君，以成命也。死而成命，臣之祿也。寡君有信臣，下臣獲考死，又何求？』」致君命本來只是傳達國君的命令，但此段述揚拼命完成任務，卻又和鄭《箋》「守死善道，見危授命」的意思很近。王國維釋「舍命」爲「敷命」，本來是非常正確的，但是解揚一事，很容易使人誤會他的意思，這是必須說明的。〔註120〕

　　蓋季旭昇認爲《左傳》晉解揚「致其君命」僅是傳達君命之義，和解揚拼命完成任務的本文不同；又以爲王國維將「舍命不渝」比作解揚「致其君命」，則可能讓人誤會和鄭玄釋「舍命不渝」爲「守死善道，見危授命」的含義相近。然而，吾人若細察《左傳》之文，則「致其君命」似乎不宜解作傳達國君之命，而王國維將「舍命」比作「致其君命」亦不確也。

　　蓋解揚「致其君命」，「致」字應解作極盡、完成之義，「致其君命」意爲極盡全力完成國君交付之命令也，不能單純解作傳達國君之命令而已。古書「致」字頗有極盡其事之例，如《論語・子張》：「人未有自致者也，必也親

書・謚法》：「心能制義曰庶（審母）」，《左傳・昭公二十八年》作「度」（定母）；又《詩經・商頌・烈祖》：「申（審母）錫無疆」，《漢書・韋玄成傳》作「陳（定母）錫無疆」。（參見林慶勳、竺家寧《古音學入門》頁207～208）

〔註120〕參見季旭昇《詩經古義新證》（臺北：文史哲出版社，1995年3月增訂版），頁47～48。

喪乎?」鄭注:「馬曰:『言人雖未能自致盡於他事,至於親喪,必自致盡。』正義曰:「《孟子》云:『親喪,固所自盡也。』意同。」又《論語‧子張》:「子夏曰:『百工居肆以成其事,君子學以致其道。』」劉寶楠云:「『致』如致知、致曲之致。致者,極也、盡也。《禮記‧大學》云:『大學之道,在明明德,在親民,在止於至善。』止於至善則致其道之謂,故《大學》又言:『君子無所不用其極。』極、致義同。」〔註 121〕又《禮記‧禮器》:「禮也者,物之致也。」注:「致之言至也,極也。」因此,致可通至、極、盡也,「致命」亦可通「至命」、「極命」、「盡命」也。

金文亦有「至(致)命」之例,如五年《琱生簋》:「召伯虎曰:余既訊,戾(則)〔註 122〕我考我母命,余弗敢亂,余或至(致)我考我母命。」銘文大意是琱生向召伯虎的父母親行賄,而後召伯虎遵從父母親的命令,徇私處理琱生的土地糾紛,最後完成父母親交付的命令,並滿足琱生的請求,而琱生將其載於銘文以紀念此事。林澐認為「至」通致,結合第二器銘文來看,是指向被征訊的「有司」們重新傳達父母親之命〔註 123〕。顯然林澐將「致」當作傳達之意,「致命」乃謂傳達命令也。然而,若將「致」訓作極盡之意,「致命」乃謂極盡其命,「致我考我母命」可釋作召伯虎極盡全力完成父母親交付的命令,如此似乎文意更能通貫上文「戾我考我母命」。因此,《琱生簋》之「致我考我母命」應解作極盡我父母親之命令為宜,「致命」可謂極盡其命令也。

此外,文獻亦頗有「致命」之例,如《國語‧吳語》:「晉師大駭不出,周軍飭壘,乃令董褐請事。……董褐既致命,乃告趙鞅曰……。」韋昭注:「致

〔註 121〕 參見清、劉寶楠《論語正義》(北京:中華書局,1998 年 12 月 1 版 3 刷),卷二十二,頁 740。

〔註 122〕 「戾」字銘文作𝕽,林澐隸作戾,通「戭」字,訓作厭伏之意,「戾我考我母命」譯作服從我父母親之命。(見氏著〈琱生簋新釋〉,《林澐學術文集》頁157～165)馬承源隸作戾,假借為告,訊亦有告意,訊戾是西周成詞。(見氏著《商周青銅器銘文選》(三)頁 209)黃錫全則認為此字同《汗簡》的𝕽字,即是《說文‧日部》的厢字,可隸作戾,同側,有側傾、伏服之意,「戾我考我母命」即傾向或服從我父母親之命。(見氏著〈利用《汗簡》考釋古文字〉,《古文字研究》第十五輯,頁 141～142)按:以上各家以黃錫全考釋較為正確,「厭」即是「戾」,亦可通「則」,有法效、遵從之意,「戾我考我母命」可釋為遵從我父母親之命。(詳細考釋可參拙著〈《金文編》補正三例〉,《美和技術學院學報》22 卷 1 期,頁 24～36)

〔註 123〕 參見林澐〈琱生簋新釋〉,《林澐學術文集》(北京:中國大百科全書出版社,1998 年 12 月),頁 162。

命於晉君。」此「致命」顯然不能當作傳達命令之意，若解作極盡完成使命似乎較爲正確。韋昭雖欲解作致命於晉君，似乎以爲致命乃回覆命令之意。然而，當時晉國國君雖爲晉定公，國政悉由正卿趙簡子（趙鞅）做主，董褐受派至吳軍陣營探問夫差意圖後，回返晉軍陣營應直接向趙鞅報告，不須先向晉定公回覆，再向趙鞅報告。故文云「董褐既致命，乃告趙鞅曰」實連貫一氣，中間不須插入晉君一詞，韋昭說法不通也。因此，「董褐既致命」乃謂董褐極盡其事，完成趙鞅交付之使命。此又可做爲「致命」當作極盡命令之例證也。

　　綜合言之，《左傳》、《國語》以及金文之「致命」乃謂極盡全力完成命令之意，與《詩經》、金文之「舍命」謂發號施令之意截然不同，王國維誤將二者混同相比，此可重新更正。其次，過去經學家多將《左傳》解揚「致其君命」誤解爲傳達國君的命令，於此亦應改正，「致命」乃古代之常用詞語，乃極盡命令之意。

四、騶　虞

　　《詩經‧召南‧騶虞》：「彼茁者葭，壹發五豝，于嗟乎騶虞。彼茁者蓬，壹發五豵，于嗟乎騶虞。」

　　毛《傳》：「騶虞，義獸也。白虎黑文，不食生物，有至信之德，則應之。」

　　鄭《箋》：「于嗟者，美之也。」

　　戴震云：

> 騶虞之爲獸名，既不見於《爾雅》，說者或以爲圍名，或以爲馬名，皆不足據證。漢許叔重《五經異義》載韓、魯說云：「騶虞，天子掌鳥獸官，於《射義》，所謂樂官備也。」義似明切。蓋騶，趣馬也。虞，虞人也。《月令》「天子乃教於田獵，以習五戎，班馬政，命僕及七騶咸駕」，皇甫侃云：「天子馬六種，種別有騶。又有總主之人，故爲七騶。」《春秋傳》：「程鄭爲乘馬御，六騶屬焉，使訓群騶知禮」，杜注云：「六騶，六閑之騶。」又豐點爲孟氏之御騶，孔沖遠云：「掌馬之官，兼掌御事。」《周官》山虞、澤虞「大田獵，則萊山田、澤野。」據是言之，騶與虞田獵必共有事，《詩》因而兼言兩官耳。舉騶虞，則騶之知禮、虞之供職可知，而騶虞已上之官大遠乎，騶虞之微者尤可知。歎美騶虞，意不在騶虞也，所以美君也。壹發者，

君也。〔註124〕

按：「騶虞」之意，自漢以來，爭訟不斷，未有定論。毛《傳》認爲是古代之義獸，《詩序》云：「〈騶虞〉，〈鵲巢〉之應也。〈鵲巢〉之化行，人倫既正，朝廷既治，天下純被文王之化，則庶類蕃殖，蒐田以時。仁如騶虞，則王道成也。」《詩序》「仁如騶虞」之語，近於毛《傳》之「義獸」。鄭玄釋「壹發五豝」《箋》云：「君射一發而翼五豝者，戰禽獸之命，必戰之者，仁心之至。」似乎鄭玄亦採毛《傳》、《詩序》之言。唐孔穎達《正義》則更發揮其說云：

> 言彼茁茁然，出而始生者，葭草也。國君於此草生之時，出田獵，
> 壹發矢而射五豝。獸五豝，唯壹發者，不忍盡殺，仁心如是。故于
> 嗟乎歎之，歎國君仁心如騶虞。騶虞，義獸，不食生物，有仁心。
> 國君亦有仁心，故比之。〔註125〕

因此，古文家將「騶虞」當作古之義獸。今文家則不然，如東漢許慎《五經異義》引《韓詩》、《魯詩》云「騶虞，天子掌鳥獸官」，《周禮》賈疏亦引《韓詩》以騶虞爲天子掌鳥獸之官。可見今文家之《韓詩》、《魯詩》，皆認爲「騶虞」乃天子之掌鳥獸官，爲官名而非獸名。

及至南宋，朱熹《詩集傳》採古文家之說，認爲騶虞乃獸名，其云：

> 騶虞，獸名。白虎黑文，不食生物者也。南國諸侯承文王之化，修
> 身齊家以治其國，而其仁民之餘恩，又有以及於庶類。故其春田之
> 際，草木之茂，禽獸之多，至於如此。而詩人述其事以美之，且歎
> 之曰「此其仁心」，自然不由勉強，是即眞所謂騶虞矣。〔註126〕

然而，「騶虞」爲古之義獸，戴震則認爲《爾雅》無此說，故其說無據。況且「義獸」說純出想像，「白虎黑文，不食生物，有至信之德」的形容，頗類似《周書・王會》、《山海經》之小說家言，亦與《詩》義格格不入。至於《韓詩》謂「騶虞」乃天子之掌鳥獸官，似乎較爲合理。戴震以爲「騶」爲趣馬，乃掌馬之官；「虞」爲虞人，乃《周禮》山虞、澤虞之官屬，故「騶虞」乃兼言兩官，皆共田獵之事。

〔註124〕參見戴震《毛鄭詩考正》卷一，頁 3。
〔註125〕參見唐孔穎達等《十三經注疏本・詩經》（臺北：藝文印書館，1993 年 9 月），頁 68。
〔註126〕參見朱熹《詩集傳》卷一。

戴震云：「聖人賢人之理義非他，存乎典章制度者是也」，又云「由六書、九數、制度、名物，能通乎其詞」，則考究《詩》義，須由文字音韻以及制度名物著手，較能超越古代經書注解的今古文之爭。在文字音韻方面，西周金文可為我們的考證添一證據，蓋金文有「司虞」之官，如下：

《免簋》：「王在周，令免作司徒，司奠還（縣）林，眔虞，眔牧。」

《同簋》：「王命：同，左右虞大夫，司場、林、虞、牧。」

《散盤》：「矢人有司……豆人虞兮……原人虞莽。」

張亞初、劉雨《西周金文官制研究》一書將以上所引之「虞」定為司虞之官，認為與《周禮·地官·司徒》下屬之山虞、澤虞同屬古之虞官，至於分工則不一定相同〔註127〕。《周禮》雖成書於戰國，時代略晚，但仍保留或反映一定程度的西周職官狀況，是記載中國古代官制的唯一的一部古代文獻。故西周金文的「司虞」之官，其內容仍可藉由《周禮》所述來探究。按《周禮·地官·司徒·山虞》云：「山虞，掌山林之政令，物為之屬而為之守禁。」又云：「若大田獵，則萊山田之野」。另《周禮·地官·司徒·澤虞》亦云：「澤虞，掌國澤之政令，為之屬禁，使其地之人守其財物，以時入之于玉府，頒其餘于萬民。」又云：「若大田獵，則萊澤野」。因此，「山虞」乃掌山林之官，「澤虞」乃掌國澤之官，二者又皆參與天子或諸侯田獵之事。「若大田獵則萊山田之野」，鄭注：「萊，除其草萊也」，賈疏：「言大田獵者，謂王親行。若田在山，則山虞芟萊草木於可陳之處。」孫詒讓云：

注云「萊，除其草萊也」者，〈王制〉釋文引庾氏云：「萊，草也。」引申之，凡芟草焚草通謂之萊，詳〈縣師〉疏。山田之野，其地廣博，山虞於其外芟草，以為田之大界。《毛詩·小雅·車攻》傳云「田者大芟草以為防」是也。其防之中，擬田獵處不芟，惟於防南別除地三四百步，其中為四表之地，南北二百五十步，東西廣各容三軍，以為教戰列陳之須。此萊野蓋兼彼二者而言之，賈疏偏據除教戰之地為釋，疏矣。詳〈大司馬〉疏。又此萊野，謂芟草，與焚萊別，其焚萊亦山虞兼掌之。故〈牧師〉「凡田事贊焚萊」，注云「焚萊者山澤之虞」是也，〈澤虞〉職同。〔註128〕

〔註127〕參見張亞初、劉雨《西周金文官制研究》（北京：中華書局，1986年5月），頁10。

〔註128〕參見孫詒讓《周禮正義》（北京：中華書局，2000年3月），頁1203。

因此，由《周禮》可知山虞、澤虞等虞人之官，平日執掌山田、澤野之草木蕃育，以備王者教戰田獵之事也。西周金文的「司虞」之官，其職能大致與《周禮》相合。又《左傳》記魯哀公十四年云：「十四年春，西狩於大野，叔孫氏之車子鉏商獲麟，以為不祥，以賜虞人。」杜預注：「虞人，掌山澤之官。」可見虞人之官有隨王者田獵之情事。故戴震以「騶虞」乃隨王者田獵之官職，信而有徵。

五、結　語

由以上諸例來看，關於〈邶風・匏有苦葉〉「深則厲」，戴震不從毛《傳》之說，轉以《說文》「深則砅」之說為是；又〈大雅・皇矣〉「詢爾仇方」，戴震肯定毛《傳》「仇，匹也。」之說，而否定鄭《箋》「怨耦曰仇」之訓；又〈鄭風・羔裘〉「舍命不渝」，戴震不取鄭箋「舍命」乃「處命」之解，認為「舍命」通「釋命」，又取王肅「舍，受也」之說，將「受命」與「釋命」結合起來，遂有「言受命於君，以至復命而後釋，始終如一也。」的新見解。至於〈召南・騶虞〉詩中「騶虞」之辨，較諸毛、朱之「義獸」，以及今文家「天子掌鳥獸官」，東原舉《周禮》、《春秋》以證「騶虞」乃隨王者田獵之官，似乎更為合宜。

因此，可知戴震解《詩》不專從一家之說，對於毛《傳》、鄭《箋》，是其所是，非其所非，又能廣採《周禮》、《春秋》、《國語》、《說文》、《爾雅》、《水經注》以及王肅等經學家之意見，故並非「一宗漢詁」。其次，雖然戴震的考證結果未必正確，然其運用文字、聲韻、制度、名物等多種途徑解經，也為清代的《詩經》研究樹立精密考證的典範。

第五節　戴震《詩經》學之定位與價值

清代的詩經學研究，皮錫瑞云：「國初崇尚古學，陳啟源等仍主《毛詩》。後有戴震、段玉裁、胡承珙、馬瑞辰諸人，陳奐《毛詩傳疏》尤備然。」〔註129〕梁啟超云：「乾隆間，經學全盛，而專治《詩》者無人；戴東原輩雖草創體例，而沒有完書。到嘉、道年間，纔先後出現三部名著：一、胡墨莊的《毛詩後箋》，

〔註129〕參見皮錫瑞《經學通論》（臺北：學海出版社，1985年），卷2、頁2。

二、馬元伯的《毛詩傳箋通釋》，三、陳碩甫的《詩毛氏傳疏》。」〔註130〕又云：「清學自以經學爲中堅，其最有功於經學者，則諸經殆皆有新疏也。……其在《詩》，則有陳奐《詩毛氏傳疏》，馬瑞辰之《毛詩傳箋通釋》，胡承珙之《毛詩後箋》。」〔註131〕劉兆祐亦以爲清朝時期的詩經學，「有六本書最具代表性，它們是陳啓源的《毛詩稽古編》、戴震的《毛鄭詩考正》、馬瑞辰的《毛詩傳箋通釋》、胡承珙的《毛詩後箋》、段玉裁的《毛詩故訓傳》和陳奐的《詩毛氏傳疏》。在這六書中，又以馬瑞辰、胡承珙和陳奐最好。」〔註132〕

　　由以上各家對清代詩經學之研究，可以發現陳啓源、戴震、段玉裁、陳奐、胡承珙、馬瑞辰六人扮演極重要之角色，具有前後承接發展的關係，故此六人之《詩經》研究，乃是清代詩經學的觀察重心。

　　其次，從歷史的脈絡來看，自南宋朱熹作《詩集傳》之後，元、明、清三代科舉考試皆以朱傳爲準，朱傳取得官學之地位，如《元史・選舉志》云：

> 考試程式：蒙古、色目人，第一場經問五條，《大學》、《論語》、《孟子》、《中庸》內設問，用朱氏《章句》、《集注》。……漢人、南人，第一場明經、經疑二問，《大學》、《論語》、《孟子》、《中庸》內出題，并用朱氏《章句》、《集注》，復以己意結之，限三百字以上；經義一道，各治一經，《詩》以朱氏爲主，《尚書》以蔡氏爲主，《周易》以程氏、朱氏爲主。

　　明代官方經學亦沿習元代，明太祖洪武三年（1370）恢復科舉，考試內容亦以程朱爲主，《詩》即用朱子《集傳》。其後，明成祖又詔翰林院學士胡廣等編纂《五經大全》、《四書大全》、《性理大全》等，乃成爲有明二百餘年科舉考試之範本，其中《詩經大全》二十卷，乃以元人劉瑾《詩傳通釋》爲本而稍作修改，而劉氏之書又專爲疏解朱子《詩集傳》而作，亦爲朱傳之信徒。及至清初，爲鞏固統治地位，朝廷乃以傳統儒學作爲思想工具，開設科舉考試，籠絡漢人名流，並以程朱理學爲標榜，只因理學強調端正綱常、嚴分君臣之節，有利於統治者之需求。其中，更以康熙皇帝對程朱理學提倡最力，不僅詔命以朱子配享孔廟，並修訂《朱子全書》，又命大學士庫勒納、牛

〔註130〕參見梁啓超《中國近三百年學術史》（臺北：里仁書局，1995年2月），頁259。
〔註131〕參見梁啓超《清代學術概論》，收入《中國近三百年學術史》（臺北：里仁書局，1995年2月）之附錄，頁44。
〔註132〕參見劉兆祐〈歷代詩經學概說〉，收入林慶彰主編《詩經研究論集》（臺北：臺灣學生書局，1992年9月），頁491。

紐等人編纂《日講四書解義》、《日講書經解義》、《日講易經解義》、《詩經傳
說匯纂》、《性理精義》等，均以朱熹注爲主，而科舉考試作答不得逾越朱注。
因此，朱熹的《詩集傳》在清初亦取得官學正統的地位，可說自南宋至清初，
朱子《詩集傳》在詩經學的研究上，具有官方權威的地位，也是士子應試必
讀之書。

　　就在程朱之學主導官方詩經研究的學風之中，清初顧炎武、黃宗羲、王
夫之三大家則主張恢復古經，即梁啓超所言之「以復古爲解放」〔註133〕，將
經典詮釋從宋人手中解放出來，學術主張日益與宋學不同，如顧炎武所云：「據
唐人以正宋人之失，據古經以正沈氏唐人之失。」〔註134〕又云：「漢人之於經，
如先後鄭之釋《三禮》，或改其音而未嘗變其字。〈子貢問樂〉一章，錯簡明
白，而仍其本文，不敢移也，注之於下而已。及朱子正《大學》繫傳，徑以
其所自定者爲本文，而以錯簡之說注於其下，已大破拘攣之習。後人效之，
此經之又一變也。」〔註135〕因此，顧炎武批判宋人隨意改經，主張考究古經
古音以恢復六經之眞實面目，凡此皆爲以「復古」作爲打破長期以來宋儒經
解主導的局面。

　　因此，清初經學雖然官方科考標榜程朱宋學，然而民間學者則逐漸轉向
「尊古」，治經不再以宋儒之說爲準，部分學者更出現激烈「反宋反朱」的主
張。何定生云：

> 清代學者對於《詩經》的解釋，剛好和元、明兩代相反。元、明兩
> 代，《集傳》已定爲官學，爲科舉標準解釋，故異說甚少。但物極則
> 反，到了清代，反宋宗毛，頓成一時風氣。例如陳啓源《毛詩稽古
> 編》、陳奐《詩毛氏傳疏》、胡承珙《毛詩後箋》、馬瑞辰《毛詩傳箋
> 通釋》等書之專標毛詩者，固無論已；即如兼反漢、宋，欲別樹一
> 幟如姚際恆的《詩經通論》，事實上也即爲反朱最激烈之作。〔註136〕

　　顧、黃、王之後，康熙年間，陳啓源的《毛詩稽古篇》，更全以《毛傳》、
《鄭箋》等漢人注疏爲主，完全排除朱熹等宋儒的《詩經》注解，《四庫全書

〔註133〕梁啓超云：「綜觀二百餘年之學史，其影響及於全思想界者，一言以蔽之，曰：
　　　　『以復古爲解放。』」（《清代學術概論》二）
〔註134〕參見顧炎武〈音學五書序〉，《亭林文集》。
〔註135〕參見顧炎武〈答李子德書〉，《亭林文集》卷四。
〔註136〕參見何定生〈清儒對於詩經的見解〉，收入林慶彰主編《詩經研究論集》（臺
　　　　北：臺灣學生書局，1992 年 9 月），頁 427。

總目》評其書曰：「其間堅持漢學，不容一語之出入，雖未免或有所偏，然引據賅博，疏正詳明，一一皆有本之談」，又曰：「國初諸家，始變爲微實之學，以挽頹波，古義彬彬，于斯爲盛，此編尤其最著也。」夏傳才亦云：

> 陳啓源著的《毛詩稽古篇》，在《詩經》研究史上是一部比較重要的著作。它是以復興漢學爲宗旨而寫作的……它旗幟鮮明地申明以毛詩爲本，考察唐以前古代資料，研究文字、名物、訓詁，進而推求詩義。所謂「稽古」，就是對沉寂了幾百年的漢學《詩經》研究的資料進行發掘和考察，重新來疏釋毛詩。……《毛詩稽古篇》表示了在《詩經》研究中，漢學與宋學已經完全分開，並且致力於用漢學推翻宋學。〔註137〕

因此，陳啓源的《毛詩稽古篇》代表清初以來解《詩》申漢黜宋的學術傾向，破除元明以來朱熹《詩集傳》獨尊的地位，也爲後來的乾嘉時期漢學之全盛開創新局。

陳啓源這種「堅持漢學」、「反對宋學」、「以毛傳鄭箋爲本」的解《詩》傾向，深深地影響乾嘉時期之漢學家，惠棟即最著者。惠棟爲考據學之吳派宗師，其學術主張「凡古必眞，凡漢皆好」〔註138〕，在《九經古義》之《詩經古義》中，惠棟仍嚴守漢人師說解《詩》，力闢宋人之學，此外，惠棟繼承顧炎武考文知音以解經的治學主張，認爲透過識字審音的功夫，才能掌握古訓古經的意旨。

因此，在康熙、乾隆年間，學界對《詩經》的研究，普遍存有「用漢學推翻宋學」的學術傾向，解《詩》多以毛、鄭爲主，而完全排除朱熹等宋人之注解。就在這種漢學獨尊的局面之下，戴震卻主張調和漢、宋，並給予朱熹等宋人詩經研究成果合理的評價，如云「先儒爲《詩》者，莫明於漢之毛、鄭，宋之朱子」〔註139〕，即認爲毛、鄭之外，朱熹之說《詩》亦可等量齊觀，不可偏廢。又曰：「先儒之學，如漢鄭氏、宋程子、張子、朱子，其爲書至詳博，然猶得失中判」〔註140〕，此則認爲不論漢、宋之儒者，其說解著書皆有得有失，非可一體而專主之也。故陳澧評戴震《杲溪詩經補注》云：「不拘守

〔註137〕參見夏傳才〈清代詩經研究概說〉，《詩經研究史概要》（臺北：萬卷樓圖書公司，1994年11月），頁212～213。
〔註138〕參見梁啓超《清代學術概論》十。
〔註139〕參見戴震〈毛詩補傳序〉，《戴震文集》卷十。
〔註140〕參見戴震〈與姚孝廉姬傳書〉，《戴震文集》卷九。

毛、鄭，亦不拘守朱《傳》，戴氏之學，可謂無偏黨矣。」〔註141〕因此，「無偏黨」而「實事求是」的解經態度與方法，可說是戴氏詩經學最大的特點。

　　相對於惠棟等漢學家「專宗漢詁」，戴震認為「漢儒訓詁有師承，亦有時傅會。」〔註142〕戴震將清初以來「矯枉過正」的尊漢黜宋之學術傾向，作一適度的調整，一切以「實事求是」為主，而不問其「古不古」、「漢不漢」，故在解《詩》上「空所依傍」，在本書第四章第二節，以及本章第四節中，皆可見戴震解《詩》不主一家，不拘守毛、鄭，亦不拘守朱《傳》之解經態度。戴震之後，其弟子段玉裁有《詩經小學》、《毛詩故訓傳》，多據《爾雅》、《說文》、毛《傳》、鄭《箋》解《詩》，發展了戴氏在訓詁名物上解詩的成就，即梁啓超所云：「清儒在《詩》學上最大的功勞，在解釋訓詁名物」〔註143〕，段氏之書代表清人用訓詁名物方式解詩的優秀成果，不過在引用前人解詩觀點上，段氏仍是守著漢學家的觀點，對宋人經解一概不取。

　　至於時代更後的嘉慶、道光年間的胡承珙、馬瑞辰、陳奐等三人，歷來多被譽為清代詩經學研究最高成就者。若分析其三人之解詩態度與方法，則又有所不同。首先，在對待宋人解詩之作的態度上，胡承珙極為鄙視宋學，如云：

　　　　宋人鹵莽尤甚，竟有肆駁毛、鄭而實則于《傳》、《箋》並未卒讀，
　　　　且有近似注疏從未寓目者，自通志堂刻外，承珙所見宋人說《詩》
　　　　尚近十種，然皆一丘之貉耳。〔註144〕

　　不過，胡氏雖卑視宋學，其《毛詩後箋》卻仍徵引大量的宋人之說，其所以如此，據學者分析認為「胡氏採用的宋學是採用漢人舊說的宋學」〔註145〕，乃「以漢學引領宋學，讓宋學成為漢學的證據」〔註146〕。則胡氏徵引宋學並不表示其重視宋學，而只是利用宋學來證明漢學而已，仍是以漢學為尊的觀點。然而，夏傳才卻以為「胡承珙是古文學與宋學通學的《詩經》專家，……當時在學術界漢學與宋學已經分開，漢學占壓倒性的地位，宋學很少人研求，而他

〔註141〕參見陳澧《東塾讀書記》（臺北：臺灣商務印書館，1997年6月），頁96。
〔註142〕參見戴震〈與某書〉，《戴震全書》第六冊，頁495。
〔註143〕參見梁啓超《中國近三百年學術史》（臺北：里仁書局，1995年2月），頁258。
〔註144〕參見胡承珙〈與竹村書〉，《求是堂文集》卷三。
〔註145〕參見簡澤峰《胡承珙毛詩後箋析論》（暨南大學碩士論文，2001年），頁131。
〔註146〕參見黃忠慎〈清代中葉毛詩學三大家解經之歧異〉，收入《國文學誌》第六期（彰化師大國文系，2002年12月），頁109。

卻在廣徵博引中吸取兩宋學者的正確疏釋，表現了他的疏證有一定的求實精神。」〔註147〕此乃夏氏受到胡承珙廣引宋儒詩說爲證之影響，誤以爲胡氏重視宋學，實則胡氏引用宋人詩說只在證明漢學，例如《毛詩後箋》釋《詩·王風·相鼠》云：

> 嚴《緝》云：「舊說鼠尚有皮，人而無儀，則鼠之不若。以人之儀喻鼠之皮，非也。此言鼠則只有皮，人則不可以無儀，人而無儀，則何異於鼠。」如此語意方瑩然。穎濱《詩傳》云：「視鼠之所以爲鼠者，豈以其無皮故邪？以有皮而無禮耳。人之所以爲人者，豈以其面？亦以其禮也。苟無禮，則亦鼠矣。」此正本《箋》《疏》，不始於嚴華谷也。〔註148〕

胡承珙認爲宋人嚴粲《詩緝》、蘇轍《詩集傳》釋〈相鼠〉之詩的說法，乃本於鄭《箋》孔《疏》，非宋人之創見也，此可證胡氏仍以漢學爲宗。又如《毛詩後箋》釋《詩·魏風·伐檀》云：

> 毛於首章前三句，雖不言興，然云「伐檀以俟世用，若俟河水之清且漣」則其爲興體明矣。《箋》本《序》文，以首三句爲君子不得進仕，中四句爲在位貪鄙，無功受祿，詞旨明白，無可易者。後儒或謂「伐檀何干玩清漣自樂？」（呂《記》嚴《緝》皆同）或謂「伐檀何干遇清漣而無用？」（范《傳》朱《傳》略同）直以首三句爲賦，意味索然矣。……考義玩辭，故知《傳》、《箋》不可易也。〔註149〕

胡氏於此批評宋人呂祖謙、嚴粲、范處義、朱熹之說，認爲「《傳》、《箋》不可易也」，仍以毛傳、鄭箋之漢學爲宗，更可顯示出胡氏「尊漢反宋」的學術取向。

其次，關於陳奐，更是徹頭徹尾的漢學家，其《詩毛氏傳疏》專以毛傳爲宗，漢以後之注疏皆多排斥，如云：

> 及至魏晉，鄭學既行，雖以王子雍不好鄭氏，力極申毛難鄭，究未得毛之精微。唐貞觀中，孔沖遠作《正義》，《傳》、《箋》俱疏，於是毛、鄭兩家合爲一家之書矣。兩漢信《魯》而《齊》亡，魏晉用

〔註147〕參見夏傳才〈清代詩經研究概說〉，《詩經研究史概要》（臺北：萬卷樓圖書公司，1994 年 11 月），頁 219～220。

〔註148〕參見胡承珙《毛詩後箋》卷四。

〔註149〕參見胡承珙《毛詩後箋》，《皇清經解續編·毛詩類彙編》本（臺北：藝文印書館，1990 年），頁 2982。

《韓》而《魯》亡。隋、唐以迄趙宋，稱鄭而《韓》亦亡。近代說
《詩》，兼習毛、鄭，不分時代，不尚專脩，不審鄭氏作《箋》之旨，
而又苦毛義之簡深。猝不得其涯際，漏辭偏解，迄無鉅觀。二千年
來，毛雖存而若亡。〔註150〕

　　另外，陳奐尊崇《詩序》，對於否定《詩序》的宋人詩說自然無所採用，
其專宗漢學，排斥宋學的立場甚為明顯，雖陳氏在師承上可說是皖派〔註151〕，
然學者多從學術主張上將陳氏歸入專宗漢學的吳派〔註152〕。

　　至於馬瑞辰，其解詩較為客觀徵實，漢宋兼採，如《毛詩傳箋通釋・例
言》云：「是書先列毛、鄭說於前，而唐宋元明諸儒及國初以來各經師之說有
較勝漢儒者，亦皆採取，以關門戶之見。」〔註153〕陳金生亦評馬氏之書云：「作
者在一定程度上屏除了門戶宗派之見，……對唐宋元明人的著作，特別是朱
熹《詩集傳》，也有所採取。對清代學者的見解，引用更多。」〔註154〕可見馬
氏不贊同漢學家專重師法家法的門戶之見，漢以後之說若有勝過漢學者，亦
一併兼採，此點大不同於陳奐、胡承珙二人也。黃忠慎亦云：「我們可以在馬
瑞辰身上同時看到『漢學』、『宋學』的學風，這幾乎可謂漢宋調和的實例。」
〔註155〕又馬氏於〈自序〉云：「志存譯聖，冀兼綜乎諸家；論戒鑿空，希折衷
於至當。……述鄭兼以述毛，規孔有同規杜。勿敢黨同伐異，勿敢務博矜奇。
實事求是，祇期三復乎斯言。」此言「戒鑿空」、「實事求是」的治學態度，
解詩觀點當與戴震接近，可謂皖派之信徒。

　　再以馬瑞辰解詩之例為證，如〈邶風・雄雉〉一詩，《毛詩傳箋通釋》考
云：

　　　《序》：「雄雉，刺衛宣公也。」瑞辰按：此詩當從朱子《集傳》以
　　　為婦人思其君子久役於外而作。今以經文繹之：前二章觀物起興，

〔註150〕參見陳奐《詩毛氏傳疏・敍錄》（臺北：廣文書局，1979年4月），頁一下。
〔註151〕如支偉成《清代樸學大師列傳》將陳奐納入皖派經學家之中。
〔註152〕如張政偉《戴震、段玉裁、陳奐周南、召南論述辨異》（暨南大學碩士論文，
　　　　2001年）、黃忠慎〈清代中葉毛詩學三大家解經之歧異〉（彰師大《國文學誌》
　　　　第六期，2002年），皆主張陳奐近於吳派。
〔註153〕參見馬瑞辰撰、陳金生點校《毛詩傳箋通釋》（北京：中華書局，1992年2
　　　　月），頁2。
〔註154〕同上注，參〈本書點校說明〉，頁3。
〔註155〕參見黃忠慎〈清代中葉毛詩學三大家解經之歧異〉，收入《國文學誌》第六期
　　　　（彰化師大國文系，2002年12月），頁109。

以雄雉之在目前，羽可得見，音可得聞，以興君子久役，不見其人，不聞其聲也。第三章以日月之迭往迭來，興其君子之久役不來。末章則推其君子久役之故，皆由有所忮求，若知修其德行，無所忮求，則可以全身遠害，復何用而不臧乎。此以責君子之仕於亂世也。《序》云刺宣公，蓋推其兆亂之由，非詩詞所及。《箋》以前二章爲刺宣公之淫亂，失之。〔註156〕

又如〈大雅・抑〉一詩，《毛詩傳箋通釋》考云：

《序》：「〈抑〉，衛武公刺厲王，亦以自警也。」瑞辰按：《楚語》云：「昔衛武公作〈懿〉戒之詩，使人日誦于側以自儆。」懿、抑古同聲，〈懿〉即〈抑〉之詩也。《楚語》惟言以自警，無刺厲王之說。朱子《集傳》據以駁《序》，其說是也。今考詩十二章，惟以慎德、聽言爲主，慎威儀、慎言皆以慎德明哲所以知言。首章「抑抑威儀，維德之隅」，言威儀爲德之外著也；「靡哲不愚」言大智若愚也；「無競維人」以下七章承「抑抑威儀」二句言，「荏染柔木」以下承「靡哲不愚」言。其三章曰「荒湛于酒」與〈賓之初筵〉詩爲武公飲酒悔過正合耳。詩曰「謹爾侯度」，非刺王之詞；曰「既耄」，實耄年自戒之語。蓋武公作詩自戒，託爲臣下諷誦之詞。故詩中兩言「小子」也。《箋》據《序》以詩中所言皆爲刺厲王，失之。或據詩「其在于今」爲刺當時語，刺厲王當爲刺夷王之譌，亦非。〔註157〕

因此，由此二例可知，馬瑞辰解《詩》並不完全依從《詩序》或鄭《箋》，若朱熹《詩集傳》有較合宜之解說，亦能捨《詩序》、鄭《箋》而轉從朱《集傳》也，可證其漢宋兼採、實事求是的解詩態度與方法。就此而言，馬瑞辰的解詩態度與立場頗近於戴震。

其次，在對待今文三家詩的態度上，亦可見胡承珙、陳奐、馬瑞辰之差異。毛詩與魯、齊、韓三家詩，雖皆古人傳注，然毛詩爲古文經，漢學家以其時代較早而多從之，且以《詩序》出自子夏，故尊毛重《序》向爲漢學家之共同主張。然而，東漢鄭玄兼通今古文，其爲毛詩作《箋》，兼採部分魯、

〔註156〕參見馬瑞辰撰、陳金生點校《毛詩傳箋通釋》（北京：中華書局，1992 年 2月），頁125。

〔註157〕參見馬瑞辰撰、陳金生點校《毛詩傳箋通釋》（北京：中華書局，1992 年 2月），頁946。

齊、韓三家詩的說解，以補毛《傳》之不足。鄭玄的作法，雖可融合今古文家的優點，但卻也混淆了今古文家的區別。故對於重視家法、師法的漢學家來說，鄭《箋》的作法實不可取，因此陳奐作《詩毛氏傳疏》，專主毛《傳》而排除了鄭《箋》，其云：

> 卜子夏親受業於孔子之門，遂隱括詩人本志爲三百十一篇作《序》。
> 數傳至六國時，魯人毛公依《序》作《傳》，其《序》意有不盡者，
> 《傳》乃補綴之而於詁訓特詳，授趙人小毛公。《詩》當秦燔錮禁之
> 際，猶有齊魯韓三家詩萌芽閒出，三家多採雜說與《儀禮》、《論語》、
> 《孟子》、《春秋》內外傳論詩往往或不合。三家雖自出於七十子之
> 徒，然而孔子既沒，微言已絕，大道多岐異端。其作又或俗以諷動
> 時君，以正詩爲刺詩，違詩人之本志。故齊魯韓可廢，毛不可廢，
> 齊魯韓且不得與毛抗衡，況其下者乎。……鄭康成殿居漢季，初從
> 東郡張師學《韓詩》，後見《毛詩》義精，好爲作《箋》，亦復間雜
> 《魯詩》，並參己意。固作《箋》之旨，實不盡同毛義，及至魏晉，
> 鄭學既行，雖以王子雝不好鄭氏，力極申毛難鄭，究未得毛之精微。
> 唐貞觀中，孔沖遠作《正義》，《傳》、《箋》俱疏，於是毛、鄭兩家
> 合爲一家之書矣。兩漢信魯而齊亡，魏晉用韓而魯亡，隋唐以迄趙
> 宋，稱鄭而韓亦亡，近代說詩兼習毛鄭，不分時代，不尚專脩，不
> 審鄭氏作《箋》之旨，而又苦毛義之簡深，猝不得其涯際，漏辭偏
> 解，迄無鉅觀，二千年來，毛雖存而若亡，有固然矣。……故讀《詩》
> 不讀《序》，無本之教也，讀《詩》與《序》而不讀《傳》，失守之
> 學也。……今分作三十卷者，仍《毛詩》舊也，古經傳本各自爲書，
> 自《傳》與《箋》合併，而久失原書之舊，今置《箋》而疏《傳》
> 者，宗《毛詩》義也。〔註158〕

可見陳奐治詩，專守古文毛氏一家，排斥魯、齊、韓今文三家詩說，鄭《箋》因雜入三家詩，故陳氏一概不取。皮錫瑞云：「至於近人之書，則以陳奐《毛氏傳疏》能專爲毛氏一家之學，在陳啓源、馬瑞辰、胡承珙之上。」〔註159〕因此，陳奐專守古文毛傳一家，而排斥今文三家詩，允爲定論。至於胡承珙，大體亦遵守毛氏一家，如自言：「拙著從毛者十之八九，從鄭者

〔註158〕參見陳奐《詩毛氏傳疏・敍》（臺北：廣文書局，1979 年 4 月），頁 1～3。
〔註159〕參見皮錫瑞《經學通論》（臺北：學海出版社，1985 年），頁 66。

十之一二。」〔註160〕又批評鄭《箋》云：「《箋》之于《傳》，有申毛而不得毛意者，又有異毛而不如毛義者。」〔註161〕黃忠慎亦云：

> 胡承珙自言不從《毛傳》之處，只有「十之一二」，乍看之下，他是尊重而非墨守《毛傳》之輩。不過，依照我們的觀察，其「從」與「不從」《毛傳》，無關乎實證，凡是《毛傳》牽涉到詩旨的訓釋，胡承珙一律尊崇。只有不會動搖《詩序》、《毛傳》對詩旨解釋的名物訓詁，胡承珙才會做出不從《毛傳》的解釋。〔註162〕

可見胡承珙解詩大體仍以毛傳為宗，再者，胡承珙又云：「承珙於《詩》，墨守《毛傳》。惟揆之經文，實有難通者，乃舍之而求他證。如『弗躬弗親，庶民弗信』……舍《傳》從《箋》，然似此者才十之一二而已。」〔註163〕其自言「墨守《毛傳》」，只有在毛《傳》無法疏通經文時，才會取用如鄭《箋》等其他旁證。可見若鄭《箋》與毛《傳》不合者，胡氏大多支持毛傳，故其主古文而反今文的解詩立場，也極為自然了。另外，胡承珙對《詩序》信守不移，《詩序》乃《毛詩序》，是附在古文毛詩之序，亦可證胡氏解詩專主古文經學。因此，皮錫瑞以為清代經師能紹承漢學者有二事，其一為「守專門」，並云：「胡承珙《毛詩後箋》、陳奐《詩毛氏傳疏》，專宗毛詩。」〔註164〕胡承珙、陳奐二人專守古文毛氏一家，排除鄭玄以及今文三家詩，其主張接近惠棟吳派之路數。

相對於胡、陳二人專以毛詩為主，馬瑞辰則顯得較為開放而客觀了。如其云：

> 三家詩與毛詩各有家法，實為異流同原。凡三家遺說有可與《傳》、《箋》互相證明者，均各廣為引證，剖判是非，以歸一致。〔註165〕

又於〈自序〉云：

> 以三家辨其異同，以全經明其義例，以古音古義證其譌互，以雙聲疊韻別其通借。意有省會，復加點竄。……初名《毛詩翼注》，嗣改

〔註160〕參見胡承珙〈與竹村書〉，《求是堂文集》卷三。
〔註161〕同上註。
〔註162〕參見黃忠慎〈清代中葉毛詩學三大家解經之歧異〉，收入《國文學誌》第六期（彰化師大國文系，2002年12月），頁104。
〔註163〕參見胡承珙〈與魏默深書〉，《求是堂文集》卷三，頁35。
〔註164〕參見皮錫瑞《經學歷史》（臺北：漢京文化，1983年9月），頁320。
〔註165〕參見馬瑞辰撰、陳金生點校《毛詩傳箋通釋・例言》（北京：中華書局，1992年2月），頁1。

《傳箋通釋》。述鄭兼以述毛，規孔有同規杜。勿敢黨同伐異，勿敢
矜博務奇。實事求是，祇期三復乎斯言。〔註166〕

屈萬里亦評馬氏之書云：

清代關於《詩經》的著作很多，卓然可取的也不少。其專主《毛傳》
而功力最深的，有胡承珙的《毛詩後箋》和陳奐的《詩毛氏傳疏》。
兼申毛鄭，而又不拘守門戶之見的，則有馬瑞辰的《毛詩傳箋通釋》。
在清代說詩的專書裡，我認爲馬氏此書是一部最好的著作。〔註167〕

因此，兼申毛鄭，亦取今文三家詩說，馬氏之書可謂不主一家，實事求
是也。綜合以上所述，胡承珙、陳奐二家墨守漢學門戶，貶抑宋學，又專宗
毛傳，排除三家詩說，且不取鄭《箋》之說，或「從《箋》者，十之一二而
已」。是故胡、陳二氏在學術作風上，趨向墨守漢人師法家法的吳派。至於馬
瑞辰，則不墨守漢學門戶，兼取唐宋迄清人之意見，亦不專宗毛氏一家，舉
凡鄭箋及三家詩說有超越毛氏之說者，亦能擇善而從之，甚者更能間出己見，
提出新的說解。所以，就馬氏的研究取向而言，頗近於戴震以小學通經治經，
實事求是，「不拘守毛鄭，亦不拘守朱傳」而「無偏黨」的客觀徵實之研究態
度。故黃忠慎亦評馬氏曰：

根據本文的觀察，將胡承珙、陳奐劃入「吳派」路線似乎是正確的
判斷。光是「墨守」家法這個學術取向，胡陳二人就難歸入「皖派」
了。相對之下，馬瑞辰的研究就比較具有獨立徵實的精神，論述精
當，勇於論斷；這跟戴震的學風就比較接近了。或許，我們可以將
馬瑞辰的研究視爲戴震一系（皖派）學風的繼承。事實上，只要拿
戴震《毛鄭詩考正》與馬瑞辰《毛詩傳箋通釋》作比對，我們不難
發現兩者所展現的論述體製與學術風貌有極高的契合。〔註168〕

黃氏所言甚確，馬瑞辰確實可作爲戴震學風的繼承者，不過，不能僅拿
戴震《毛鄭詩考正》一書作比對，因該書受到乾嘉漢學學風影響，刪去同意
朱熹《集傳》之意見，專以考究毛鄭漢人詩說爲主，在解詩的客觀性上，不
如《詩補傳》以及《杲溪詩經補注》。因此，若要比較戴、馬二人詩說，必須

〔註166〕參見馬瑞辰撰、陳金生點校《毛詩傳箋通釋・自序》（北京：中華書局，1992
　　　　年2月），頁1。
〔註167〕參見屈萬里《詩經詮釋・敍錄》（臺北：聯經出版社，1998年1月），頁22。
〔註168〕參見黃忠慎〈清代中葉毛詩學三大家解經之歧異〉，收入文學誌》第六期（彰
　　　　化師大國文系，2002年12月），頁108。

將《詩補傳》以及《杲溪詩經補注》二書納入，才可完整看出戴震與馬瑞辰二人之共同解詩態度。

　　綜合來看清代之詩經學，就陳啓源、戴震、段玉裁、胡承珙、陳奐、馬瑞辰六人而言，陳啓源、段玉裁、胡承珙、陳奐皆屬於典型的漢學家，專宗漢人詩說，而排斥宋儒主張，胡、陳二人更將範圍限縮在毛詩一家，其守專門的學術傾向頗爲明顯。至於戴震、馬瑞辰二人，其解詩則不專宗漢詁，朱熹等宋人詩說亦兼而採之，又毛詩之外，亦取今文三家詩說，毛、鄭兼採，排除門戶之見。另外，戴、馬二人皆能純熟運用乾嘉考據學「以訓詁名物解經通經」的研究方法，並皆能透過個人的考證，提出新的見解。故戴、馬二人，可謂代表客觀實證的詩經研究方向，是清代詩經研究中的傑作。

　　林慶彰曾比較戴震與胡、陳、馬三氏之書云：

> 就乾嘉時代來說，當時比較可注意的研究成果，是戴震的《詩補傳》、《毛鄭詩考正》和段玉裁的《詩經小學》。但這幾部書，並非全面對《詩經》的詮釋，僅是摘錄部份章句加以辨析而已。當時學界所需要的，應該是能融會前人研究成果，且較全面疏釋的《詩經》專著。以這一標準來衡量，能符合要求的，也許僅有胡承珙的《毛詩後箋》、馬瑞辰的《毛詩傳箋通釋》和陳奐的《詩毛氏傳疏》三書而已。〔註169〕

　　戴震《毛鄭詩考正》一書雖是摘錄部份章句加以辨析，然而，《詩補傳》及《杲溪詩經補注》則就詩篇全文註解，並就全篇詩旨加以說明，故不可謂不全面。再者，馬瑞辰、胡承珙之書其實也是摘錄部份詩句加以辨析，並非如陳奐就全詩逐字逐句全面疏解。故如梁啓超也承認「惟馬、胡之於《詩》，非全釋詩傳文，不能直謂之新疏。」〔註170〕因此，戴震解詩之作，並不能以其不全面疏解的理由而貶低其價值，反而其《詩補傳》及《杲溪詩經補注》二書已就詩篇全文註解，並非摘錄部份詩句。其次，戴震又能避免門戶之見，漢宋兼採、毛鄭並重，不主一家而擇善依從，解詩的態度方法較爲客觀。另外，戴震亦偏向以名物訓詁解詩，在詩旨上不受《毛詩序》的影響，其云：「今就全詩，考其字義名物於各章之下，不以作詩之意衍其說。蓋字義名物，前

〔註169〕參見林慶彰〈陳奐《詩毛氏傳疏》的訓釋方法〉，收入《清代經學研究論集》
　　　　（臺北：中研院文哲所，2002年8月），頁373～374。
〔註170〕參見梁啓超《清代學術概論》十四。

人或失之者，可以詳覈而知，古籍具在，有明證也。作詩之意，前人既失其傳者，非論其世，知其人，難以臆見定也。」〔註171〕《詩序》之作，本爲後出，其解詩多有不合詩之本意者，故東原「不以作詩之意衍其說」的做法非常正確，專就具體可詳覈的字義名物入手，較能客觀掌握詩旨，並能避免落入鑿空之言。因此，相對胡承珙的墨守《詩序》，戴震的解詩方法與態度似乎更爲高明。再者，戴震的考釋成果，亦有部份超越前人且爲後人所不及者，如「深則厲」、「詢爾仇方」、「騶虞」等，其觀點比胡、陳、馬等時代較晚之作更爲合理可信。所以，今日研究清代之詩經學，並不能忽視或看輕戴震的解詩之作。戴氏之作，不僅具有開創性的作用，其解詩觀點的客觀徵實，亦有後人所不及者。

〔註171〕參見戴震〈毛詩補傳序〉，《戴震文集》卷十。

第六章 《尚書》學

清代既爲經學復盛時代，諸經考解均有新疏，《尚書》亦不例外，如甘鵬雲曰：

> 《尚書》學之衰，至明代而極矣。迨至清代，窮經好古之士特多，風氣始爲之一變。如王船山、朱長孺、閻百詩、毛西河、胡朏明、徐位山諸人，其最著者也。但諸人說經，實事求是，雖於漢學爲近，然仍漢宋兼采，無所專主。至惠松厓、江艮庭、段懋堂、王西莊、孫伯淵諸家出，始專尊漢學，一以馬、鄭爲宗。而孫氏之書，學者尤推尊之。〔註1〕

梁啓超亦云：「清初學者對於《尚書》第一件功勞，是把東晉《僞古文尚書》和《僞孔安國傳》宣告死刑。」〔註2〕又云：「《僞孔傳》通行之後，漢儒傳注一概亡佚，沒有一部完書可爲憑藉。怎麼辦呢？乾隆中葉的學者，費了不少的勞力，著成三部書：一是江艮庭（聲）的《尚書集注音疏》十二卷，一是王西莊（鳴盛）的《尚書後案》三十卷，一是孫淵如（星衍）的《尚書今古文注疏》三十卷。……江、孫、王三家都是絕對的墨守漢學，非漢儒之說一字不錄。」〔註3〕又云：「總括起來，清儒之於《尚書》學，成績總算不壞。頭一件功勞，是把東晉僞古文打倒了，撥開無限雲霧，剩下眞的二十八篇，也經許多人費很大的勞力，解釋明白了十之六七。」〔註4〕

〔註1〕 參見甘鵬雲〈清尚書學流派三則〉，《經學源流考》卷之二，頁78～79。
〔註2〕 參見梁啓超〈清代學者整理舊學之總成績（一）〉，《中國近三百年學術史》（臺北：里仁書局，1995年2月），頁255。
〔註3〕 同上注，頁255～256。
〔註4〕 同上注，頁258。

　　蓋《尚書》是五經之中文字、篇目、真偽、傳承、作者等問題最複雜，爭議最多的一部經書。自秦火之後，先秦之《書》為之中斷，秦遺博士伏生口授二十八篇《尚書》於齊魯之間，傳弟子歐陽生及夏侯勝、夏侯建，武帝時此三家皆立學官，是為今文《尚書》。另外，景帝時，魯恭王壞孔宅，於孔壁獲得古文《尚書》，後為孔安國所得，考諸今文《尚書》，尚多十六篇。然此真古文《尚書》未列於學官。其後，成帝時又有張霸偽造《書序》及百篇《尚書》，號為「百兩篇」，但當時即被識破。真古文《尚書》後亡於西晉，至東晉時，豫章內史梅賾獻上真偽雜揉的五十八篇《尚書》，並附列偽託孔安國作注之孔《傳》。扣除與今文《尚書》同者，其中二十五篇出於偽造，此即偽古文《尚書》，而梅書所載之孔安國《傳》，即所謂偽孔《傳》。梅書當時未遭識破，至唐代孔穎達更編入《五經正義》，遂成為《尚書》定本。其後，宋代吳棫、朱熹始疑其書，明代梅鷟著《尚書考異》加以質疑，然皆未竟全功。直至清代，閻若璩《尚書古文疏證》收羅條列一百二十八條證據，力證梅賾書中之二十五篇乃偽《古文》，才釐清此一問題。陳夢家稱此「實在是有清三百年中考證學上的一件大事」〔註5〕。其後，惠棟亦著《古文尚書考》，對於《古文尚書》的真偽、流傳，作出不少重要考述。因此，清代學者在《尚書》的流傳、篇目、作者、真偽等外部問題上，作出極重要的貢獻。

　　排除了二十五篇偽古文之後，清代學者乃針對今文二十八篇作內部的文字經義研究，各種注疏如雨後春筍般蓬勃發展，舉其要者，如江聲《尚書集注音疏》、王鳴盛《尚書後案》、段玉裁《古文尚書撰異》、孫星衍《尚書今古文注疏》等，均是一時之選，而多以漢人經注為主，大致排除蔡沈《書集傳》等宋人之作的註解。劉起釪總論清代《尚書》學云：

　　　　代表清代《尚書》學的，是閻若璩及其同時的胡渭所開創的研究。在
　　　　閻若璩推翻偽古文並在其學風影響下的許多學者繼續完成了對這一
　　　　偽古文的徹底疑辨之後，就由吳派、皖派等展開了清學對偽孔本中所
　　　　保存今文二十八篇的科學研究，形成了卓有成就的清代《尚書》
　　　　學，以至在它成就的基礎上產生了近代現代新的《尚書》研究。〔註6〕

　　戴震身為考據學大師，對《尚書》的內、外部問題亦頗留意，其《文集》

〔註5〕　參見陳夢家《尚書通論》（石家莊：河北教育出版社，2001年5月），頁127。
〔註6〕　參見劉起釪〈清代對《尚書》的考辨研究〉，《尚書學史》（北京：中華書局，1996年8月），頁334～335。

及《經考》、《經考附錄》中收錄〈尚書今文古文考〉、〈伏生所傳尚書二十八篇〉、〈今文尚書〉、〈逸書十六篇〉、〈中古文〉、〈逸書武成〉、〈贋孔安國書傳〉等不少單篇文章，探究《尚書》之篇章、流傳、真偽等外部問題。至於經文考釋部分，則有《尚書義考》二卷，據其書義例，原定《虞夏書》四篇，《商書》五篇，《周書》十九篇，惜最後只成《虞書》一篇（二卷）。其書義例甚詳明，對於經文訓詁，不但廣採漢人傳注，對於宋人訓解也擇善選取，再加以按語折衷其義，足見其「不專主一家，實事求是」的解經態度，此其與江、王、孫等氏之書最大之區別。李開評論東原《尚書義考》有兩大特色：一是區分漢、宋，儘量兼古文和今文《尚書》三家說，漢儒注釋，力致無一遺漏。二是針對《尚書》古解古注缺乏，戴震努力建設自己的注釋體系，他的基本思路是從語言文字入手，從今文《尚書》的原著出發，「以詞通道」，作出他本人的、合乎古義的解釋，並以自己的解釋為判別標準來區分今古文義〔註7〕。然而，因其書僅成〈堯典〉二卷，故學術影響不及王、孫等書，惟其部分考釋內容甚見精善，頗值得參考。

戴震另有《書補傳》一書，秦蕙田《五禮通考·觀象受時》卷三、卷五曾多次引用《書補傳》，可見其書確曾存在，今已亡佚。考洪榜《戴先生行狀》記東原入都事云：「時大司寇秦文恭公方為少宗伯，編纂《五禮通考》之書，延先生邸舍，就與商榷，其所采摭先生各經之說甚多。」〔註8〕段玉裁《戴東原先生年譜》記東原三十三歲初入都之事，亦以是年與秦蕙田講論《五禮通考》。因此，《五禮通考》既「采摭先生各經之說甚多」，今《五禮通考》又頗有引用《書補傳》之說，可見《書補傳》之作應在東原入都之前。又東原《詩經》學上有所謂《詩補傳》之作，則《尚書》學上有《書補傳》之作，亦屬合理。又東原早年有意遍注群經，《詩補傳》完成於乾隆十八年東原三十一歲之時，亦在入都之前，則《書補傳》可能亦在其時前後。由上文東原之《詩經》相關著作來看，東原先有遍注全文之《詩補傳》，後乃有《毛鄭詩考正》及未完稿之《杲溪詩經補注》；以此類推，東原早年亦有遍注《尚書》二十八篇之《書補傳》，其後再更修訂為《尚書義考》，然僅完成〈堯典〉二卷而已。故《書補傳》可視為東原早年的《尚書》學專著，因其多未定之說，尚俟改正，故未刊行，竟以致亡佚。或期未來該書能重見於世，如《詩補傳》一般，必有助於對東原治學歷程之了解。

〔註7〕 參見李開《戴震評傳》（南京：南京大學出版社，1992年），頁140～142。
〔註8〕 收入《戴震文集》附錄。

第一節 《尙書義考》之創例與考釋

一、著成年代及評價

　　《尙書義考》二卷，孔繼涵微波榭《遺書》本未收入，段玉裁《戴東原先生年譜》亦未記此書，王昶《戴東原先生墓誌銘》則於東原所著書下有「《尙書義考》二卷」一條，洪榜《戴先生行狀》改稱此書爲《今文尙書經》二卷。其後，清光緒年貴池劉世珩《聚學軒叢書》本刊刻本書，提要云：「《遺書》未梓入，今得稿本於曲阜孔氏，原分二卷，與墓志不符，並義例十三條〔註9〕，亟梓行之。」

　　至於《尙書義考》的著成年代，《戴震全書》編者認爲介於癸酉至癸未十年內，即東原三十一歲至四十一歲之間〔註10〕。蓋以《文集》卷一有〈尙書今文古文考〉一文，段玉裁《戴東原先生年譜》以爲此文與《原善》、〈春秋改元即位考〉皆癸未以前，癸酉、甲戌以後，十年內之作也。又〈尙書今文古文考〉與《尙書義考》前四條之〈義例〉意同而文約，可能即從〈義例〉中選出改寫，故《尙書義考》之著成年代，亦可能在此十年之內。鮑國順則以此書可能成於乾隆二十七年壬午孟冬或稍後之時，大概在東原四十歲時左右〔註11〕。蓋鮑氏以《文集》卷三〈與王內翰鳳喈書〉一文，文中考釋〈堯典〉「光被四表」之義，文題下標其時爲「乙亥」，而正文「震再拜」之後一段文字，當是後來東原補錄，其文謂丁丑仲秋，錢大昕、姚鼐各引一證助其功，至壬午孟冬，東原族弟受堂又爲其引二例證之。而參照《尙書義考》卷一「光被四表」之考釋，其文中已引用以上四條例證，然略去引證者姓名。因此，可證《尙書義考》之著成時代，當不早於壬午孟冬。故結合以上兩項觀點來看，《尙書義考》的著成時代，以壬午、癸未之年最合宜，即作於東原四十、四十一歲之時。

　　《尙書義考》僅成〈堯典〉二卷，其規模遠不及江聲、王鳴盛、孫星衍之書，尤以孫氏之書會聚今古文之說，號爲集大成，皮錫瑞《經學歷史》乃謂治《尙書》者當先看孫書〔註12〕，梁啓超亦以孫書「注意今古文學說之不同，各

〔註9〕 今據清抄本，應爲十四條。
〔註10〕 參見〈尙書義考說明〉，《戴震全書》（合肥：黃山書社，1995年）第一冊，頁4。
〔註11〕 參見鮑國順《戴震研究》（臺北：國立編譯館，1997年），頁69。
〔註12〕 參見皮錫瑞〈經學復盛時代〉，《經學歷史》（臺北：漢京文化，1983年9月），頁345。

還其是」，故優於江聲、王鳴盛二家。然而，劉起釪則認爲雖然江、王、孫等吳派學者的《尚書》注訓較爲全面，規模宏大，然其引證多以漢人注訓爲主，而不取宋代以來之注，且株守馬鄭之注，而完全廢棄孔《傳》，過於偏執；又以爲「其書主要襲用前人成說，出於自己創獲像段（玉裁）、王（念孫、引之）那樣足以解決《尚書》疑難問題者不多」，故以爲吳派學者治《尚書》，能說全經也，訓釋之精則不及王念孫、王引之遠甚。因此，劉起釪認爲皖派學者訓釋《尚書》雖規模不如吳派，但「其詳核的考訂和優異的論斷，則是清代《尚書》研究最成功的部分，對研究和了解《尚書》文義助益很大」〔註13〕。

戴震身爲皖派開宗祖師，其《尚書義考》亦本著「排除成見，實事求是」以及「由小學入手解經」的客觀考證，在文字訓詁上提出新的創獲與方法，也爲段玉裁《古文尚書撰異》、王念孫《讀書雜志》、王引之《經義述聞》之卓越考釋，提供了良好的示範。

二、創制「義例」

本書「義例」之善，前人多言之，如梁啓超云：「先生所著書，未見有申明〈義例〉，鄭重如是者，殆其精心結構之作。」〔註14〕《戴震全書》編者評云：「本書〈義例〉堪稱詳備，從《尚書》今古文的傳授存佚、篇章分合，至各類舊注的去取原則、轉錄格式等等，無不一一說明，足見著者對編撰是書的深思熟慮與審愼的態度。」〔註15〕蓋《尚書》研究，自漢代以來，有關篇目、今古文、眞僞、時代之考釋爭議不斷，歷代的傳授情況又極爲複雜，故研究《尚書》，不僅要考究其經文意旨，更要一一釐清其外部之源流傳承問題。故東原治諸經之中，特於《尚書義考》創制十四條〈義例〉，以作爲經文考釋前必須遵守的原則與觀念。茲舉其要如下：

（一）今文《尚書》之篇數

《史記·儒林傳》：「秦時焚書，伏生壁藏之。其後兵大起，流亡。伏生求其書，亡數十篇，獨得二十九篇，以教於齊、魯之間。」《漢書·藝文志》：

〔註13〕參見劉起釪〈清代對《尚書》的考辨研究〉，《尚書學史》（北京：中華書局，1996 年 8 月），頁 373～376。

〔註14〕參見梁啓超〈戴東原著述纂校書目考〉，收入《戴東原》，頁 67。

〔註15〕參見〈尚書義考說明〉，《戴震全書》（合肥：黃山書社，1995 年）第一冊，頁 3。

「秦燔書禁學，濟南伏生獨壁藏之。漢興亡失，求得二十九篇，以教齊、魯之間。」故司馬遷、班固皆認爲伏生所傳之今文《尚書》乃二十九篇。然而，漢人有謂二十九篇中之〈太誓〉非伏生所傳，乃武帝時所得，如劉向《別錄》云：「武帝末，民有得〈太誓〉書於壁內者，獻之。與博士，使讀說之。數月，皆起傳以教人。」劉歆《七略》云：「孝武皇帝末，有人得〈太誓〉書壁中者，獻之。與博士，使贊說之，因傳以教，今〈太誓篇〉是也。」又歆〈移太常博士書〉亦云：「〈太誓〉後得，博士集而讀之。」王充《論衡‧正說篇》云：「至孝宣皇帝之時，河內女子發老屋，得逸《易》、《禮》、《尚書》各一篇，奏之。宣帝下示博士，然後《易》、《禮》、《尚書》各益一篇，而《尚書》二十九篇始定矣。」趙歧《孟子‧滕文公下》注云：「今之《尚書》，〈太誓篇〉後得，以充學。」因此，除王充誤記爲宣帝時之外，皆以武帝時所得。唐孔穎達《尚書正義》據以認爲伏生所傳實二十八篇，漢武帝時始增入〈太誓〉一篇，而成二十九篇，其說云：

> 《尚書》遭秦而亡，漢初不知篇數。武帝時，有太常蓼侯孔臧者，安國之從兄也。與安國書云：「時人惟聞《尚書》二十八篇，取象二十八宿，謂爲信然，不知其有百篇也。」然則漢初惟有二十八篇，無〈泰誓〉矣。後得僞〈泰誓〉三篇，諸儒多疑之。馬融《書序》曰：「〈泰誓〉後得，案其文似若淺露。」又云：「八百諸侯不召自來，不期同時，不謀同辭。及火復於上，至於王屋，流爲雕，至五，以穀俱來舉火。神怪，得無在子所不語中乎？又《春秋》引〈泰誓〉曰：『民之所欲，天必從之。』《國語》引〈泰誓〉曰：『朕夢協朕卜，襲于休祥，戎商必克。』《孟子》引〈泰誓〉曰：『我武惟揚，侵于之疆，取彼凶殘，我伐用張，于湯有光。』《孫卿》引〈泰誓〉曰：『獨夫受。』《禮記》引〈泰誓〉曰：『予克受，非予武，惟朕文考無罪；受克予，非朕文考有罪，惟予小子無良。』今文〈泰誓〉皆無此語。吾見書傳多矣，所引〈泰誓〉而不在〈泰誓〉者甚多，弗復悉記，略舉五事以明之，亦可知矣。」王肅亦云：「〈泰誓〉近得，非其本經。」馬融惟言「後得」，不知何時得之？《漢書》婁敬說高祖云：「武王伐紂，不期而會盟津之上者八百諸侯」，僞〈泰誓〉有此文，不知其本出何書也？武帝時，董仲舒《對策》云：「《書》曰：『白魚入于王舟，有火復于王屋，流爲烏。周公曰：復哉！復哉！』」

今引其文，是武帝之時已得之矣。

孔穎達引孔臧與孔安國之書乃出自僞書《孔叢子》，雖不可據。然而，其引馬融之言則甚有力，可證明今文〈太誓〉非先秦之書。蓋馬融以今文〈太誓〉中多陰陽災異之神怪事，宜孔子不語也；又以《國語》、《孟子》等先秦之書引用古文〈太誓〉之文與今文不合，皆可證明今文〈太誓〉非出先秦，亦非伏生所傳。

孔穎達之說，戴震贊同之，並列爲《尚書義考・義例》第一條云：

> 伏生書無〈大誓〉，劉向《別錄》云：「民有得〈大誓〉書於壁内者，獻之，與博士使讀說之，數月，皆起傳以教人。」劉歆移書太常博士曰：「孝文皇帝始使掌故晁錯從伏生受《尚書》。《尚書》初出屋壁，朽折散絕。〈大誓〉後得，博士集而讀之。」鄭康成《書論》曰：「民間得〈大誓〉。」據此，則伏生所傳僅二十八篇。太常蓼侯孔臧與安國書曰：「臧聞《尚書》二十八篇，取象二十八宿，何圖乃有百篇」是也。而《史記》稱二十九篇者，孔穎達云：「司馬遷在武帝時見〈太誓〉出而得行，入於伏生所傳内，故爲總之。並云伏生所出，不復曲別分析云『民間所得』，其實得時不與伏生所傳同也。」孔氏此說得之。朱彝尊謂「二十八篇及百篇之序爲二十九」，不知序與古文並出，故孔臧言「何圖乃有百篇」，非傳自伏生無疑。今惟據二十八篇爲本。〔註16〕

按：伏生所傳之今文《尚書》，據劉向、劉歆父子之言，確實無〈太誓〉一篇，〈太誓〉應爲武帝之前民間所僞託，並非先秦《尚書》之面目。馬融所舉五事及陰陽災異觀念亦可證其非先秦之文。因此，伏生所傳並非二十九篇，應刪除〈太誓〉一篇，而爲二十八篇。然而，因《史記》、《漢書》明言伏生傳《書》二十九篇，故後世學者欲爲之彌縫，紛紛提出辯解，劉起釪將各家說法歸納爲三種〔註17〕：一是二十九篇中無〈太誓〉，而以《書序》當一篇，如梅鷟《尚書考異》、朱彝尊《經義考》、陳壽祺《左海經辨》、陳喬樅《今文尚書經說考》等主之；二是二十九篇中無〈太誓〉，而有自〈顧命〉分出的〈康王之誥〉一篇，如江聲《尚書集注音疏》、龔自珍《太誓答問》、俞正燮《癸巳類稿》、皮錫瑞《尚

〔註16〕　參見戴震《尚書義考・義例》，收入《戴震全書》第一冊（合肥：黃山書社，1995 年），頁 7。

〔註17〕　參見劉起釪《尚書學史》（北京：中華書局，1996 年 8 月），頁 71～72。

書通論》、王先謙《尙書孔傳參正》等主之；三是伏生二十九篇內本有〈太誓〉，如王鳴盛《尙書後案》、王引之《經義述聞》等主之。

屈萬里《尙書集釋》贊同第二說，以二十九篇乃自〈顧命〉分出的〈康王之誥〉一篇所致〔註18〕。蔣善國《尙書綜述》則贊同第三說，認爲伏生所傳原有〈太誓〉，不過此〈太誓〉爲二篇，至武帝時又補上民間所得之〈太誓〉一篇，而成〈太誓〉三篇〔註19〕。蓋伏生所傳應無〈太誓〉一篇，王引之《經義述聞》雖舉十二例證明其說〔註20〕，然只是證明張生、歐陽生之今文《尙書》存有〈太誓〉一篇，而並非先秦《尙書》之原本面目。若以馬融所引「及火復於上，至於王屋，流爲雕，至五，以穀俱來舉火」之文，以及武帝初年董仲舒對策引《書》：「白魚入于王舟，有火復于王屋，流爲烏。周公曰：復哉！復哉！」其文言陰陽災異，與漢時之流行思想相近，又與《尙書大傳》同。蓋《尙書大傳》雖託名伏生，實張生、歐陽生之徒所爲，據《四庫全書總目》在《尙書大傳》條下引《玉海》載《中興館閣書目》所錄鄭玄《尙書大傳・序》所云：「伏生爲秦博士，至孝文時年且百歲，張生、歐陽生從其學而受之。……生終後，數子各論所聞，以己意彌縫其缺，別作章句，又特撰大義，因經屬指，名之曰《大傳》。」

疑今文〈太誓〉亦張生、歐陽生之徒僞作。劉向父子不察，以爲今文〈太誓〉乃武帝末年所得，實則與《尙書大傳》同出於武帝前。因此，伏生所傳之先秦《尙書》，本無〈太誓〉一篇，而爲二十八篇，其後張生、歐陽生加入〈太誓〉，而成二十九篇，此二十九篇今文《尙書》，在武帝時被立爲學官，司馬遷《史記》乃據以說伏生所傳爲二十九篇也。因此，戴震說「伏生書無〈太誓〉」、「伏生所傳僅二十八篇」，大致正確無誤。

此外，蔣善國指出：東漢靈帝熹平四年將二十九篇今文《尙書》刻於石經，據今出土漢石經〈文侯之命〉和《書序》殘石，〈文侯之命〉的篇目下有「廿八」二字，《書序》又緊接著〈秦誓〉經文，可見〈秦誓〉是第廿九，是最末的一篇。這裡證明了一個問題，就是《尙書》實二十九篇，末附二十九篇《書序》。又二十九篇《書序》裡面，有〈太誓序〉，沒有〈康王之誥序〉，

〔註18〕 參見屈萬里《尚書集釋・概說》（臺北：聯經出版社，1999 年 4 月），頁 14～17。

〔註19〕 參見蔣善國《尚書綜述》（上海：上海古籍出版社，1988 年 3 月），頁 24～27。

〔註20〕 參見王引之《經義述聞・伏生尚書二十九篇說》（南京：江蘇古籍出版社，2000年 9 月），頁 106～115。

顯見二十八以外所加的那一篇確是〈太誓〉，不是《書序》或〈康王之誥〉。〈顧命〉在漢代原包括今本〈康王之誥〉。至於《書序》又在二十九篇之外，並且只刊寫所傳習的二十九篇序，並不是百篇序〔註21〕。按：蔣善國雖誤認伏生所傳爲二十九篇《尚書》，並以〈太誓〉爲其中一篇。然其列舉漢熹平石經之證，則可說明漢今文《尚書》立於學官之後，確實是將漢代後得的今文〈太誓〉附入，以成二十九篇，故二十九篇並非包括《書序》或由〈顧命〉析出〈康王之誥〉。朱彝尊謂「二十八篇及百篇之序爲二十九」，戴震反對其說，並云乃「不知《序》與古文並出，故孔臧言『何圖乃有百篇』，非傳自伏生無疑。今惟據二十八篇爲本。」戴說大致正確，《書序》本非伏生所傳，當然不能放入今文《尚書》二十九篇之中。至於誤引僞書《孔叢子》之言則不足取，但並不影響結論之正確。

（二）古文《尚書》之篇數

　　關於古文《尚書》，據劉起釪考證，約有幾種說法〔註22〕：一是孔子家傳本，《史記・儒林傳》：「孔氏有古文《尚書》，而安國以今文讀之，因以起其家，逸《書》得十餘篇，蓋《尚書》滋多于是矣。」二是中古文本，又稱中秘本，即漢代皇家所藏書，《漢書・藝文志》：「劉向以中古文校歐陽、大小夏侯三家經文，〈酒誥〉脫簡一，〈召誥〉脫簡二，率簡二十五字者，脫亦二十五字，簡二十二字者，脫亦二十二字。文字異者七百有餘，脫字數十。」三是河間獻王本，乃漢景帝時河間獻王所收集之古文本，《漢書・景十三王傳》云：「從民間所得書，必爲好寫與之，留其眞。……獻王所得書，皆古文先秦舊書《周官》、《尚書》、《禮》、《禮記》、《孟子》、《老子》之屬，皆經傳說記，七十子之徒所論。」四是張霸僞「百兩篇」本，即漢成帝時張霸僞造百篇古文《尚書》及兩篇《書序》，成爲所謂「百兩篇」本，《漢書・儒林傳》：「世所傳百兩篇者，出東萊張霸，分析合二十九篇以爲數十，又采《左氏傳》，《書序》爲作首尾，凡百二篇。篇或數簡，文意淺陋。成帝時求其古文者，霸以能『百兩』徵。以中書校之，非是。……乃黜其書。」五是孔壁本，即魯恭王壞孔宅，得于孔宅壁中所藏之古文《尚書》，劉歆《移太常博士書》云：「時漢興已七八十年，離于全經固已遠矣。及魯恭王壞孔子宅，欲以爲宮，而得古文于壞壁之中，逸《禮》有三十九篇、《書》十六篇。天漢之後，孔安國獻

〔註21〕　參見蔣善國《尚書綜述》（上海：上海古籍出版社，1988年3月），頁372。
〔註22〕　參見劉起釪《尚書學史》（北京：中華書局，1996年8月），頁105～112。

之，遭巫蠱倉卒之難，未及施行。及《春秋》左氏丘明所修，皆古文舊書。」

戴震對於古文《尚書》的來源，並未細考，而是將以上第一、二、五三種說法混合，文中引用《史記・儒林傳》、劉歆《移太常博士書》、《漢書・藝文志》之言，似乎以爲古文《尚書》出自孔壁，而由孔安國獻上朝廷，藏於秘府，故又稱中古文。戴震云：「漢時所傳之古文《尚書》，許愼《說文解字・序》論六體書，一曰古文，孔子壁中書也。」則戴氏以爲古文《尚書》出自孔壁。然又云：「蓋如商周彝器之文，故稱古文。」此說誤也。蓋古文非指商周彝器之文（金文），而是戰國時代東方六國文字，王國維〈戰國時秦用籀文六國用古文說〉〔註23〕已有辨之。孔壁之古文，按照地理位置來看，應是以戰國時代齊、魯通行文字所書寫，猶如近年楚地所發現之《郭店楚簡》、《上博簡》等以楚國文字書寫儒、道家之經文一般。

《史記》並無魯恭王壞孔宅而得古書之事，只有孔安國獻其家傳古文《尚書》之事，劉歆《移太常博士書》始云魯恭王壞孔子宅，而得古文于壞壁之中，得逸《書》十六篇，後由孔安國獻之。考《史記・五宗世家》言魯恭王「以孝景前三年，徙爲魯王，好治宮室苑囿狗馬，季年好音，⋯⋯二十六年卒。」可知魯恭王爲漢景帝時人，並無壞孔宅之事。然劉歆卻說魯恭王壞孔宅，並說其於孔宅壁中得古書，或許是劉歆欲爭古文經立于學官，乃編造出孔壁得古書之事，以增加其古文經之份量與地位。否則《史記・儒林列傳》明明說「孔氏有古文《尚書》，而安國以今文讀之，因以起其家，得逸《書》十餘篇。」其意明指孔安國據其孔氏家傳之書，不必待魯恭王壞孔宅始得書，至於孔氏家傳是否出自壁中則不可知，或孔氏數代私藏於家，不必藏於曲阜孔子故居也。《漢書・藝文志》則據劉歆之言，更增益云：「古文《尚書》者，出孔子壁中。武帝末，魯恭王壞孔宅，欲以廣其宮，而得古文《尚書》及《禮記》、《論語》、《孝經》，凡數十篇，皆古字也。⋯⋯孔安國者，孔子後也，悉得其書，以考二十九篇，得多十六篇。」此又誤將魯恭王時代推遲至武帝之時。且《史記》只說逸《書》十餘篇，劉歆、班固則明確定爲十六篇，馬融、鄭玄《書序》則明定此十六篇篇目如下：〈舜典〉、〈汨作〉、〈九共〉、〈大禹謨〉、〈益稷〉、〈五子之歌〉、〈胤征〉、〈湯誥〉、〈咸有一德〉、〈典寶〉、〈伊訓〉、〈肆命〉、〈原命〉、〈武成〉、〈旅獒〉、〈冏命〉，其中〈九共〉亦可分九篇，而成二

〔註23〕 參見王國維《觀堂集林》（北京：中華書局，1994 年 12 月）卷七，頁 305～307。

十四篇。

關於古文《尚書》之篇數，《漢書·藝文志》云：「《尚書》古文經四十六卷，爲五十七篇。」戴震釋之云：「蓋二十九與十六合爲四十五，增多百篇之序一卷」，若以篇爲卷，即成四十六卷。又析逸《書》十六卷成二十四篇，今文二十九篇再析爲三十四篇，合爲五十八篇，然又云：「缺〈武成〉一篇，鄭康成云：『〈武成〉逸篇，建武之際亡』是也。」故五十八篇扣除〈武成〉，即是《漢志》之「五十七篇」。對於古文《尚書》篇數之分合，戴震條析頗爲清楚。

因此，此十六篇（或析爲二十四篇）逸《書》，則爲眞古文《尚書》，非張霸僞造之百篇《尚書》，戴震考云：「穎達不知劉向、班固所見爲眞古文，而以爲張霸之徒僞造。史言霸所僞造，乃百兩篇，非二十四也。」又云：「古文藏於秘府，故又稱中古文。……以不立於學官，故謂之逸篇，劉向、劉歆、班固、賈逵皆得見之。……然賈、馬、鄭雖注古文，僅及今文所有者，不注逸篇，必逸篇殘缺失次，不復能成讀，其後遂漸亡矣。」可見賈逵、馬融、鄭玄雖兼注今古文，然僅及於《尚書》今古文篇章相同者，至於今文未有的古文逸篇，則因殘缺失次而無法成讀，至西晉永嘉之禍更全遭亡佚也。

（三）東晉僞古文《尚書》及孔《傳》

中秘本藏今古文《尚書》，於西晉永嘉之難亡於戰火之中，至此官府亡失定本，東晉時晉元帝乃廣求民間能獻書者，豫章內史梅賾遂獻上五十八篇古文《尚書》，據唐陸德明《經典釋文·敘錄》云：

> 案今馬融所注並伏生所誦，非古文也。孔氏之本絕，是以馬融、杜預之徒，皆謂之逸《書》。王肅亦注今文，而解大與古文相類，或肅私見孔《傳》而秘之乎？江左中興，元帝時，豫章內史梅賾，奏上孔傳古文《尚書》，亡〈舜典〉一篇，購不能得。乃取王肅注〈堯典〉，從「慎徽五典」以下，分爲〈舜典〉篇以續之。學徒極盛。後范寧變爲今文集注，俗間或取〈舜典〉篇以續孔氏。齊明帝建武中，姚方興采馬王之注，造孔傳〈舜典〉云于大航頭買得，上之。梁武時爲博士，議曰：「孔《序》稱伏生誤合五篇，皆文相承接，所以致誤。〈舜典〉首有『曰若稽古』，伏生雖昏耄，何容合之？」遂不行用。……近惟崇古文，馬、鄭、王注遂廢。今以孔氏爲正，其〈舜典〉一篇，仍用王肅本。

其實梅書乃以原今文《尚書》爲本，並編纂散見各類古籍之《尚書》逸

文，更增添僞作字句而多出二十五篇僞《書》經文，另又僞託孔安國之名爲這眞僞雜糅的五十八篇經文作傳注，即所謂僞孔《傳》。梅賾所獻之僞書，後立于學官，唐孔穎達編《五經正義》，於《尚書》則取梅本，迄宋元明各代均以爲定本。宋人始疑梅本之僞，至清代閻若璩《尚書古文疏證》則大抵揭發梅本參入二十五篇僞作，則古文之僞始得到公認。其後惠棟《古文尚書考》、程延祚《晚書訂疑》亦有補證之功。

梅本中二十五篇古文及孔《傳》之僞，已得到公認，然而作僞者何人？歷來各家說法不一，除託名孔安國之外，尚有皇甫謐、鄭沖、王肅等人，而以王肅僞作說最爲流行，如惠棟《古文尚書考》云：「故棟嘗疑後出古文肅所撰也」，王鳴盛《尚書後案》亦云：「僞書非王肅作，即皇甫謐作，大約不外二人手」。戴震亦主王肅僞作之說，其云：

> （陸德明）又云：「永嘉喪亂，眾家之書並滅亡，而古文孔《傳》始興。近惟崇古文，馬、鄭、王注遂廢。時以王肅注頗類孔氏，故取王注，從『愼徽五典』以下爲〈舜典〉，以續孔《傳》。」孔穎達云：「至晉世肅注《書》始似竊見孔《傳》，故注亂其紀綱爲夏太康時。」又云：「王肅之注《尚書》，其言多同孔《傳》。」如陸氏、孔氏所言，今之古文《尚書》及孔《傳》殆出於王肅，猶之《孔子家語》出於王肅私定也。肅欲奪鄭氏而冀行其學，故往往假託以爲佐證。〔註24〕

惠、戴主張王肅僞作，清儒頗多從之者，至丁晏《尚書餘論》更是詳爲論證，羅列各種材料以證明王肅僞作孔《傳》，民國以後，張西堂亦以爲僞孔傳本乃是王肅所作，認爲「僞古文一案可說是到丁晏而論已定。」〔註25〕

然而，惠、戴以爲陸德明、孔穎達等人看到部分王肅注與孔《傳》相同，就懷疑王肅見過孔《傳》，更懷疑王肅僞造孔《傳》，則過於武斷。蓋陸、孔二氏雖疑王注與孔傳同，但未說孔傳乃王肅僞作，況且可能是僞孔傳的作者看到王肅注而加以引用的結果，故此亦可爲王肅未僞造孔傳之反證。劉起釪乃批評此說之「證據薄弱」，認爲王肅在魏時已經撰有《古文尚書注》立於學官，何必又預先僞造一部孔安國傳，而等待自己的書消失後，再由後人獻上呢？此情理

〔註24〕 參見戴震《尚書義考‧義例》，收入《戴震全書》第一冊（合肥：黃山書社，1995 年），頁 10。

〔註25〕 參見張西堂〈尚書之考證〉，《尚書引論》（臺北：崧高書社，1985 年 9 月），頁 175～177。

甚為不合〔註26〕。其次，孔傳亦有與鄭玄注相同，而與王肅注不同者，此亦可證孔傳非王肅所作，清人陳澧已指出此不同，如其《東塾讀書記》云：

> 近儒疑偽孔《傳》為王肅作。然如〈禹貢〉「三百里蠻」，《傳》云：「以文德，蠻來之。」孔《疏》云：「鄭云：『蠻者，聽從其俗，羈縻其人耳，故云蠻。蠻之言縻也。』王肅云：『蠻，慢也。禮儀簡慢。』」與孔異。〈洪範〉「農用八政」，《傳》云：「農，厚也，厚用之，政乃成。」孔《疏》云：「鄭云：『農讀為醲，則農是醲意，故為厚也。』張晏、王肅，皆言『農，食之本也，食為八政之首，故以農言之。』然則農用止為一食，不兼八事，非上下之例。故《傳》不取。」澧案：此皆《傳》與鄭說同，而與王肅說不同，則似非王肅作也。〔註27〕

因此，如果王肅偽造孔《傳》的目的是「欲奪鄭氏而冀行其學」，則孔《傳》不應有說解與鄭說近同，而反與王肅說解不同之處，此又王肅未曾偽造孔《傳》之一證也。屈萬里亦考證云：

> 案：魏正始中刻三體石經，其古文當據孔壁所出之本。由近年出土正始石經殘字核之，所刻古文，與伏生所傳之篇數相同，而無溢出之十五篇（原十六篇，東漢建武時以亡〈武成〉一篇。）是知曹魏所立之古文《尚書》博士，其所掌之篇數，亦當與官定之正始石經相同。蓋漢代官定之本，即為伏生所傳之書；東漢傳古文《尚書》者，雖不乏人，然皆行於民間。古文《尚書》既不為朝廷所尚，故治《尚書》者，亦不注伏書以外之逸篇；馬融、鄭玄、王肅皆然。故西晉之偽孔傳，既無孔壁多出之十五篇，亦無偽作之二十五篇也。梅賾所上之書，既自〈堯典〉析出〈舜典〉，其非依照西晉以前舊本可知。而所以如此者，自是為符合孔壁所出古文《尚書》篇數之故。然則自〈皋陶謨〉析出〈益稷〉，分〈盤庚〉為更偽造二十五篇之書，亦必於此時。則今傳五十八篇本《尚書》及孔《傳》，其偽作之人，雖難遽定；而其為梅氏所獻之本，則無可疑。〔註28〕

按：屈氏以魏石經尚書篇數與伏生所傳之書相合，可證曹魏時尚無偽作

〔註26〕參見劉起釪《尚書學史》（北京：中華書局，1996年8月），頁191。

〔註27〕參見陳澧《東塾讀書記》（臺北：商務印書館，1997年6月），卷五〈尚書〉，頁76。

〔註28〕參見屈萬里《尚書集釋》（臺北：聯經出版社，1999年4月），頁25。

之二十五篇，若王肅曾僞造二十五篇，則何以不以此立於學官？故曹魏時中秘所藏應只有今文《尙書》，以及逸十五篇（〈武成〉一篇已亡），王肅未嘗僞作二十五篇古文《尙書》，亦無僞造孔《傳》。

至於孔安國《傳》，雖爲晉人僞造，但因其多襲用古注，其說亦頗有值得參考者，戴震乃將其中與賈馬鄭王之注不同者析出，次於古注之後，其云：「至孔安國《傳》，雖晉人僞託，大抵多襲用古注，其與賈馬鄭王同者，無庸重見，惟刪取其異者，次古注之後，或亦古注所有，特不可考耳。不稱『孔安國曰』，惟稱『孔《傳》曰』，以別眞僞。」〔註29〕

（四）合今、古文《尙書》為「古本」及注引《爾雅》

戴震云：「今文、古文傳本各異，其東晉孔《傳》未出以前，所引《尙書》皆古本也。今於案語內論其異同得失，而經文之下則云某當從古本作某。概稱古本，以明不必存今文、古文之見。」〔註30〕東晉僞孔《傳》之前，馬融、鄭玄、王肅皆注今古文《尙書》，各家對於今古文相同之二十八篇，大抵皆承認其篇章文字確係先秦所傳，故可概稱爲「古本」。

戴震又云：「《爾雅》解釋《詩》、《書》，漢儒釋經多宗之，則注內已見采錄，如《詩》有毛《傳》鄭《箋》，《禮》有鄭氏注，並宜全載其文，然後附以諸儒之說。惟《尙書》無漢儒全注，今經文之下，即取《爾雅》以存古義。」〔註31〕《尙書》因今古文皆亡於西晉以及僞孔《傳》之掩蓋，漢人注解亡佚大半，惟賴孔穎達《正義》尙保存部分。故《尙書》之漢儒注解，不如《詩》、《禮》之詳明。戴震則以爲《爾雅》保存古訓，漢儒釋經亦多宗之，故今注解《尙書》可取《爾雅》相關注解，以補漢人經注之不足。

戴震甚爲重視《爾雅》，往往以之補經傳之不足，如云：「劉歆、班固論《尙書》古文經曰：『古文讀應《爾雅》解古今語而可知。』」〔註32〕又云：「余竊謂儒者治經，宜自《爾雅》始。」〔註33〕又云：「夫援《爾雅》以釋《詩》、

〔註29〕 參見戴震《尚書義考・義例》，收入《戴震全書》第一冊（合肥：黃山書社，1995 年），頁 11。

〔註30〕 參見戴震《尚書義考》〈義例〉第五，收入《戴震全書》第一冊（合肥：黃山書社，1995 年），頁 10。

〔註31〕 參見戴震《尚書義考》〈義例〉第六，收入《戴震全書》第一冊（合肥：黃山書社，1995 年），頁 11。

〔註32〕 參見戴震〈爾雅文字考序〉，收入《戴震文集》卷三。

〔註33〕 同上注。

《書》，據《詩》、《書》以證《爾雅》。」〔註34〕又云：「然今所見傳注，莫先毛《詩》，其書又在《爾雅》後。」〔註35〕因此，《爾雅》注訓宜列為漢人傳注之前，足為訓釋《詩》、《書》之證。

故《尚書義考》訓釋〈堯典〉第一句「曰若稽古」，下云：「『曰』當從古本作『粵』。」注解則首列《爾雅》，云：「粵，于也。若，順也。」其下再列《後漢書》、《三國志》以及林之奇等宋儒之意見。其後各句之考釋皆如此，皆本「古本」及《爾雅》校注〈堯典〉經文，可見其用心也。

（五）注解漢宋並舉，間出己見

戴震云：「漢儒訓詁各有師承，又去古未遠，使其說皆存，用備參稽，猶不足以盡通於古，況散逸既多，則見者可忽視之乎？故是編於各書所引歐陽、大小夏侯氏說及賈、馬、鄭之注，詳略必載。古注語簡義精，雖盡收不見其多；至宋以來鑿空衍說，載之將不勝載，故嚴加刪汰。」〔註36〕按：戴震此言，雖有引用歷代注解詳漢略宋之意，但因漢人注解多亡佚，僅存者不多，故可詳加徵引。至於宋人注解，則說解者眾，據統計宋代《尚書》著述見於著錄的超過二百部以上，為漢迄唐有關《尚書》著作（約共七十餘種）的數倍〔註37〕。因此，宋人注解《尚書》之多，載之將不勝載，又其中頗有鑿空說經者，故東原乃「嚴加刪汰」，取其中較有新見且言之成理者。故《尚書義考》中引用了不少宋儒說解，如林之奇、劉敞、程頤、蘇軾、朱熹、蔡沈等。孫星衍序其書《尚書今古文注疏》云：「遍采古人傳記之涉《書》義者，自漢、魏迄於隋、唐，不取宋以來諸人之注者」，採取排斥宋學的解經態度。則戴震《尚書義考》相對而言較為持平，不僅詳列漢人注解，亦參酌宋人意見，可謂實事求是，排除成見也。

東原除引用漢、宋各家注解之外，對於各說未安者，亦時出己見以作評判，故云：「是編雖備列異說，意主於發明經義，故案語內或折衷諸家，聊出所見，以明去取；或諸家說皆未及，則旁推交通以得其義。」〔註38〕

〔註34〕同上注。
〔註35〕參見戴震《經考》卷五〈爾雅〉，收入《戴震全書》第二冊（合肥：黃山書社，1995年），頁358。
〔註36〕參見戴震《尚書義考》〈義例〉第十，收入《戴震全書》第一冊（合肥：黃山書社，1995年），頁12。
〔註37〕參見劉起釪《尚書學史》（北京：中華書局，1996年8月），頁218。
〔註38〕參見戴震《尚書義考》〈義例〉第十三，收入《戴震全書》第一冊（合肥：黃

三、認清僞孔《傳》之價值

清代閻若璩、惠棟、程延祚諸人辨證東晉梅賾所獻之孔傳本古文《尚書》乃僞書之後，二十五篇之作僞已昭然若揭。然而，與今文《尚書》相同的二十八篇，其僞託孔安國所作之《傳》，則不應全然廢棄，仍有其存在之價值。如〈堯典〉首句「曰若稽古」，《正義》云：「鄭玄信緯，訓稽爲同，訓古爲天，言能順天而行之，與之同功。」《後漢書·李固傳》注云：「鄭玄注曰：『稽，同也。古，天也。言能同天而行者帝堯。』」因此，鄭玄將「稽古」釋爲同天。然而，僞孔《傳》則云：「若，順。稽，考也。能順考古道而行之者帝堯。」孔穎達《正義》贊同僞孔而反對鄭玄，其說云：「《論語》稱惟堯則天，《詩》美文王順帝之則，然則聖人之道莫不同天合德，豈待同天之語，然後得同之哉！《書》爲世教，當因之人事，以人繫天，於義無取。且古之爲天，經無此訓，高貴鄉公皆以鄭爲長，非篤論也。」清人既辨僞孔，又宗漢學，故亦頗有主張鄭玄注解爲確者。戴震則云：

> 自漢迄今並誤讀「粵若稽古帝堯」爲句，漢唐諸儒以「稽古」屬堯，鄭康成訓「稽古」爲「同天」，於字義全非。賈逵、馬融、王肅皆爲「堯考古道」，而梅賾奏上之古文《尚書》孔安國《傳》亦同。孔《傳》本晉人僞撰，襲取賈、馬之注，故魏博士庾峻引賈、馬及肅，而不言安國。〔註39〕

孔《傳》以「順考古道」解「稽古」，其源出於漢人賈、馬、王肅之注，惟孔《傳》保留此注，而不取鄭玄「同天」之訓，則對此句訓解已有鑑別。東原訓解〈堯典〉，亦取孔《傳》之意見，並指出魏博士庾峻引賈馬王肅之注，而不及安國，更可證孔《傳》出於魏以後也。

又〈堯典〉「光被四表」之訓，《詩·周頌·噫嘻》鄭《箋》舉「光被四表，格于上下」注云：「言堯德光耀及四海之外，至於天地。所謂大人與天地合其德，與日月齊其明。」故鄭玄解「光」爲光耀，僞孔《傳》則云：「光，充也。既有四德，又信恭能讓，故其名聞，充溢四表，至于天地。」僞孔以「光」爲充也，戴震舉《爾雅·釋言》：「桄，充也。」《說文》「桄」字下云「充」也，故以「桄」爲本字，「光」爲「桄」之訛。「桄」又通「橫」，「光

　　山書社，1995 年），頁 12。

〔註39〕 參見戴震《尚書義考》〈義例〉第十，收入《戴震全書》第一冊（合肥：黃山書社，1995 年），頁 17。

（桄）被」可通「橫被」，故如《後漢書・王莽傳》：「昔唐堯橫被四表」，《後漢書・馮異傳》：「橫被四表，昭假上下」，班固《西都賦》：「橫被六合」，王子淵《聖主得賢頌》：「化溢四表，橫被無窮」。因此，戴震云：「東晉所出之孔《傳》云：『光，充也』，應是襲漢人舊解經之文義。『橫四表』、『格上下』對舉，充盛所及曰橫，貫通所至曰格。四表有人民，故言被。上下謂天地，故言于。」〔註40〕

　　按：孔《傳》：「光，充也」，其解較鄭玄「光耀」之說為確，王引之《經義述聞》亦贊成戴說，但認為本作「光」，「光」非「桄」之訛字，「光被」可通「橫被」、「廣被」也。因此，偽孔《傳》取「光，充也」之訓，而不採鄭玄「光耀」之解，則其識見頗高。雖然亦有人不信戴說，如王鳴盛云：「吉士（按：指戴震）之說誠辨，後予檢〈王莽傳〉，云：『昔唐堯橫被四表』，益駭服其說。吉士卻不知引。及檢《毛詩・周頌・噫嘻》疏引鄭注，知鄭本已作『光』，解為『光耀』，即吉士之說可不用矣。故《後案》內不載。然予之說，假令吉士尚在，聞之仍必不服，何則？吉士為人信心自是，眼空千古，殆如韓昌黎所謂世無仲尼不當在弟子列，必謂鄭康成注不如己說精也。……戴于漢儒所謂家法，竟不識為何物。豈惟戴震，今天下無人不說經，無一人知家法也。」〔註41〕蓋王鳴盛墨守鄭玄之說，以為漢儒注解必優於孔《傳》，而不論其說是否合宜。故王鳴盛批評戴震，只是譏刺其說不知引鄭玄注〔註42〕，或批其不知家法，卻無法說明「光被」通「橫被」、「廣被」之事實。

　　因此，由「稽古」、「光被」之例來看，偽孔《傳》之注解顯然較鄭玄合宜，並不能因其為晉人後出之注就否定其價值。皖派後學焦循亦肯定偽孔《傳》之價值，並云：

　　　　東晉晚出《尚書》孔傳，至今日稍能讀書者，皆知其偽。雖然，其增多之二十五篇，偽也；其〈堯典〉以下至〈秦誓〉二十八篇，固不偽也。則試置其偽作之二十五篇，而專論其不偽之二十八篇，且置其為假託之孔安國，而論其為魏晉間人之傳，則未嘗不與何晏、杜預、郭璞、范寧等先後同時。晏、預、璞、寧之傳注，可存而論，

〔註40〕 參見戴震《尚書義考》〈義例〉第十，收入《戴震全書》第一冊（合肥：黃山書社，1995年），頁22～23。

〔註41〕 參見王鳴盛《蛾術篇》卷四。

〔註42〕 東原〈與王內翰鳳喈書〉內雖未引鄭玄〈噫嘻〉「光耀」之注，然於《尚書義考》已有徵引，王鳴盛未加詳查也。

則此傳亦何不可存而論？〔註43〕

　　焦循並舉出僞孔《傳》注解有「七善」，第一就是「稽古」之考，證其注較諸鄭玄爲優。陳澧亦云：「僞孔善於鄭注者，焦氏所舉之外，尚頗有之，今不必贅錄。蓋僞孔讀鄭注，於其義未安者則易之，此其所以不可廢也。（僞古文經傳可廢，二十八篇僞傳不可廢。）若不僞稱孔安國，而自爲書，如鄭《箋》之易毛則誠善矣。」〔註44〕因此，僞孔《傳》雖後出，但其說解亦有值得參考之處，故戴震《尚書義考》於經文注解亦多引之。

四、考釋示例與評析

（一）光被四表

　　《尚書‧堯典》：「光被四表，格于上下。」僞孔《傳》：「光，充也。既有四德，又信恭能讓，故其名聞，充溢四表，至于天地。」「光」解作充溢、充滿之義。然而，《詩‧周頌‧噫嘻》孔疏引鄭玄注云：「言堯德光耀及四海之外，至於天地。」蔡沈《書集傳》亦云：「光，顯也。」又以爲「光」爲光耀、顯耀之義，王鳴盛《尚書後案》乃主此說。戴震則考釋云：

> 案：《漢書‧王莽傳》：「昔唐堯橫被四表」，《後漢書‧馮異傳》：「橫被四表，昭格上下」，又班固〈西都賦〉「橫被六合」，王子淵〈聖主得賢臣頌〉：「化溢四表，橫被無窮。」《爾雅‧釋言》曰：「桄、熲，充也。」《釋文》：「桄，孫作光，古黃反。」許氏《說文解字》「桄」字下云「充也」，蓋古字「桄」與「橫」通用，遂訛而爲「光」。〈樂記〉：「鐘聲鏗，鏗以立號，號以立橫，橫以立武。」鄭康成注云：「橫，充也。謂氣作充滿也。」《釋文》：「橫，古曠反。」〈孔子閒居篇〉：「夫民之父母乎，必達於禮樂之原，以致五至而行三無，以橫於天下。」鄭注云：「橫，充也。」《疏》不知其義出《爾雅》。史言堯之德「橫被四表」，正如〈記〉所稱「橫於天下」、「橫乎四海」也。東晉所出之孔《傳》云：「光，充也」，應是襲漢人舊解經之文義。「橫四表」、「格上下」對舉，充盛所及曰橫，貫通所至曰格。四表有人

〔註43〕參見焦循〈群經補疏自序‧尚書孔氏傳〉，收入《雕菰集》卷十六，頁269～270。

〔註44〕參見陳澧《東塾讀書記》（臺北：商務印書館，1997年6月），卷五〈尚書〉，頁76。

民，故言「被」。上下謂天地，故曰「于」。《詩・周頌・噫嘻篇》鄭《箋》舉「光被四表，格于上下」二語，《疏》引注云：「言堯德光耀及四海之外，至於天地。所謂大人與天地合其德，與日月齊其明。」此所謂注，或馬鄭王之注，然以光為光耀，則漢時相傳之本亦自不一。蔡氏沈云：「光，顯也」，又以「被四表，格上下」對言之，失古人屬辭之意。〔註45〕

按：東原認為〈堯典〉「光被」應通「橫被」，「光」為「桄」之訛字，《爾雅・釋言》：「桄，充也」，即是其證。「桄」與「橫」通用，漢人經史多有「橫被」之語〔註46〕。故僞孔《傳》：「光，充也」，乃襲取漢人舊解經之文義，其解優于鄭玄「光耀」之說。王引之《經義述聞》稱許戴震「獨取『光，充也』之訓，其識卓矣。」並補正曰：「光、桄、橫，古同聲而通用，非轉寫訛脫而為光也，三字皆充廣之義。」〔註47〕王氏不以「光」為「桄」之訛字，而主張光、桄、橫三字通用，確實進一步修正了戴震之說。

另外，文獻及金文亦有「奄有四方」、「匍有四方」、「敷佑四方」之例，如《詩・大雅・皇矣》：「受祿無喪，奄有四方。」《詩・周頌・執競》：「自彼成康，奄有四方。」《逸周書・武稱》：「四方畏服，奄有天下。」蓋《說文・大部》：「奄，覆也，大有餘也。」鄭《箋》：「覆有天下」，孔《疏》：「至於子孫，而覆有天下四方也。」「奄有四方」、「覆有天下」義近於「廣有四方」也。又如《大盂鼎》：「匍有四方，畯正厥民。」《師克鼎》：「膺受大命，匍有四方。」《秦公鐘》：「高弘有慶，匍有四方。」《史牆盤》：「上帝降懿德大屏，匍有上下。」楊樹達讀「匍有」為「撫有」，撫與有義同〔註48〕；徐中舒讀「匍」同「溥」，大也。「匍有上下」，言廣有天下臣民〔註49〕。徐氏說法甚確，「匍有」亦可通「廣有」也。又如《尚書・金縢》：「乃命于帝庭，敷佑四方。」王國維認為「敷佑」即金文「匍有」之假借〔註50〕，是也。楊筠如以為古「敷」

〔註45〕 參見戴震《尚書義考》卷一，收入《戴震全書》第一冊（合肥：黃山書社，1995年），頁22～23。

〔註46〕 戴震相關考證亦可參見《文集》卷三之〈與王內翰鳳喈書〉。

〔註47〕 參見王引之《經義述聞》（南京：江蘇古籍出版社，2000年9月）卷三，頁66。

〔註48〕 參見楊樹達《積微居金文說》（北京：中華書局，1997年12月），頁44。

〔註49〕 參見徐中舒〈西周牆盤銘文箋釋〉，收入尹盛平主編《西周微氏家族青銅器群研究》（北京：文物出版社，1992年6月），頁249。

〔註50〕 參見王國維〈與友人論詩書中成語書二〉，《觀堂集林》（北京：中華書局，1994

與「溥」通，《詩・般篇》「敷天之下」，〈北山〉作「溥天之下」，故古「溥」
與「匍」爲一字也〔註51〕。

　　按：綜合而言，文獻及金文之「奄有」、「匍有」、「敷佑」於義皆可通「廣
有」，亦可通「廣被」也。又吳汝綸《尚書故》云：「《廣雅》：『方，表也。』
四表，猶四方。」故「奄有四方」、「匍有四方」、「敷佑四方」可通「廣被四
表」、「光被四表」也。

（二）柔遠能邇

　　〈堯典〉：「咨十有二牧：曰：『食哉！惟時柔遠能邇，惇德允元，而難任
人，蠻夷率服。』」其中「柔遠能邇」之辭義，王肅云：「能安遠者，先能安
近。」僞孔《傳》云：「柔，安。邇，近。言當安遠乃能安近。」孔穎達《正
義》云：「要爲政務在安民，當安彼遠人，則能安近人耳。遠人不安，則近亦
不安，欲令遠近皆安之也。」是皆以「柔」、「能」俱有「安」之意。戴震則
云：

> 案：《詩・大雅》「柔遠能邇」，鄭《箋》云：「能，猶伽也。安遠方
> 之國，順伽其近者。」《釋文》云：「能，徐云：毛如字，鄭奴代反。
> 伽，檢字書未見所出，《廣雅》云：『如，若也，均也。』義音相似，
> 而字則異。舊音如庶反，義亡難見。」《疏》云：「謂順適其意也。
> 能邇，謂惠中國。柔遠，即綏四方也。」今以聲義考之，能、而、
> 如、若，一聲之轉。後漢《督郵班碑》「柔遠而邇」，《易》「利建侯
> 而不寧」，《釋文》云：「鄭讀而曰能」。能，猶安也。〈禮運〉「聖人
> 耐以天下爲一家」，注云：「耐，古能字。」《疏》云：「亦有誤不安
> 『寸』直作而字。」劉向《說苑》「能」字皆爲「而」也。《爾雅》：
> 「若，善也，順也。」蓋柔有使之馴伏意，能有與之調善意。下「敦
> 德」、「允元」對文，則「柔遠」、「能邇」之爲對文，明矣。〔註52〕

　　按：「柔遠能邇」，東原以聲義考之，能、而、如、若，一聲之轉。如後
漢《督郵班碑》「柔遠而邇」，《易》「利建侯而不寧」，《釋文》云：「鄭讀而曰
能」，可證「能」、「而」相通。〈禮運〉「聖人耐以天下爲一家」，注云：「耐，

　　年12月），卷二，頁80。
〔註51〕參見楊筠如《尚書覈詁》（臺北：學海出版社，1978年2月），頁116。
〔註52〕參見戴震《尚書義考》卷二，收入《戴震全書》第一冊（合肥：黃山書社，
　　　　1995年），頁102。

古能字。」可證「耐」、「能」亦相通。東原又以爲《爾雅》「若，善也，順也」，「能」有與之調善意，是又以爲「能」有「善」之意。其後王引之襲用東原之意，亦以爲「柔遠」、「能邇」相對，「能」與「柔」義相近，舉出《漢書・百官公卿表》「柔遠能邇」，顏師古注：「能，善也。」故安、善二義並與順伽相近，古者謂「相善」爲「相能」，如《左傳・襄二十一年》云：「范鞅與欒盈爲公族大夫，而不相能。」〔註53〕因此，王引之亦以爲「能」有「善」之意，其注解殆亦承自戴震也。故「柔遠能邇」之意，經戴、王二氏之說解，乃可通明也。

第二節　〈尙書今文古文考〉

〈尙書今文古文考〉，今收入《東原文集》卷一，其寫作時代，據段玉裁《戴東原先生年譜》於乾隆二十八年癸未，東原四十一歲下云：「先生大制作，若《原善》上中下三篇，若〈尙書今文古文考〉，若〈春秋改元即位考〉三篇，皆癸未以前，癸酉、甲戌以後，十年內作也。」〔註54〕然而，上文考《尙書義考》之著成時代，大約在壬午、癸未之年（東原四十、四十一歲時），而〈尙書今文古文考〉又從《尙書義考》之〈義例〉輯出，配合段玉裁《戴譜》來看，則〈尙書今文古文考〉之完稿，宜在乾隆二十八年癸未，東原四十一歲之時。

此文乃戴震總結其對《尙書》今文、古文之篇章、流傳、眞僞之意見，而以簡明精鍊的文筆寫出，甚有利於研究《尙書》之初學者，能大致掌握《尙書》篇章之分合問題。東原甚爲重視本文，嘗言：「〈尙書今文古文考〉，此篇極認眞。」李開亦云：「戴震的〈尙書今文古文考〉，把一部十分複雜的《尙書》今古文史說得十分透徹，成爲《尙書》學的入門教材。這除了戴震本人的識力以外，實際上也是對清初以來《尙書》學成果的一個總結。」〔註55〕

〈尙書今文古文考〉，其文大略分作八段，其內容大致乃整理《尙書義考》及《經考》、《經考附錄》之意見而成，除了上文已見於《尙書義考》部分相同之意見外，再補論二點如下：

〔註53〕參見王引之《經義述聞》（南京：江蘇古籍出版社，2000年9月）卷三，頁73～74。
〔註54〕收入《戴震文集》附錄。
〔註55〕參見李開《戴震評傳》（南京大學出版社，1992年），頁140。

一、辨伏生之女傳經說

《史記・儒林傳》:「伏生者,濟南人也。故爲秦博士,孝文帝時,欲求能治《尙書》者,天下無有。乃聞伏生能治,欲召之。是時伏生年九十餘,老不能行,於是乃詔太常,使掌故朝錯往受之。」因此,西漢文帝時,朝廷曾派遣朝(晁)錯,前往訪求伏生以抄錄二十八篇《尙書》,此本後藏入宮中,是爲「中秘本」。《史記・儒林傳》張守節《正義》云:「衛宏《詔定尙書・序》云:『徵之,老不能行,遣太常掌故朝錯往讀之,生年九十餘,不能正言,言不可曉,使其女傳言教錯。齊人語多與穎川異,錯所不知者,凡十二三,略以其意屬讀而已也。』」《漢書・儒林傳》顏師古注亦引衛宏〔註56〕此說。因此,自《史記》正義及《漢書》顏注增加伏生之女傳經說,又增添《尙書》傳授的一項問題。

清人馮班對此問題有所議論,質疑伏生之女傳經之事,其云:

《藝文志》:「秦燔書禁學,伏生獨壁藏之。漢興,求得二十九篇,以教齊魯之間。」云壁藏而求之,得二十九篇,是伏生自有本,不假口傳明矣。《儒林傳》:「伏生教濟南張生及歐陽生。歐陽生,千乘人,事伏生。夏侯都尉從濟南張生受《尙書》,以傳族子始昌。始昌傳勝,勝傳之從兄之子建」,則是歐陽、夏侯二家,漢人列爲學官者,自是伏生親傳,非晁錯所受之本明矣。又:「伏生有孫,以治《尙書》徵。」伏生有孫,則應有子,何令女傳言?若其子幼,不能傳《書》,則伏生年已九十餘,安得有幼子乎?且其女能傳言,亦應通文字,何至晁錯不能者且十二三,乃以意屬之讀之耶?某曾身至濟南、穎川,其語音絕不相遠。雖古今或異,大略亦可知,何至語言不相通耶?〔註57〕

戴震贊同馮班質疑之言,認爲並無所謂伏生之女傳經事,其云:

僞作孔安國《書序》者云:「濟南伏生,年過九十,失其本經,口以傳授。」此襲東漢衛宏使女傳言教錯之說,儒者未深考。不知伏生所傳二十八篇,《史記》、《漢書》皆云:「伏生壁藏之。漢興,即以教齊魯之間。」非徒得之記憶,亦無使女子傳言事。〔註58〕

〔註56〕 劉起釪指出「衛宏」應是「衛恆」之誤,參見氏著《尙書學史》,頁 69。

〔註57〕 參見戴震《經考》卷二〈今文尙書〉所引。

〔註58〕 參見戴震《經考》卷二〈今文尙書〉,收入《戴震全書》(合肥:黃山書社,1995 年)第二冊,頁 218。

又於〈尚書今文古文考〉云：

> 衛宏《定古文尚書敘》云：「伏生老不能正言，言不可曉，使其女傳言教錯，齊人語多與穎川異，錯所不知者凡十二三，略以其意屬讀而已。」此不察之說也。濟南張生及歐陽生和伯，實躬事伏生受《書》，由是《書》有歐陽、大小夏侯之學。《史記》及《漢書》皆曰：「秦時燔書，伏生壁藏之，漢興，即以教於齊魯之間」，其非得之口誦，無女子傳言事甚顯白。〔註59〕

按：《史記》、《漢書》皆言伏生壁藏先秦《尚書》，入漢後取出以教於齊魯之間，則伏生傳《書》非僅憑記憶口授而已，且以一位高齡九十餘的老人，其記憶力如何背誦二十八篇《尚書》？故伏生傳《書》，必有私藏之古本《尚書》，而文帝時晁錯所受之書也必是此古本，非賴伏生之女口傳翻譯。因此，馮班、戴震之辨正可從。

二、百篇書序問題

百篇書序與百篇《尚書》同出，百篇《尚書》之名，出於《史記》之後，前此《尚書》除二十九篇今文外，僅有孔安國家傳之十六篇古文，並未有百篇之多。百篇之名，實出於西漢成帝時之張霸，據《漢書·儒林傳》云：「世所傳百兩篇者，出東萊張霸，分析合二十九篇，以爲數十，又采《左氏傳》、《書序》爲作首尾，篇成數簡，文意淺陋。成帝時，求其古文者，霸以能爲百兩徵。以中書校之，非是。霸辭受父，父有弟子尉氏樊並。時大中大夫平當、侍御史周敞勸上存之，後樊並謀反，迺黜其書。」又《論衡·正說篇》亦云：「至孝成皇帝時，徵爲古文《尚書》學，東海張霸，案百篇之序，空造百兩之篇，獻之成帝，帝出秘百篇以校之，皆不相應，於是下霸於吏，吏白霸罪當死，成帝高其才而不誅，亦惜其文而不滅。故百兩之篇傳在世間者，傳見之人，則謂《尚書》本有百兩篇矣。」

因此，張霸僞造百篇《尚書》，西漢成帝時已被揭發，其書不被官方採納，但卻流入民間。至於另外百篇經文之序，則當時未遭懷疑，王充說張霸「案百篇之序，空造百兩之篇」，似乎以爲百篇之書序不僞，至馬融、鄭玄《書序》注更肯定「《書序》，孔子所作。」而宋儒朱熹等則疑《書序》非孔子所作，

〔註59〕參見戴震〈尚書今文古文考〉，收入《戴震文集》卷一。

乃「周秦低手人作」，於是百篇書序之爭又起。考歷來《書序》作者之爭，大略有四種意見，一是孔子所作，如班固、馬融、鄭玄、孔穎達等；二是周秦間，或戰國時儒者所作，如朱熹、梅鷟、閻若璩、程延祚、屈萬里等；三是秦代學者所作，如蔣善國、黎建寰等；四是漢人所作，如吳汝綸、魏源、康有爲、崔述、劉起釪等。

以上四說，除第一說可排除外，其餘三說皆各有所據，引證攻難不斷，今人程元敏廣收歷來書序爭論問題，匯爲《書序通考》〔註60〕一書，約三十五萬言，足見書序問題之複雜。關於書序之作者時代，其中一項關鍵，就是究竟是《史記》采錄《書序》的意見？抑是《書序》抄錄《史記》之言？對於這個問題，戴震採取前者之觀點，認爲：「〈太誓〉外有百篇之序，《史記》並見采錄。」〔註61〕則戴震以爲《史記》采錄《書序》之言，則似以爲《書序》作於《史記》之前。吳汝綸、康有爲則不以爲然，如吳汝綸《尙書故》云：「（書序）言多與《史記》不合，則子長亦未見書序，書序殆出《史記》之後，依史文爲之，而不盡用史說耳。」康有爲《新學僞經考》亦舉出《史記》與《書序》不合之七證，以明《史記》非抄錄《書序》也。近人張西堂亦認爲「百篇書序是屬於古文經的，是在劉、班以後才有的說法。」又云：「《史記》有與《書序》不合之處，可見《史記》不是采自《書序》，是《書序》采自《史記》。我們還可以說，司馬遷並沒有見到《書序》。」〔註62〕張氏並舉出六點，以證明《書序》出於《史記》之後。劉起釪則以爲百篇《書序》出於張霸之手，其云：

> 這些序文原語大抵見于《史記》中，司馬遷撰《史記》，成于漢武之世，他采錄了先秦傳下的有關《尙書》篇章寫成情況的一些資料，只是作爲史事記述，本不是各篇之「序」。到了一百多年以後的成帝時，張霸抄錄了《史記》中這些關于《尙書》各篇寫成情況的話，加上從《左傳》采擷的話，假冒爲孔子所作的《書序》。其實《史記‧孔子世家》只說：「孔子……序《書》、《傳》。」「序」在此本是排列整理之意，但張霸之流卻利用這句話僞稱孔子作了《書序》。……現在基本弄清楚它的實際情況，「百篇」《書序》並不是孔子所作，它

〔註60〕參見程元敏《書序通考》，台北：臺灣學生書局，1999 年 4 月初版。
〔註61〕參見戴震〈尙書今文古文考〉，收入《戴震文集》卷一。
〔註62〕參見張西堂《尙書引論》（臺北：崧高書社，1985 年 9 月），頁 238～242。

原只是《左傳》、《史記》中敘述《尚書》篇章撰成情況的一些零星資料，到張霸獻「百兩篇」時，才搜列排比，加以補充編造而成的這麼一套《書序》。」〔註63〕

按：百篇書序應是參酌《左傳》、《史記》、《世本》、《尚書大傳》等相關文獻史料編定而成，考文獻最早有關百篇書序及百篇《尚書》之事爲西漢成帝之時，前此典籍群書均未曾記載，如《漢書・儒林傳》錄其事云：

> 世所傳《百兩篇》者，出東萊張霸，分析合二十九篇以爲數十，又采《左氏傳》，《書序》爲作首尾，凡百二篇。篇或數簡，文意淺陋。成帝時求其古文者，霸以能爲「百兩」征。以中書校之，非是。

《論衡・佚文篇》亦載其事云：

> 孝成皇帝讀百篇《尚書》，博士郎吏莫能曉知，征天下能爲《尚書》者，東海張霸通《左氏春秋》，案百篇序，以《左氏》訓詁，造作百二篇，具成奏上。成帝出秘《尚書》以校考之，無一字相應者。

先秦之《書》乃周代史官所記之文獻檔案，乃單篇散存，本未有固定篇數，其後儒家、墨家等各家選取若干篇章爲其教本，各家思想取向不同，故儒家引《書》與墨家引《書》內容、篇章有所不同。故先秦之《書》並未有定本，亦未有儒家編定百篇《尚書》之本。如果漢代以前儒家已有百篇《尚書》，何以《史記》未見記載，且戰國至西漢文獻皆不曾有百篇《尚書》的傳述，此疑一也。

或言百篇古文《尚書》乃戰國末年至秦代初年儒者所爲，秦始皇下焚書令後藏入孔壁，歷秦、漢初世人皆不知，故伏生今文《尚書》與《尚書大傳》亦無之，及至漢景帝時魯恭王壞孔宅後始重出，武帝時再由孔安國以今書讀之。此說雖然巧妙，然而卻有甚多破綻。按若果戰國末年至秦代初年眞有所謂的百篇尚書及書序編成，則身爲秦朝博士的伏生亦應知之，不應只傳今文尚書二十八篇，若因伏生記憶力衰退的緣故，也不至於百篇只記存二十八篇，而大半遺漏掉了。此疑二也。

又關於所謂孔壁本古文尚書，據相關史料只說較今文尚書多十六篇，如劉歆〈移太常博士書〉云：

> 時漢興已七八十年，離于全經固已遠矣。及魯恭王壞孔子宅，欲以爲宮，而得古文于壞壁之中，逸《禮》有三十九篇，《書》十六篇。

〔註63〕參見劉起釪《尚書學史》（北京：中華書局，1996年8月1版2刷），頁109。

天漢之後，孔安國獻之，遭巫蠱倉卒之難，未及施行。及《春秋》
左氏丘明所修，皆古文舊書。〔註64〕

《漢書‧藝文志》亦云：

古文尚書者，出孔子壁中。武帝末，魯恭王壞孔子宅，欲以廣其宮，
而得古文尚書及禮記、論語、孝經，凡數十篇，皆古字也。共王往
入其宅，聞鼓琴瑟鐘磬之音，于是懼，乃止不壞。孔安國者，孔子
後也，悉得其書，以考二十九篇，得多十六篇。安國獻之，遭巫蠱
事，未立於學官。

荀悅《漢紀‧成帝紀》引劉向之語云：

魯恭王壞孔子宅，以廣其宮，得《古文尚書》，多十六篇，及《論語》、
《孝經》，武帝時孔安國家獻之。

這些史料皆顯示孔壁本古文尚書較今文多十六篇，若以伏生二十八篇加
計武帝前所得的〈泰誓〉一篇，今文尚書為二十九篇，再加上孔壁本十六篇，
共為四十五篇。然而，百篇尚書去其重複者（如〈九共〉為九篇，〈盤庚〉為
三篇），合併為六十七篇。顯然百篇尚書本之篇數，仍較孔壁本多了二十二篇。
可見孔壁藏有百篇尚書之說法，純屬後人偽造，並非事實。然而，因張霸偽
造百兩篇尚書，致使後儒不察，誤認孔壁古文尚書有百篇之多。至於百篇書
序，亦可能是張霸參酌《左傳》、《史記》等關於《尚書》之意見，益以己意
所編造。

第三節　《經考》、《經考附錄》關於《尚書》之意見

戴震所作之《經考》五卷、《經考附錄》七卷，皆東原早年治經之心得筆
記，但未曾刊行，孔繼涵《遺書》本未收錄，段玉裁、王昶、錢大昕等所著
年譜、墓誌銘亦未嘗提及，唯洪榜《戴先生行狀》錄有《經說》四卷，梁啓
超認為「似即指此（《經考五卷》），然書名及卷數均有異同。」〔註65〕《經考》
卷首有「休寧戴震記」五字，卷尾題云：「是書從河間紀先生處借錄，經餘姚
邵二雲手校一過，無甚訛誤矣。乾隆己丑九月十八日，益都李文藻記于京城
虎坊橋北百順胡同寓舍。」故《經考》五卷確為東原之作無疑。至於《經考

〔註64〕參見《漢書‧楚元王傳》附〈劉歆傳〉所載之文。
〔註65〕參見梁啓超〈戴東原著述纂校書目考〉，收入《戴東原》，頁68。

附錄》七卷，許承堯云：「按其體例，與《經考》同皆博引眾說，間加按語，其按語之精審、嚴密，亦同。以此二書互校，則《附錄》者，乃補《經考》所未備而爲之疏通證明。承堯以爲此二書者，皆先生早年治學時札記之書，在先生未視爲要籍，故段氏未之聞耳。」〔註66〕

　　因此，《經考》與《經考附錄》同爲東原平日治經之心得札記，以其尚多未定之論，故未嘗輕易示人。考東原三十一歲有〈與是仲明論學書〉，文云：「僕所爲經考，未嘗敢以聞於人，恐聞之而驚顧狂惑者眾。」〔註67〕則乾隆十八年癸酉，《經考》已大致成書，至於《經考附錄》則爲補《經考》之未備，其成書時代當晚於《經考》。羅更考證《經考附錄》乃是乾隆二十二年丁丑，東原三十五歲以後所寫定，其云：

> 又「贗孔安國傳」條，謂「錢編修曉徵嘗與予論及此」，考先生與錢大昕相識在乾隆二十年乙亥入都以後，時先生年三十三歲，而〈大戴禮記目錄後語二〉作於乾隆丁丑孟夏，又後於乙亥兩歲，〈大戴後語二〉云：「今春正月，盧編修召弓以其校本示余，又得改正數事。」……是先生此書雖爲早年治經時札記之書，而其寫定，尚在丁丑，三十五歲以後也。〔註68〕

　　《經考》及《經考附錄》乃是以讀書筆記的方式摘記經文及各家注疏，其後再附加按語，亦有無按語者，大抵由按語可見東原解經的立場及觀點。

　　今由《經考》及《經考附錄》中，擷取有關《尚書》者，除去無按語以及收入《尚書義考》及〈尚書今文古文考〉者，約舉三說如下：

一、論「古文」及「科斗書」

　　戴震云：

> 又按：《晉書·衛恒傳》：「魯恭王壞孔子宅，得《尚書》、《春秋》、《論語》、《孝經》，時人以不復知有古文，謂之『科斗書』。魏初，傳古文者，出於邯鄲淳。至正始中，立『三字石經』，轉失淳法」，因科斗之名，遂效其形。」由其言觀之，壁中書乃古文，非「科斗書」。

〔註66〕參見〈許承堯校跋〉，收入《戴震全集》第三冊（北京：清華大學出版社，1994年3月），頁1641～1642。
〔註67〕收入《戴震文集》卷九。
〔註68〕參見〈羅更校記〉，收入《戴震全集》第三冊（北京：清華大學出版社，1994年3月），頁1652～1653。

凡漢、魏、晉間人所稱得科斗文字本，皆古文。因時人不知，而謂之「科斗書」耳。邯鄲淳傳古文書法，非寫「科斗書」。失其法者，聞科斗之名，遂效其形。此效科斗形爲之，轉失古文法也。〔註69〕

按：戴震認爲孔壁所得「古文」非所謂「科斗書」，其說乃根據許愼《說文》。蓋《說文·敘》云：「及宣王太史籀著大篆十五篇，與古文或異。至孔子書六經，左丘明述春秋傳，皆以古文，厥意可得而說。」又云：「時有六書，一曰古文，孔子壁中書也。」又云：「壁中書者，魯恭王壞孔子宅，而得《禮記》、《尚書》、《春秋》、《論語》、《孝經》，又北平侯張蒼獻《春秋左氏傳》，郡國亦往往於山川得鼎彝，其銘即前代之古文，皆自相似。」許愼以爲郡國於山川所得鼎彝之銘文即是孔壁之古文，然觀《說文》所收錄之「古文」，其形體實與商周金文不類，反而多與戰國時代東方六國之文相似，故王國維認爲「古文」乃東方六國之文〔註70〕。許愼等古文家爲了抬高古文經的地位，乃將「古文」定爲比相傳爲西周宣王時所制之「籀文」時代更早，其實「古文」乃是一種戰國文字。曹魏正始年間，朝廷曾將《尚書》、《春秋》兩種經書刻在石碑上，用古文、小篆、隸書三種字體書寫，號稱「三體石經」。此「三體石經」殘石清末已被發現，據其字形來看，與《說文》古文以及六國文字相近，可證「古文」非西周文字，而是戰國文字。

戰國時代多將經書寫在簡冊上，故古文經乃是一種寫在簡冊上的經書，據目前在楚地發現的大量簡帛文字來看，其中存有甚多的先秦經典。因此，所謂「壁中書」應是用戰國文字書寫的一種簡帛經書，其與鼎銘文字絕不相同。這些「古文」，由於書寫筆勢前粗後細，或兩頭粗而中間細，狀如科斗而名之「科斗文」。大陸古文字學者裘錫圭即云：

古文還有「科斗文」的別名。這是因爲古文的筆道一般都寫得前粗後細，或兩頭細中間粗，形狀略有點像蝌蚪的緣故。過去有些人認爲這種筆法不是古文原有的，而是摹寫古文的人造出來的。但是，類似的筆法在楚簡上也能看到，可見古代摹寫古文的人並沒有憑空臆造，只不過略爲誇大了這種筆法的特點並使之制度化而已。〔註71〕

〔註69〕 參見戴震《經考》卷二〈今文尚書〉，收入《戴震全書》（合肥：黃山書社，1995 年）第二冊，頁 218。

〔註70〕 參見王國維《觀堂集林》（北京：中華書局，1994 年 12 月）卷七，頁 305～307。

〔註71〕 參見裘錫圭〈古文字階段的漢字形體的演變（上）〉，《文字學概要》（臺北：

何琳儀亦云：

> 從現代文字學的眼光看，壁中書屬齊魯系竹簡（或以爲屬楚系竹簡），西晉發現的汲冢竹書屬三晉系竹簡，都是以戰國流行的六國古文書寫的典籍。〔註72〕

又云：

> 這段記載（《晉書·衛恒傳》引《四體書勢》之文）相當重要，以石經古文爲中間環節，上承壁中古文，下接汲冢古文，可以做如下推測：其一，壁中書發現之後，即藏於秘府，但後世或有傳其字體者，邯鄲淳是漢魏之際精通古文《尚書》的學者，他所傳寫的「古文」字體應導源於孔子壁中書。其二，三體石經是邯鄲淳後學模仿他的書法風格，而迻錄於碑石的「古文」。……其三，所謂「猶有髣髴」，是指衛顗所書與戰國文字的眞跡汲冢竹書字體相似。衛顗所書又與源於壁中書的邯鄲淳所書十分相似，並幾乎可以亂眞。〔註73〕

因此，由裘、何二氏所言可知：孔壁所書之「古文」，即戰國竹簡文字，可能是齊魯一系的文字，《說文》古文與魏三體石經之古文皆此一系文字。又所謂「科斗文」，乃指古文之書法體勢「豐中銳末」或「豐上銳下」，故「古文」別名「科斗文」，皆前有所承，並非無端臆測。

二、論〈堯典〉「中星」

〈堯典〉有所謂「四仲星」之說法，其文云：

> 乃命羲和，欽若昊天，歷象日月星辰，敬授民時。分命羲仲，宅嵎夷，曰暘谷。寅賓出日，平秩東作。日中星鳥，以殷仲春。厥民析，鳥獸孳尾。申命羲叔，宅南郊。平秩南訛，敬致。日永星火，以正仲夏。厥民因，鳥獸希革。分命和仲，宅西，曰昧谷。寅餞納日，平秩西成。宵中星虛，以殷仲秋。厥民夷，鳥獸毛毨。申命和叔，宅朔方，曰幽都。平在朔易。日短星昴，以正仲冬。厥民隩，鳥獸氄毛。帝曰：「咨！汝羲暨和，其三百有六旬有六日，以閏月定四時成歲。」

萬卷樓圖書，1995 年 4 月再版），頁 73。
〔註72〕參見何琳儀《戰國文字通論》（南京：江蘇教育出版社，2003 年 1 月），頁 45。
〔註73〕同上注，頁 59。

其中「日中星鳥」、「日永星火」、「宵中星虛」、「日短星昴」被視爲仲春、仲夏、仲秋、仲冬四季所出現之星宿，號爲「四仲星」。據孔穎達《正義》云：「馬融、鄭玄以爲星鳥、星火，謂正在南方。春分之昏，七星中。仲夏之昏，心星中。秋分之昏，虛星中。冬至之昏，昴星中。舉仲月以統一時。」僞孔《傳》云：「鳥，南方朱鳥七宿也。殷，正也。春分之昏，鳥星畢見，以正仲春之氣節，轉以推季孟，則可知矣。」是皆以「四仲星」爲古時春分、夏至、秋分、冬至的標準星，古人憑此來判斷季節。戴震於〈堯典中星〉一文考之云：

> 「日中」、「日永」、「宵中」、「日短」，此終古不變者也。「星鳥」、「星火」、「星虛」、「星昴」，此列星之舉目可見，千百年乃覺其大差，隨時爲書以示民者也。（如〈夏小正〉、〈月令〉之屬。）二者相爲經緯。……說者或謂斗、牽牛爲列星之紀首，故曰「星紀」。考周初，冬至在牽牛，至周末則在斗，皆星紀之次。由是觀之，日月之行起於斗、牽牛，特周之星象。古籍存者，惟〈夏小正〉與〈堯典〉合。周初，列星東移已及一次，今更移一次矣。虞夏，冬至日月之行起玄枵正中，今起析木之津正中，皆非星紀序首也。十二次之名，必周時始定。〈堯典〉曰鳥、曰火、曰虛、曰昴，據當時所有之名言之。〔註74〕

按：戴震言古籍中與〈堯典〉星象合者，惟〈夏小正〉也，其言甚確。蓋此二文皆周代人託言虞、夏二代之書，實其所採之星象乃周時所見。至若十二次、二十八星宿亦皆東周以後之觀念，據湖北隨縣出土約西元前 430 年即春秋末年左右，繪有圍繞北斗之二十八宿星圖及左青龍右白虎之圖，則四仲星分屬東西南北四象之觀念大約出現於東周時期，然無法遠推至唐虞之時。劉起釪云：「〈堯典〉所據四仲中星資料，是觀象授時時代的客觀現實，本與朱鳥、青龍等四象無關，而且星在天球面上周流運轉，原無法分東西南北。」〔註75〕其實，〈堯典〉所述四星仍爲周代人之意見，並非唐堯之時。

又〈堯典〉之「日中星鳥」，許多學者根據殷商卜辭有所謂「鳥星」、「商星」之詞，認爲「星鳥」即是「鳥星」，乃古代之星宿，故以爲〈堯典〉所言至少在商代可得到證據〔註76〕。然而，卜辭之「星」實爲「晴」之意，非指

〔註74〕參見戴震《經考》卷二，收入《戴震全書》第二冊（合肥：黃山書社，1995年），頁 221～223。

〔註75〕參見劉起釪〈《堯典·羲和章》研究〉，收入《中國社科院歷史研究所學刊》第二集（北京：商務印書館，2004年4月），頁 61。

〔註76〕如竺可楨〈論以歲差定尚書堯典四仲中星之年代〉以及劉起釪〈《堯典·羲和

星宿，大陸古文字學家李學勤已指出其謬也，「星」即「晴」之同義語，「鳥星」絕不能作星宿理解〔註77〕。因此，卜辭之「星」既多作「晴」解，「鳥星」乃氣象而非星宿可知，故〈堯典〉「星鳥」不能在殷商卜辭得到佐證，其乃後出之東周資料也。

三、論「璿璣玉衡」

〈堯典〉：「在璿璣玉衡，以齊七政」，《爾雅》：「在，察也。」孔穎達《正義》引馬融云：「渾天儀可轉旋，故曰機。衡，其橫簫所以視星宿也。以璿為機，以玉為衡，蓋貴天象也。日月星皆以璿璣玉衡度，知其盈縮進退，失政所在。」《史記集解》引鄭玄云：「璇璣玉衡，渾天儀也。七政，日月五星也。」馬融、鄭玄皆以「璿璣玉衡」為渾天儀，乃觀天之器也。偽孔《傳》亦云：「璿，美玉。璣、衡，玉者，正天文之器，可運轉者。七政，日月五星各異政。舜察天文，齊七政，以審己當天心與否。璿音旋。」偽孔亦以為「璿璣玉衡」乃正天文之器也。

戴震則不以為然，乃作〈在璿璣玉衡以齊七政〉一文云：

> 古測天之器，其製不傳。後世渾天儀設璣、衡以擬其名，未有能實得古製者也。揚雄《法言》：「或人問渾天於雄，雄曰：『洛下閎營之，鮮于妄人度之，耿中丞象之，幾幾乎莫之違也。』」渾天之學得此三人者創始為之器，而蓋天、宣夜二家莫之能述，遂失其傳。為渾天者，依放古名，釋帝典者，援據漢製，故似同而異，似是而非。考諸《周髀》有「北極樞」，及「北極璿璣」之名。有七衡、六間，冬至日當外衡，夏至日當內衡，春、秋分當中衡之規法。所謂「北極樞」者，今之赤道極也，即《魯論》、《爾雅》之北辰。所謂「北極璿璣」者，今之黃道極也。釋《周髀》凡數家，未解「北極璿璣」何指？蓋其名出於古遠，世所莫聞。因思《虞夏書》之「璿璣」注，徒以為可旋轉曰璣，不得其本象。夫在天有赤道極，為左旋之樞。又有黃道極，為右旋之樞。自中土言之，皆在北方，故通曰北極。

〔註77〕參見李學勤〈論殷卜辭的「星」〉，《鄭州大學學報》（哲社版）1981年第4期。又見李學勤〈續說「鳥星」〉，收入《夏商周年代學札記》（瀋陽：遼寧大學出版社，1999年10月），頁62～66。

赤道極不動，黃道極每晝夜左旋環繞之而過一度，每一歲而周四游。
是赤道極者，又為黃道極之樞也。惟其然，故《周髀》謂赤道極曰：
「北極樞」。樞而黃道極無其名，乃取諸測器之名以命之。用是知唐
虞時設璿璣動運於中，以擬夫黃道極者也。「衡」，橫也，橫帶中圍
以界黃道。〔註78〕

戴震後來又在《尚書義考》、《原象》〔註79〕以及《續天文略》〔註80〕中，
對「璿璣玉衡」之解，重申以上之觀點。如《尚書義考》卷二云：

璇璣、玉衡，先儒徒據漢以後之渾天儀為說，皆失之。……《周髀》
之七衡、六間，則當其衡為十二中氣，當其間為十二節氣。惜乎漢
以來為渾天儀，未能深考機衡本象，使古者測天之器不傳。釋〈堯
典〉者，因漢制附會，故似同而異，似是而非。〔註81〕

按：東原以為〈堯典〉「璿璣玉衡」，近同於《周髀算經》之「北極璿璣」，
乃古代表現黃道、赤道關係的觀測之器，但與東漢後出的渾天儀不同。因此，
東原認為馬、鄭等後漢學者附會〈堯典〉「璿璣玉衡」為渾天儀之說，應予以修
正。孫欽善亦云：「戴震關于古天文的考證、研究之作，內容完備，資料齊全，
並且對一些疑難之處作了恰當的解釋，糾正了不少舊說的錯誤。最突出的例子，
是澄清了東漢以來關于古天文中『璇璣玉衡』的誤解。」〔註82〕又云：「璇璣玉
衡集中表現了黃道與赤道的關係，反映了西漢以前我國天文學中『蓋天』說一
派關於地球公轉與自轉的一種表面現象的認識。戴震根據這種認識解釋璇璣玉
衡，打破了長期以來某些人用『渾天』說對此的曲解。」〔註83〕

不過，東原雖有力地駁斥了馬融、鄭玄「渾天儀」之說，但仍然將「璿
璣玉衡」當作一種古代觀測之器，其後至魏源《書古微》則進一步考辨「璿

〔註78〕 參見戴震《經考》卷二，收入《戴震全書》第二冊（合肥：黃山書社，1995
年），頁 223～224。

〔註79〕 《原象》八篇，前四篇初名《釋天》，分別以「璿璣玉衡」、「中星」、「土圭」、
「五紀」為篇名，後四篇則採自《句股割圜記》，據段玉裁《戴東原先生年譜》
云此八篇成于乾隆二十七年壬午以前，蓋東原四十歲以前之作也。東原晚年
又將此八篇與〈迎日推策記〉合為《原象》，作為《七經小記》之一。

〔註80〕 《續天文略》原本規劃十篇，而實成七篇，其學說觀點大致與《原象》同，
其中〈七衡六間〉一篇涉及「璿璣玉衡」之說。

〔註81〕 收入《戴震全書》第一冊（合肥：黃山書社，1995 年），頁 75～76。

〔註82〕 參見孫欽善《中國古文獻學史簡編》（北京：高等教育出版社，2003 年 8 月），
頁 527。

〔註83〕 同上注，頁 528。

璣玉衡」云：

> 問：璇璣玉衡以齊七政之義，《書大傳》及《星經》皆謂璿璣北極星，
> 玉衡斗六星，七政則天文、地理、人事、四時。《史記》、《周髀算經》、
> 《淮南子・天文訓》皆同之，從無儀器之說。至馬、鄭始創爲渾天儀，
> 以璇飾機，以玉作衡，而七政爲日、月、五行，東漢以前初無此說者
> 何？北斗有歲差，不能常應月建，而《尚書》以玉衡爲北斗者何？曰：
> 《史記・歷書》曰：「堯者年禪舜，申戒文祖曰：天之歷數在爾躬，
> 允執其中。」中者，極也。以觀象則璇璣居天之中，以置歷則中氣居
> 閏月之中，七政以此齊，庶績以此熙。北辰爲天之樞機，謂之北極，
> 居所不動，而近極之星旋轉乎其側，乃指以名極，謂之太一，亦謂之
> 帝星，亦謂之天極星。雖有古今歲差之小殊，而值其位者即可稱之，
> 是爲內璇璣，《書大傳》及《周髀經》所指也。〔註84〕

又云：

> 然北斗玉衡不起於唐虞，而起於周，周時北斗每月所指，適與斗極
> 月建相符，故周公作〈周月解〉，以北斗柄定閏月。《史記・天官書》
> 兼存二斗，以維斗爲唐虞天象之玉衡，以北斗爲成周天象之玉衡。
> 其實說《尚書》者只可用斗極，不可用北斗也。此與中星定月，皆
> 唐堯羲和數十載講求測量，立此簡易之法，使民皆仰觀而得之，憑
> 天象，不憑儀器，天文以此正，地理以此分，人事以此齊，四時以
> 此定，故曰「以齊七政」。〔註85〕

按：魏源以爲「璇璣玉衡」雖非渾天儀，亦非觀測之儀器，乃是北斗星
也。其說實有所據，蓋《尙書大傳》云：「璇璣謂之北極」，《史記・天官書》：
「北斗七星，所謂璇璣玉衡，以齊七政。」然〈堯典〉「璿璣玉衡」，先有戴
震破除馬、鄭「渾天」之說，後有魏源繼起補正爲「北斗星」之說，可確信
「璿璣玉衡」實爲星象而非儀器也。

〔註84〕參見魏源《書古微》之〈堯典釋天〉一文。
〔註85〕同上註。